De toekomst van persoonlijkheidsstoornissen

De toekomst van persoonlijkheidsstoornissen

Redactie
Roel Verheul en Jan Henk Kamphuis

Bohn Stafleu van Loghum
Houten, 2007

ISBN 978 90 313 5017 9
NUR 777

Ontwerp omslag: Houdbaar, Deventer
Ontwerp binnenwerk: Studio Bassa, Culemborg
Automatische opmaak: Alfabase, Alphen aan den Rijn

Bohn Stafleu van Loghum
Het Spoor 2
Postbus 246
3990 GA Houten

www.bsl.nl

Distributeur in België:
Standaard Uitgeverij
Mechelsesteenweg 203
2018 Antwerpen

www.standaarduitgeverij.be

Inhoud

Voorwoord 7

Inleiding 9

1 **Klinische bruikbaarheid van dimensies versus categorieën in de diagnostiek van persoonlijkheidsstoornissen** 13
Roel Verheul

2 **Classificatie van persoonlijkheidsstoornissen: naar een algemene ernstdimensie** 28
Han Berghuis

3 **Van informatiegerichte diagnostiek naar therapeutische diagnostiek** 43
Jan Henk Kamphuis en Jan Muskens

4 **Impliciete maten van persoonlijkheid** 54
Jan De Houwer

5 **Persoonlijkheidsstoornissen: beter voorkómen dan genezen?** 62
Pier Prins

6 **Psychotherapie en de moderne wetenschap: de controverse over effectiviteitsstudies bij persoonlijkheidsstoornissen** 74
Anna Bartak, Jan van Busschbach en Paul Emmelkamp

7 **Behandeldoel: genezen of leren omgaan met problemen?** 88
Roel Verheul

8 **Persoonlijkheidsstoornissen en het internet** 101
Alfred Lange en Rinke Scheijde

9 **Mythes, dwalingen en ontwikkelingen in de farmacologische behandeling van ernstige persoonlijkheidsstoornissen** 114
Theo Ingenhoven en Thomas Rinne

10 **Neurowetenschappen en de toekomst van de psychotherapeutische behandeling van de borderline persoonlijkheidsstoornis** 129
Ariëtte van Reekum en Marcel Schmeets

11 **Zorgtoewijzing bij persoonlijkheidsstoornissen: naar een model voor getrapte diagnostiek?** 152
Giel Hutschemaekers, Wubbo Scholte en Bea Tiemens

12 **Vergoeding van langer durende ambulante psychotherapie bij persoonlijkheidsstoornissen** 173
Patrick Knapen

13 **Beleidsvorming voor psychotherapie: van willekeur tot economische modellen** 189
Djøra Soeteman en Jan van Busschbach

14 **Lusten, lasten en lessen van academisering in een gespecialiseerde behandelinstelling** 201
Sissy Hamers, Hilde De Saeger en Sjouk Hartman-Faber

Personalia 219

Voorwoord

Persoonlijkheidsstoornissen behoren tot de meest voorkomende psychische stoornissen, maar werden tot voor kort als de stiefkinderen van de psychiatrie beschouwd. Het onderwerp mag zich sinds de introductie van de DSM-III in 1980 in een gestaag toenemende aandacht verheugen. Er is sindsdien in praktijk en onderzoek veel vooruitgang geboekt. Inmiddels is duidelijk geworden dat persoonlijkheidsstoornissen verantwoordelijk zijn voor een belangrijk deel van de totale ziektelast, zorgconsumptie en ziektegerelateerde productieverliezen in westerse, maar waarschijnlijk ook in niet-westerse, samenlevingen. Lange tijd werd aangenomen dat het in de meeste gevallen om chronische en therapieresistente aandoeningen gaat, maar sinds enkele jaren kunnen we een kentering in het therapeutisch pessimisme waarnemen. Recente onderzoeken naar de borderline persoonlijkheidsstoornis wijzen er zelfs op dat de meeste patiënten die hieraan lijden volledig kunnen herstellen door psychotherapeutische behandeling. Voor een up-to-date overzicht van de laatste ontwikkelingen in praktijk en onderzoek verwijzen wij hier graag naar de beschikbare handboeken over het onderwerp. In het jaar van publicatie van dit boek verschijnt er bijvoorbeeld een lijvig leerboek over persoonlijkheidspathologie bij dezelfde uitgever.

In de meeste leerboeken ligt de nadruk op een uitputtende presentatie van algemeen geaccepteerde kennis, terwijl de onderwerpen in dit boek nu juist op het snijvlak liggen van wat we al weten en wat nog onbekend is en momenteel wordt onderzocht. De auteurs van de verschillende hoofdstukken zijn uitgenodigd om hun persoonlijke visie te geven op de richting die we opgaan en hun toekomstfantasieën daarbij niet te schuwen. Ons stond voor ogen een toegankelijk boek te produceren met korte, prikkelende hoofdstukken van een hoogwaardige kwaliteit.

Wat ons betreft zijn we in de opzet geslaagd en heeft deze benaderingswijze een bonte aaneenschakeling van nieuwe inzichten en vergezichten opgeleverd. *De toekomst van persoonlijkheidsstoornissen* biedt een tamelijk brede afspiegeling van klinisch en beleidsmatig relevante topics, zonder overigens volledig te willen zijn of de pretentie te hebben dat er hierbij voorlopig sprake is van de laatste waarheid. In een aantal hoofdstukken zullen ook de verschillende controversen die het onderwerp persoonlijkheidsstoornissen omgeven, aan bod komen: van uiteenlopende ideeën over de beste manier om persoonlijkheidsstoornissen te meten en te classificeren tot verschillende visies op de mate van veranderbaarheid en hoe de optimale behandeling eruitziet.

Het initiatief voor dit boek is genomen door Psychotherapeutisch Centrum De Viersprong, dat in het jaar van publicatie zijn 50-jarig bestaan viert. Gekozen is een sterke relatie te leggen met de bijzondere leerstoel persoonlijkheidsstoornissen die De Viersprong in 2003 heeft opgericht bij de programmagroep Klinische Psychologie aan de Universiteit van Amsterdam. Deze relatie komt tot uitdrukking in de samenstelling van de redactie en in de keuze van auteurs. Van de 23 auteurs zijn er zeven werkzaam bij De Viersprong en zes bij de Universiteit van Amsterdam. Met de overige tien auteurs wordt door een van beide instellingen nauw samengewerkt in een of meer projecten.

De redactie wenst de lezer van *De toekomst van persoonlijkheidsstoornissen* een gouden toekomst ten aanzien van de verdere ontwikkeling van de classificatie, diagnostiek, preventie en behandeling van persoonlijkheidsstoornissen, alsook de organisatie en het beleid van de zorg voor deze aandoeningen. Wij hopen met dit boek te onderstrepen dat het veld van persoonlijkheidsstoornissen volop in ontwikkeling is en dus een aantrekkelijk werkterrein voor behandelaars, wetenschappers en beleidsmakers.
Veel leesplezier gewenst!

Roel Verheul
Jan Henk Kamphuis

Inleiding

De toekomst van persoonlijkheidsstoornissen bestaat uit drie delen: deel I over classificatie en diagnostiek, deel II over preventie en behandeling, en deel III over zorgorganisatie en -beleid. In deel I staan vier bijdragen met de volgende onderwerpen: dimensionale versus categoriale classificatie, de ernstdimensie van persoonlijkheidspathologie, therapeutische diagnostiek, en ten slotte impliciete maten van persoonlijkheid.

In hoofdstuk 1 stelt *Roel Verheul* zich de vraag welk type classificatiesysteem klinisch het meest bruikbaar is. De categoriale DSM-IV-TR classificatie van persoonlijkheidsstoornissen ligt al langere tijd onder vuur, zowel in wetenschappelijke kring als onder professionals. Vanaf de jaren negentig van de vorige eeuw worden verschillende dimensionale alternatieven voorgesteld. Maar wat weten we eigenlijk over de klinische bruikbaarheid van de verschillende opties?

In hoofdstuk 2 pleit *Han Berghuis* ervoor een algemene ernstdimensie van persoonlijkheidspathologie c.q. een diagnose Algemene Persoonlijkheidsstoornis te ontwikkelen. Zijn belangrijkste argument is dat dit kan helpen om in de alledaagse klinische praktijk op een efficiënte en eenvoudige wijze onderscheid te maken tussen patiënten bij wie aandacht voor persoonlijkheidsproblemen nodig is en patiënten bij wie dit niet het geval is.

In hoofdstuk 3 bespreken *Jan Henk Kamphuis* en *Jan Muskens* de mogelijkheden van therapeutische diagnostiek (TD). De belangrijkste doelstelling van TD is voor de cliënt ervaringen en inzichten te creëren die bijdragen aan het bewerkstelligen van positieve veranderingen in zijn of haar leven. Volgens de auteurs biedt TD juist bij patiënten met persoonlijkheidsstoornissen een interessant alternatief voor de gangbare methode van informatieverzamelende diagnostiek.

In het vierde en laatste hoofdstuk van deel I breekt *Jan de Houwer* een lans voor de ontwikkeling van en onderzoek naar 'impliciete' maten ten behoeve van persoonlijkheidsdiagnostiek. Anders dan expliciete maten, zoals zelfbeoordelingslijsten, bieden impliciete maten het voordeel dat deze minder gevoelig zijn voor responstendenties, zoals sociale wenselijkheid en deceptie. Het hoofdstuk biedt een overzicht van wat er al bekend is over het gebruik van impliciete maten voor persoonlijkheidsdiagnostiek.

Deel II bevat zes bijdragen over de preventie van persoonlijkheidsstoornissen, de effectiviteit van psychotherapie, de veranderbaarheid van persoonlijkheidsstoornissen, de mogelijkheden voor internetbehandeling, de stand van zaken rondom farmacotherapeutische interventies, en de waarde van de vooruitgang in de neurowetenschappen voor de behandeling van de borderline persoonlijkheidsstoornis.
In hoofdstuk 5 geeft *Pier Prins* een beschrijving van wat er bekend is over de voorlopers van persoonlijkheidsstoornissen, de mate waarin deze stabiel dan wel veranderlijk zijn, en de beschikbare wetenschappelijke bewijsvoering van preventiemogelijkheden. Zijn toekomstvisie is zowel realistisch (omdat er nog maar weinig bekend is) als optimistisch (omdat het beschikbare bewijs positief is).
Anders dan in de meeste reviews van studies naar de effectiviteit van psychotherapie, gaan *Anna Bartak, Jan van Busschbach en Paul Emmelkamp* in hoofdstuk 6 een stap verder, wanneer zij met name focussen op de betekenisgeving aan het beschikbare bewijs. Zij ondernemen een waardevolle poging om te verklaren waarom er alom twijfel en scepsis heerst rondom de werkzaamheid van psychotherapeutische interventies bij persoonlijkheidsstoornissen, terwijl psychotherapeuten er al lang van overtuigd zijn en ook een groeiend aantal onderzoeken eenduidig in de richting van werkzaamheid wijst.
In hoofdstuk 7 zwengelt *Roel Verheul* de discussie aan over de vraag wat realistische behandeldoelen zijn in de psychotherapeutische behandeling van persoonlijkheidsstoornissen. Kunnen patiënten genezen van hun persoonlijkheidsstoornis, zoals wordt gesteld door sommige psychotherapeuten die zich in de (langdurige en intensieve) behandeling hebben gespecialiseerd? Of is deze ambitie te hoog gegrepen en mogen we blij zijn als we patiënten met persoonlijkheidsstoornissen kunnen leren om op een meer adaptieve manier om te gaan met hun eigenaardigheden?
In hoofdstuk 8 bespreken *Alfred Lange en Rinke Scheijde* de mogelijkheden van internetbehandelingen. In zekere zin is er sprake van een primeur. Sinds de start van het derde millenium is E-health in opmars voor verschillende As-I-stoornissen, maar niemand heeft zich nog gewaagd aan de vraag naar de toepassingsmogelijkheden in een do-

mein dat bij uitstek wordt geclaimd door de *face-to-face* psychotherapie, namelijk de persoonlijkheidsstoornissen. Een spannende ontwikkeling.
De stand van zaken in de wetenschap ten aanzien van farmacologische behandelinterventies voor persoonlijkheidsstoornissen wordt in hoofdstuk 9 besproken door *Theo Ingenhoven en Thomas Rinne*. Hun kritische blik op de literatuur ontmaskert nogal wat mythen en dwalingen in dit veld. Een *must* om te lezen voor iedereen die zich beroepshalve bezighoudt met de behandeling van persoonlijkheidsstoornissen.
In het tiende en laatste hoofdstuk van deel II, geven *Ariette van Reekum en Marcel Schmeets* een samenvatting van de stand van zaken in de neurowetenschappen, voor zover dit relevant is voor de (toekomstige) behandeling van borderlinepatiënten. Op basis hiervan houden zij een pleidooi voor vernieuwing van behandelstrategieën op grond van integratie met andere wetenschapsterreinen.

Deel III bevat ten slotte vier bijdragen over zorgtoewijzing bij persoonlijkheidsstoornissen, de vergoeding van langer durende psychotherapie, het belang van economische modelvorming, en de academisering van een gespecialiseerde behandelinstelling.
In hoofdstuk 11 geven *Giel Hutschemaekers, Bea Tiemens en Wubbo Scholte* antwoord op de vraag welke diagnostische informatie noodzakelijk is voor adequate zorgtoewijzing en het formuleren van een passend behandelplan. Zij bespreken de voors en tegens van verschillende zorgtoewijzingsmodellen: matched care, managed care en stepped care. Zij spreken hun voorkeur uit voor het laatste model en beargumenteren dat niet alleen de zorg een 'getrapt' karakter kan krijgen maar ook de diagnostiek.
In hoofdstuk 12 gaat *Patrick Knapen* terug in geschiedenis: via een beschouwing van de ontwikkelingen rondom de gewraakte pakketmaatregel psychotherapie uit 2004 en zijn visie op de wetenschappelijke ontwikkelingen in de afgelopen decennia, belandt hij uiteindelijk bij een analyse van de toekomstperspectieven. De risico's en kansen van gereguleerde marktwerking komen hierbij uitgebreid aan bod. Uiteindelijk is zijn visie optimistisch van aard.
Djøra Soeteman en Jan van Busschbach gaan in hoofdstuk 13 ook in op de genoemde pakketmaatregel en de toekomstige vergoeding van langer durende psychotherapie. Het hoofdstuk is een pleidooi voor economische modelvorming bij de beantwoording van de kosteneffectiviteitsvraag. Om bezuinigingen in de toekomst te voorkomen, sporen de auteurs behandelaars aan om zich wat dat betreft in het maat-

schappelijke debat te begeven, in plaats van zich te distantiëren door de vraag naar de legitimiteit van de kosten af te doen als onethisch of zich te verschuilen achter hun professionele autonomie.
In het veertiende en laatste hoofdstuk van deel III beschrijven *Sissy Hamers, Hilde de Saeger en Sjouk Hartman-Faber* de lusten, lasten en lessen van het academiseringsproces van Psychotherapeutisch Centrum De Viersprong te Halsteren. Feitelijk is dit proces de aanleiding voor het ontstaan van dit boek. Een mooie afsluiter dus.

1 Klinische bruikbaarheid van dimensies versus categorieën in de diagnostiek van persoonlijkheidsstoornissen

Roel Verheul

De meeste wetenschappers zijn inmiddels wel te overtuigen van het idee dat persoonlijkheidsstoornissen beter worden gerepresenteerd in een dimensionaal dan in een categoriaal classificatiesysteem. Met andere woorden, de diagnostische validiteit is aanmerkelijk groter voor dimensionale dan voor categoriale modellen. Een van de belangrijkste redenen waarom men vooralsnog niet voor een dimensionaal systeem gekozen heeft, is dat er twijfels bestaan over de klinische bruikbaarheid.

In dit hoofdstuk staat de vraag centraal welk type classificatiesysteem klinisch het meest bruikbaar is. Alvorens hiertoe over te gaan, wordt eerst een korte samenvatting gegeven van het onderzoek naar de diagnostische validiteit en wordt een beknopt overzicht geboden van de dimensionale alternatieven.

Normaliteit en abnormaliteit op een continuüm

Persoonlijkheidsstoornissen worden in de vigerende, psychiatrische classificatiesystemen gerepresenteerd als categorieën. Daartoe ontbreekt elke vorm van empirische basis. Volgens Kendell (1975) zijn er drie essentiële criteria die een categoriale classificatie rechtvaardigen, namelijk

1 discontinuïteit tussen normaliteit en ziekte;
2 exclusiviteit van categorieën; en
3 homogeniteit binnen categorieën.

In de klinische praktijk is het echter tot nog toe onmogelijk gebleken een betekenisvolle grens te bepalen tussen normaal functioneren en persoonlijkheidspathologie. Verder zien we bij een en dezelfde patiënt vaak twee of meer persoonlijkheidsstoornissen tegelijk. En ten slotte bestaan er tussen patiënten met dezelfde diagnose(n) dikwijls grote en betekenisvolle verschillen. Een andere belangrijke beperking

van de bestaande classificatiesystemen is dat zij ontoereikend zijn om het brede spectrum van persoonlijkheidspathologie te dekken, zodat er veel patiënten in behandeling voor persoonlijkheidsproblemen rondlopen zonder diagnose of met de nietszeggende diagnose persoonlijkheidsstoornis niet-anderszins-omschreven (PSNAO).
Uit onderzoek is gebleken dat veel (zo niet alle) kenmerken van de DSM-IV-TR persoonlijkheidsstoornissen kunnen worden opgevat als maladaptieve varianten van normale persoonlijkheidskenmerken (Saulsman & Page, 2004). De symptomen van borderline persoonlijkheidsstoornis kunnen bijvoorbeeld worden opgevat als extreme varianten van de boze vijandigheid, kwetsbaarheid, angst, depressiviteit en impulsiviteit die deel uitmaken van het brede domein van neuroticisme (door anderen geïdentificeerd als negatieve affectiviteit of emotionele instabiliteit) dat ook binnen de algemene bevolking in meer of mindere mate aanwezig is. In totaal bevatten meer dan vijftig gepubliceerde studies aanwijzingen dat de persoonlijkheidsstoornissen maladaptieve varianten zijn van algemene persoonlijkheidskenmerken (Widiger & Costa, 2002). Gezamenlijke factoranalyses van metingen van algemene persoonlijkheidsdimensies en persoonlijkheidspathologie hebben consistent een gemeenschappelijke onderliggende structuur bevestigd (Clark & Livesley, 2002). Zo hebben O'Connor en Dyce (1998) bijvoorbeeld de correlatie- en factorladingmatrices van 37 meetinstrumenten inzake psychopathologie en persoonlijkheid onderworpen aan confirmatieve factoranalyses om vast te stellen of er verschillen zijn in de dimensionale structuur tussen klinische en niet-klinische respondenten. Er werd een hoog niveau van overeenstemming gevonden tussen de normale en abnormale populaties, zowel wat betreft het aantal factoren als de factorpatronen. De auteurs concludeerden dat:

> ***'de dimensionale universa van normaliteit en abnormaliteit klaarblijkelijk dezelfde zijn, tenminste volgens gegevens die aan huidige meetinstrumenten ontleend kunnen worden'*** **(p. 962).**

Alternatieve dimensionale modellen

Theoretici, onderzoekers en clinici erkennen steeds vaker de beperkingen van het categoriale model. Een te verwachten reactie op deze erkenning is de ontwikkeling van verschillende dimensionale modellen. Inmiddels zijn er achttien alternatieve modellen, die kunnen worden ingedeeld in vier groepen. Hierna worden de groepen en enkele illustraties per groep genoemd.

De eerste groep bestaat uit gedimensionaliseerde versies van bestaande categorieën. Een voorbeeld is het voorstel van Oldham en Skodol (2000). Hierin wordt een persoonlijkheidsstoornis als prototypisch aangemerkt wanneer aan alle diagnostische criteria wordt voldaan, als matig aanwezig wanneer aan één of twee criteria boven de drempel voor een categoriale diagnose wordt voldaan, als een drempelgeval wanneer de patiënt de diagnostische drempel maar nauwelijks overschrijdt en als subklinisch wanneer de symptomen net beneden de diagnostische drempel liggen. Een ander voorbeeld is het voorstel voor prototypische matching van Westen en Shedler (2000). Het dimensionaliseren van bestaande categorieën zou de bestaande nomenclatuur het minst verstoren. Een belangrijk nadeel is dat aldus pseudodimensies worden gecreëerd die de bestaande comorbiditeit in stand houden.
De tweede groep bestaat uit dimensionale reorganisaties van symptomen van persoonlijkheidsstoornis. De voorstellen van Livesley en Clark zijn pogingen om de onderliggende, zuivere dimensies van maladaptief functioneren van de persoonlijkheid te identificeren (Clark & Livesley, 2002). Deze strategie leidt, in tegenstelling tot die van de eerste groep, juist tot minimale comorbiditeit. Livesley kwam tot de symptomen en kenmerken van persoonlijkheidspathologie, die de basis voor zijn benadering vormden, na een grondige inhoudelijke analyse van de literatuur over persoonlijkheidsstoornissen. Vervolgens hebben clinici een lijst van criteria gecodeerd voor de mate waarin deze symptomen en kenmerken prototypisch zijn voor verschillende persoonlijkheidsstoornissen. Honderd schalen (elk met 16 items) zijn onderworpen aan een reeks factoranalyses om daaruit een verzameling van achttien fundamentele dimensies van persoonlijkheidsstoornis samen te stellen die dwars door de bestaande diagnostische categorieën snijden (bijvoorbeeld angst, zelfbeschadiging, intimiteitproblemen, sociale vermijding, passief verzet en interpersoonlijk disrespect). Aanvullende analyses wijzen uit dat deze achttien dimensies kunnen worden opgenomen binnen vier dimensies van een hogere orde: emotionele ontregeling, dissociaal gedrag, inhibitie en compulsiviteit. Het achttienfactorenmodel wordt doorgaans gemeten met behulp van de Dimensional Assessment of Personality Pathology – Basic Questionnaire (DAPP-BQ).
De derde groep wordt gevormd door de zogeheten klinische spectramodellen, waarin zowel psychiatrische symptomen als persoonlijkheidssymptomen dimensionaal worden gerepresenteerd. Deze strategie is gekozen om tegemoet te komen aan de excessieve comorbiditeit tussen As I en As II. Een belangrijk voorbeeld hier is het model

van Siever en Davis (1991). Volgens de auteurs is er geen betekenisvolle grens tussen As I en As II en zij stellen dan ook voor beide assen samen te voegen tot vier brede klinische spectra, bestaande uit cognitieve/perceptuele organisatie, impulsiviteit/agressie, affectieve instabiliteit en angst/inhibitie.
De vierde en laatste groep bestaat uit dimensionale modellen van het algemeen functioneren van de persoonlijkheid. Het meest dominante model hier is het vijffactorenmodel (VFM; ook wel aangeduid als de 'Big Five'), dat oorspronkelijk is ontwikkeld op basis van factoranalytische onderzoeken met omschrijvingen van persoonlijkheidseigenschappen zoals die binnen de Engelse taal bekend zijn. Het gebruik van dit model doet recht aan het feit dat normaliteit en abnormaliteit op hetzelfde continuüm liggen. Deze lexicale benadering van het beschrijven van de persoonlijkheid heeft geleid tot de beschrijving van vijf brede domeinen van de persoonlijkheid, die worden gepresenteerd als 1) extraversie tegenover introversie; 2) vriendelijkheid tegenover antagonisme; 3) consciëntieusheid tegenover impulsiviteit; 4) emotionele instabiliteit (of neuroticisme) tegenover stabiliteit; en 5) onconventionaliteit (of openheid) tegenover traditionaliteit (of rigiditeit). Van elk van de twee polen en van de dertig facetten zijn adaptieve en maladaptieve varianten beschreven en zowel onderzoekers als clinici hebben voor elk van de DSM-IV-TR persoonlijkheidsstoornissen beschreven hoe deze kunnen worden vertaald in termen van het VFM (Widiger e.a., 2002). Het VFM wordt doorgaans gemeten met behulp van de NEO Personality Inventory-Revised (NEO-PI-R). Andere voorbeelden van dimensionale alternatieven in groep 4 zijn het interpersoonlijk circumplexmodel (Kiesler, 1996) en het het zevenfactorenmodel van Cloninger (2000).

Verschillen en overeenkomsten tussen dimensionale modellen

De alternatieve modellen vertonen aanzienlijke verschillen, maar ook belangrijke overeenkomsten. Eerst de verschillen:

- Sommige modellen zijn ontwikkeld op basis van theorie (bijvoorbeeld het zevenfactorenmodel van Cloninger en de klinische spectramodellen), terwijl andere modellen grotendeels op basis van empirisch materiaal ontwikkeld zijn (bijvoorbeeld het VFM en de DAPP-BQ).
- De mate waarin modellen vooral de adaptieve range van persoonlijkheidstrekken (bijvoorbeeld NEO-PI-R) dan wel de maladaptieve range van persoonlijkheidstrekken (bijvoorbeeld DAPP-BQ), of een combinatie van beide, bestrijken.

- Informatie over iemands sterke punten of positieve kenmerken naast informatie over iemands zwakke punten of pathologische kenmerken. Informatie over de sterke kanten van de persoonlijkheid is ook belangrijk voor het nemen van klinische beslissingen (Stone, 2002).
- In hoeverre As-I-symptomen in het model zijn opgenomen. In dit opzicht presteren de klinische spectramodellen beter dan de overige modellen.
- Het hiërarchische niveau van beschrijving. Sommige van de modellen beperken zich tot brede domeinen van het persoonlijkheidsfunctioneren (bijvoorbeeld de klinische spectramodellen), terwijl andere kenmerken van een lagere orde insluiten binnen een hiërarchische structuur (zoals de DAPP-BQ en de NEO-PI-R).
- Het aantal lagere-orde factoren (of facetten) verschilt aanzienlijk: dat van de NEO-PI-R (30) overtreft bijvoorbeeld het aantal van de DAPP-BQ (18). Het verschil kan deels worden toegeschreven aan NEO-PI-R-facetten die vanuit een klinisch gezichtspunt minder relevant zijn (bijvoorbeeld de facetten behorende tot openheid voor ervaring), terwijl het aantal facetten voor het klinisch relevante domein van emotionele disregulatie aanmerkelijk groter is in de DAPP-BQ.

Gelukkig blijken de meeste alternatieve modellen gemakkelijk geïntegreerd te kunnen worden in een gemeenschappelijke hiërarchische structuur. Samengevat lijken de toonaangevende modellen van normaal en abnormaal persoonlijkheidsfunctioneren te convergeren naar vier brede domeinen die beschreven kunnen worden als extraversie tegenover introversie, antagonisme tegenover vriendelijkheid, zelfbeheersing tegenover impulsiviteit en emotionele ontregeling tegenover emotionele stabiliteit (Widiger & Simonsen, 2005). Hierbij lijkt het van belang om te streven naar dekking van zowel de adaptieve als de maladaptieve range, het insluiten van sterke of positieve kenmerken naast pathologische of negatieve kenmerken, en het opnemen van lagere-orde naast hogere-orde factoren. Het is echter belangrijk om te beseffen dat classificatiesystemen niet per definitie zijn gericht op een maximale diagnostische subtiliteit. Dit punt wordt treffend verwoord door O'Connor en Dyce (2002), die stellen dat:

> ***'het onjuist is om te verwachten dat dimensionale modellen volledigheid en detaillering verschaffen, als hun oorspronkelijke doel was om de complexe wereld die al eerder door alle volledigheid en detaillering was geschapen, te vereenvoudigen'* (p. 243).**

Het optimale niveau van detaillering dat door een classificatiesysteem wordt verschaft zal uiteindelijk ook gerelateerd zijn aan kwesties als uitvoerbaarheid en meerwaarde voor klinische besluitvorming, kortom de klinische bruikbaarheid.

Hoe is het eigenlijk met de klinische bruikbaarheid van de dimensionale modellen gesteld? Die vraag staat in de rest van dit hoofdstuk centraal. Klinische bruikbaarheid kan worden gedefinieerd als de mate waarin DSM de klinische besluitvorming ondersteunt bij het vervullen van de verschillende klinische functies van psychiatrische classificatie. Hierna worden drie belangrijke functies nader belicht: gebruikersvriendelijkheid, betrouwbaarheid en de waarde voor indicatiestelling en behandelplanning.

GEBRUIKERSVRIENDELIJKHEID

Een classificatiesysteem kan theoretisch deugdelijk en valide zijn, een perfecte dekking van het domein van psychopathologie bieden, en toch volkomen waardeloos zijn als het niet of op een verkeerde manier wordt gebruikt. Het gebruiksgemak van diagnostische criteria is van cruciaal belang, omdat het niet of niet correct gebruiken ervan alle mogelijke voordelen van veranderingen in de DSM teniet zou doen.

Gebruiksgemak en bekendheid zijn vaak genoemd als sterke punten van het huidige systeem (Widiger & Frances, 2002). De categoriale benadering stemt inderdaad overeen met de neo-Kraepelinische nadruk op het identificeren van homogene en afzonderlijke syndromen, maar dit impliceert niet automatisch dat het systeem gebruikersvriendelijk is. Zo is geconstateerd dat het huidige algoritme voor diagnostische beslissingen – namelijk het tellen van de symptomen van een persoonlijkheidsstoornis – afwijkt van methoden die clinici in de klinische praktijk gebruiken. Westen (1997) heeft aangetoond dat clinici, ongeacht hun theoretische overtuiging, er de voorkeur aan geven diagnosen op As II te stellen door te luisteren naar de manier waarop patiënten interpersoonlijke interacties beschrijven en door hun gedrag in de behandelkamer te observeren.

Een andere verklaring voor het feit dat de DSM-IV-TR richtlijnen voor het gebruik van As II betrekkelijk weinig worden toegepast, is dat het systeem voor velen te gecompliceerd is, in het bijzonder ten aanzien van de algemene diagnostische criteria, overlappende categorieën, en het gebruik van de diagnose PSNAO. Volgens het DSM-handboek beantwoordt bijvoorbeeld iedereen die aan de algemene diagnostische criteria voldoet, in principe aan de criteria voor een persoon-

lijkheidsstoornis. Deze criteria verwijzen onder andere naar de temporele stabiliteit (vroege aanvang en lange duur) en de gevolgen van de persoonlijkheidspathologie (lijdensdruk of functionele beperkingen). De algemene diagnostische criteria zijn ingevoerd om het onderscheid te vergemakkelijken tussen enerzijds klinisch betekenisvolle persoonlijkheidspathologie en anderzijds opmerkelijke persoonlijkheidskenmerken en voorbijgaande gedragsveranderingen. Slechts een enkeling past deze algemene criteria echter systematisch toe (Livesley & Jang, 2000). Verder is het bekend dat clinici slechts een enkele diagnose stellen of een enkele diagnose als de primaire beschouwen, terwijl het systeem expliciet meervoudige diagnosen toelaat om een omvattende beschrijving van de pathologie van de patiënt te verkrijgen (Westen, 1997). Ten slotte wordt PSNAO als categorie vaak incorrect gebruikt wanneer er eigenlijk sprake is van twee of meer specifieke diagnosen, hetgeen een specifieker en omvattender klinisch beeld zou opleveren (Verheul & Widiger, 2004).
De DSM heeft voor klinische diagnosen altijd een categoriaal systeem gebruikt en het zou voor de klinische praktijk een grote verandering betekenen wanneer een dimensionaal classificatiesysteem voor persoonlijkheidsstoornissen zou worden geïntroduceerd (Frances, 1993). De genoemde overwegingen ten aanzien van gebruikersvriendelijkheid houden dus belangrijke lessen in voor de mogelijke introductie van een dimensionaal systeem in de DSM-V. Kunnen clinici de juiste toepassing van het systeem gemakkelijk leren en is de correcte hantering van het systeem binnen een redelijk tijdsbestek uitvoerbaar? Beide vragen moeten bevestigend worden beantwoord, alvorens een nieuw systeem breed en snel kan worden ingevoerd.

BETROUWBAARHEID

De criteria voor persoonlijkheidsstoornissen in de DSM-IV-TR worden gekenmerkt door een betrekkelijk hoog abstractieniveau. Bovendien vereist betrouwbare diagnostiek grondige training en veel oefening. Het is algemeen geaccepteerd dat semigestructureerde interviewschema's hiervoor de voorkeur verdienen. Systematisch gebruik van deze instrumenten heeft tot nog toe echter beperkt ingang gevonden in de klinische praktijk. Slechts weinig clinici zijn in het gebruik ervan getraind, deels omdat clinici er de voorkeur aan geven van de diagnostische criteria van de DSM af te wijken (Westen, 1997) en deels omdat het gebruik van deze instrumenten tijdrovend is en daarom als onuitvoerbaar wordt beschouwd. Het is tegelijkertijd bij velen bekend dat diagnosen die zonder (semi)gestructureerde instrumenten worden gesteld, onvoldoende scoren wat betreft interbeoorde-

laarsbetrouwbaarheid (Mellsop e.a., 1982; Heumann, 1990). Daarom is onvoldoende betrouwbaarheid een belangrijke handicap van het bestaande categoriale systeem.
Het is de vraag of dimensionale modellen betrouwbaardere diagnosen zullen opleveren, zoals vaak wordt aangenomen. Het antwoord zal sterk afhankelijk zijn van de vraag of clinici metterdaad gestructureerde instrumenten zullen gaan gebruiken om betrouwbare diagnostische informatie te verkrijgen. Dat hangt er waarschijnlijk weer van af of de toepassing van deze instrumenten in de klinische praktijk uitvoerbaar en geloofwaardig is. De meeste dimensionale modellen kunnen met zelfrapportagelijsten worden gemeten, maar het staat nog te bezien of clinici bereid zijn zich in dit opzicht op zelfrapportage-informatie te verlaten. Sprock (2003) onderzocht de overeenstemming tussen beoordelaars wat betreft categoriale en dimensionale beoordelingen die zonder gestructureerde instrumenten waren verkregen. Overeenstemming voor categoriale diagnosen was goed in prototypische gevallen (mediane kappa 0,81), maar slecht in niet-prototypische gevallen (mediane kappa 0,49). Verder waren de intraklassecorrelaties bij de dimensionale beoordelingen matig voor het VFM (0,62), en op onaanvaardbaar lage niveaus voor de andere dimensionale modellen (tussen 0,44 en 0,51). Dimensionale beoordelingen van clinici zijn dus niet zonder meer beter dan categoriale beoordelingen. Dit geldt wel voor dimensionale beoordelingen op basis van gestructureerde interviews of zelfrapportagelijsten. Deze zijn immers niet onderhevig aan bias van beoordelaars; wel overigens aan andere vormen van bias, bijvoorbeeld ten gevolge van beperkt zelfinzicht of contaminatie door het toestandsbeeld, die kunnen interfereren met de validiteit respectievelijk test-hertestbetrouwbaarheid .

DE WAARDE VOOR INDICATIESTELLING EN BEHANDELPLANNING

De mate waarin een classificatiesysteem in staat is richting te geven aan klinische besluitvorming is misschien wel de belangrijkste determinant van klinische bruikbaarheid. Voorstanders van categoriale diagnosen beweren dikwijls dat het DSM-systeem klinisch bruikbaar is, omdat het van waarde is bij de indicatiestelling en behandelplanning (Widiger & Frances, 2002). In feite is er weinig steun voor deze beweringen (Livesley, 2001). Diagnostische categorieën zoals borderline persoonlijkheidsstoornis hebben gediend als opstapjes voor klinische interventiestrategieën, maar kunnen klinische interventies of uitkomsten alleen maar in de meest algemene termen voorspellen. Clark (1993) heeft dit heel duidelijk verwoord:

> ***'Hoewel het onbetwistbaar is dat bepaalde klinische beslissingen categoriaal zijn (bijvoorbeeld wel of geen hospitalisatie, wel of geen voorschrift van medicatie), zijn zulke dichotome beslissingen in de behandeling van persoonlijkheidsstoornissen eerder uitzondering dan regel. Klinische beslissingen betreffen daarentegen doorgaans het passende niveau van verschillende therapeutische ingrepen: bijvoorbeeld waar en hoe duidelijke grenzen gesteld moeten worden, in welke mate de afhankelijkheid van een patiënt moet worden toegestaan tegenover het aanmoedigen van zelfstandigheid, hoe en wanneer confrontatie geboden is tegenover steun, enzovoort. Voor zulke beslissingen zijn diagnostische etiketten veel minder bruikbaar dan rijkere persoonlijkheidsbeschrijvingen' (p. 101).***

Klinische besluitvorming heeft betrekking op het vaststellen van
1 noodzaak en nut van behandeling;
2 de algemene therapeutische benadering en dosering;
3 therapeutisch maatwerk.

STAP 1 NOODZAAK EN NUT VAN BEHANDELING

Het is van belang onderscheid te maken tussen a) patiënten die waarschijnlijk zonder behandeling zullen verbeteren (spontane remissie); b) patiënten die waarschijnlijk niet op behandeling zullen reageren; en c) patiënten met het risico van een negatieve reactie op de behandeling. Sanderson en Clarkin (2002) hebben gesuggereerd dat het VFM van nut kan zijn bij het identificeren van patiënten voor wie behandeling een contra-indicatie is of patiënten die zich waarschijnlijk niet voor behandeling zullen inzetten of er niet door zullen veranderen. Miller (1991) omschrijft bijvoorbeeld de combinatie van hoog neuroticisme, lage extraversie en lage consciëntieusheid als de *misery triad*, die een bijzonder ongunstig beloop voorspelt. Voor zover deze patiënten op behandeling reageren, acht Miller steunende en structurerende interventies het meest aangewezen.

STAP 2 DE ALGEMENE THERAPEUTISCHE BENADERING EN DOSERING

Wanneer behandeling geen contra-indicatie is, dient allereerst besluitvorming plaats te vinden over de meest geschikte therapeutische benadering en de meest passende dosering, waarbij doeltreffendheid en doelmatigheid belangrijke criteria horen te zijn. De besluitvorming hieromtrent valt uiteen in vijf beslissingen op macroniveau ten aanzien van 1) de setting (bijvoorbeeld klinische opname, dagbehandeling of ambulant); 2) het formaat (bijvoorbeeld individuele, groepsof gezinstherapie); 3) de voornaamste strategieën en technieken (bijvoorbeeld keuze van het theoretisch model); 4) de duur (bijvoorbeeld crisisinterventie, kortdurende of langer durende behandeling) en frequentie van afspraken; en 5) het eventuele gebruik van medicatie. Empirische gegevens ter ondersteuning van een differentiële selectie en planning van behandeling op basis van persoonlijkheidsfactoren zijn schaars, maar er zijn steeds meer predictiestudies en klinische rapportages die doen vermoeden dat persoonlijkheidsdimensies voor dit doel behulpzaam kunnen zijn. Verscheidene auteurs hebben bijvoorbeeld geopperd dat (dag)klinische psychotherapie vooral (kosten)effectief is voor patiënten met ernstige cluster-A-persoonlijkheidsstoornissen en cluster-B-persoonlijkheidsstoornissen (Bateman & Fonagy, 2004). De behandelingsduur zou kunnen afhangen van de ernst, breedte en complexiteit van problemen; van het premorbide niveau van functioneren en aanpassingsvermogen; en van de mate waarin de patiënt beschikt over adaptieve functies die hem in staat stellen te profiteren van behandeling, zoals motivatie voor verandering, vermogen tot psychologisch denken, en interpersoonlijke capaciteiten (Lambert & Anderson, 1996; Sanderson & Clarkin, 2002). Vanuit het perspectief van het VFM is opgemerkt dat de ideale patiënt voor een korte behandeling gekenmerkt wordt door geïsoleerde maar significante verhogingen op één of twee facetten in het domein neuroticisme, en hoge scores op vriendelijkheid, warmte en openheid voor activiteiten, ideeën en emoties (Sanderson & Clarkin, 2002). Het VFM is wellicht ook bruikbaar bij het vaststellen van het meest passende theoretische kader van de behandeling. Extraverten zijn sociabel, spraakzaam en demonstratief en zouden therapieën die interpersoonlijke interactie vereisen aantrekkelijk kunnen vinden (Costa & McCrae, 1992). Miller (1991) heeft opgemerkt dat zowel cliëntgerichte therapie als psychoanalyse veel spontane uitingen van de patiënt vraagt en moeilijk is voor introverten. Introverte patiënten zouden in plaats daarvan de voorkeur geven aan en meer gebaat zijn bij gedragstherapie of Gestalttherapie, waarin de therapeut een actievere rol heeft (Costa & McCrae, 1992). Personen die gesloten zijn voor ervaring, zijn conventioneel in hun overtuigingen en zullen waarschijnlijk de voorkeur geven aan directieve psychotherapieën met een nadruk op psycho-educatie, gedragsgerichte technieken, vaardigheidstraining, of cliëntgerichte therapieën die voorzien in emotionele ondersteuning. Patiënten met een grote openheid voor ervaring zijn juist veel meer bereid om nieuwe ideeën onder ogen te zien; daarom kunnen Gestalttherapie of psychoanalytische benaderingen voor hen aantrekkelijk zijn (Costa & McCrae, 1992). De meeste van deze ideeën zijn nog niet onderzocht en evenmin zijn er op de relevante schalen afkappunten voor besluitvorming beschikbaar. Niettemin lijken dimensionale modellen een bruikbaar kader te leveren voor onderzoek naar de relatie tussen individuele verschillen en behandelingsuitkomsten. Het VFM is bovendien het enige model dat tot nog toe in de literatuur aandacht heeft gekregen.

STAP 3 THERAPEUTISCH MAATWERK

Naast de vijf beslissingen op macroniveau hebben verschillende auteurs gewezen op de mogelijke waarde van dimensionale modellen voor het faciliteren van therapeutisch maatwerk. Hierbij gaat het om het nemen van beslissingen op het microniveau van de behandeling, zoals het stellen van doelen, het afstemmen van patiëntkenmerken op therapeutkenmerken, het behandelen van overdrachts- en tegenoverdrachtsverschijnselen en de mate van directiviteit van de therapie (Sanderson & Clarkin, 2002; Miller, 1991; Livesley, 2003). Terwijl de informatie op het hogere-orde niveau van hiërarchische dimensionale modellen (brede domeinen) richting zou kunnen geven aan de algemene therapeutische benadering en de dosering van de behandeling, wordt informatie op het lagere-orde niveau (specifieke facetten) als nuttig gezien voor het identificeren van belangrijke thema's en doelen voor verandering (Livesley, 2003). De dialectische gedragstherapie (Linehan, 1993) is bijvoorbeeld een behandeling die zich in eerste aanleg specifiek richt op zelfbeschadiging, suïcidaal gedrag en andere potentieel zelfbeschadigende gedragingen, in plaats van op de borderline persoonlijkheidsstoornis als zodanig (Verheul e.a., 2003). In dezelfde geest richt *Mentalization Based Treatment* zich specifiek op het vergroten van het mentaliserend vermogen, emotieregulatievaardigheden en zelfbeheersingstechnieken (Bateman & Fonagy, 2004). Ook farmacologische interventies richten zich in het algemeen op gedragsmatige clusters zoals affectieve labiliteit, cognitieve desorganisatie of impulsief gedrag in plaats van op diagnosen, en de dosering is doorgaans afhankelijk van de ernst van de symptomen (Soloff, 1998).

Dimensies, categorieën of toch beide?

Dimensionale modellen winnen het van de huidige categoriale classificatiesystemen. Dit geldt in elk geval voor het criterium van diagnostische validiteit, maar er zijn ook belangrijke aanwijzingen dat de klinische bruikbaarheid groter is. Die klinische gebruikswaarde zou sterk kunnen worden verhoogd door de ontwikkeling van populatiespecifieke normen en afkappunten voor klinische besluitvorming. Een van de grootste handicaps van het huidige instrumentarium dat professionals in de Geestelijke Gezondheidszorg (GGZ) ter beschikking staat, of het nu gaat om classificatiemodellen of diagnostische instrumenten, is dat de relatie tussen patiëntkenmerken en klinische beslissingen onbekend is. Er is wat dat betreft veel meer theorievorming dan empirische kennis. Verwacht kan worden dat een dimensionaal classificatiemodel pas breed ingang zal vinden en consciëntieus zal worden toegepast op het moment dat duidelijk wordt waartoe het dient.

Of er ooit een dimensionaal model komt, valt overigens nog te bezien. Het is wel duidelijk dat de eventuele invoering van willekeurig welk dimensionaal systeem dit het categoriale systeem niet volledig zal kunnen vervangen. Voor juridische, medische en administratieve doeleinden kan het nodig zijn een formele DSM-IV-diagnose te verkrijgen (Widiger e.a., 2002). Veel mensen zijn bezorgd dat de formele, gezaghebbende erkenning en fundering van persoonlijkheidsstoornissen door een dimensionaal model ondermijnd worden.

Het is belangrijk te erkennen dat dimensionale persoonlijkheidsmodellen niet volstaan om persoonlijkheidsstoornissen te classificeren (Livesley & Jang, 2000). Statistische deviantie is op zichzelf noch een noodzakelijk, noch een voldoende criterium voor de aanwezigheid van een stoornis. Het is bijvoorbeeld moeilijk om in te zien hoe een extreme score op dimensies als consciëntieusheid, extraversie of vriendelijkheid noodzakelijkerwijs pathologisch zou zijn. Daarom is het vanuit het perspectief van klinische bruikbaarheid van wezenlijk belang een categoriaal systeem, of tenminste de transformatie van dimensionale in categoriale informatie, in stand te houden. De mate van consensus over het beste dimensionale systeem is beperkt (Frances, 1993), maar de mate van consensus over het beste categoriale systeem dat zo'n dimensionaal systeem zou moeten vergezellen is waarschijnlijk nog beperkter. Enkele opties zijn:

1 het in stand houden van de DSM-IV-TR (bijvoorbeeld de algemene diagnostische criteria, of het getrapte model beschreven door Widiger e.a., 2002);
2 het vervangen van dit systeem door een enkele categoriale diagnose op As I (zoals voorgesteld door Livesley & Jang, 2000);
3 het herplaatsen van een aantal As-II-categorieën als vroeg intredende, chronische varianten binnen de respectieve clusters van As-I-stoornissen (bijvoorbeeld ontwijkende persoonlijkheidsstoornis als een chronische variant van angststoornissen) en het opnemen van de resterende categorieën als varianten van een

nieuw As-I-cluster van interpersoonlijke stoornissen (bijvoorbeeld schizoïde, narcistische, theatrale en afhankelijke persoonlijkheidsstoornis).

De verschillende alternatieven hebben waarschijnlijk ook verschillende klinische en organisatorische implicaties. De eerste optie (het in stand houden van de DSM-IV-TR) heeft waarschijnlijk de minste implicaties voor de bestaande organisatie van de GGZ, de klinische relevantie van de literatuur over persoonlijkheidsstoornissen in stand houden, en zo het denken over persoonlijkheidsstoornissen geleidelijk helpen veranderen. Deze optie zou echter ook kunnen interfereren met de effectieve implementatie van een dimensionaal systeem. De tweede optie (het vervangen van de huidige As II door een enkele categoriale diagnose op As I) is ook aantrekkelijk, omdat deze de redundantie en complexiteit vermindert die het gevolg zouden zijn van de introductie van een zuiver dimensionaal model met behoud van het bestaande categoriale model. Bovendien zou deze optie aansporen tot verandering, omdat hij volledig afwijkt van het bestaande systeem. Ten slotte heeft de derde optie (het herplaatsen van As-II-categorieën op As I) verreikende consequenties voor de klinische praktijk. Behandelingscentra, afdelingen of zorgprogramma's die zich specialiseren in persoonlijkheidsstoornissen zullen hun opdracht moeten herdefiniëren of met andere moeten fuseren. Deze benadering heeft wellicht het voordeel dat de stoornissen die nu op As II zijn geplaatst een vast aandachtspunt in het psychiatrisch onderzoek en de klinische praktijk worden, terwijl dit tot nog toe slechts incidenteel het geval was. De plaatsing op een afzonderlijke as lijkt soms te legitimeren dat persoonlijkheidsstoornissen in epidemiologische studies, zorgprogrammering, ziektekostenverzekering en preventiebeleid worden verwaarloosd.
Kortom: categorieën zijn voor veel doeleinden belangrijk en de invoering van willekeurig welk dimensionaal systeem moet van een categoriaal systeem vergezeld gaan. Het is van belang dat deze twee systemen bij voorkeur maximaal compatibel zijn en minimaal redundant. Er zijn al verschillende voorstellen gedaan, maar een adequate vergelijking met betrekking tot toepasbaarheid, uitvoerbaarheid, en klinische en beleidsimplicaties ontbreekt nog.

Literatuur

Bateman, A. & Fonagy, P. (2004). *Psychotherapy of borderline personality disorder: Mentalization Based Treatment*. New York: Oxford University Press.

Clark, L.A. (1993). Personality disorder diagnosis: limitations of the five-factor model. *Psychological Inquiry* 4, 100-104.
Clark, L.A. & Livesley, W.J. (2002). Two approaches to identifying the dimensions of personality disorder: Convergence on the five-factor model. In: P.T. Costa & T.A. Widiger (Eds.), *Personality disorders and the five-factor model of personality* (pp. 161-176). 2nd ed. Washington, DC: American Psychological Association.
Cloninger, C.R. (2000). A practical way to diagnose personality disorders: a proposal. *Journal of Personality Disorders* 14, 99-108.
Costa, P.T. & McCrae, R.R. (1992). Normal personality assessment in clinical practice: the NEO Personality Inventory. *Psychological Assessment* 4, 5-13.
Frances, A. (1993). Dimensional diagnosis of personality – not whether, but when and which. *Psychological Inquiry* 4, 110-111.
Heumann, K.A. (1990). Reliability of categorical and dimensional judgments of personality disorders. *American Journal of Psychiatry* 147, 498-500.
Kendell, R.E. (1975). *The role of diagnosis in psychiatry*. Oxford: Blackwell.
Kiesler, D.J. (1996). *Contemporary interpersonal theory and research: Personality, psychopathology, and psychotherapy*. New York: Wiley.
Lambert, M.J. & Anderson, E.M. (1996). Assessment for the time-limited psychotherapies. In: L.J. Dickstein, M.B. Riba & J.M. Oldham (Eds.), *American Psychiatric Press Review of Psychiatry* (Vol. 15, pp. 23-42). Arlington, VA: American Psychiatric Publishing Incorporated.
Linehan, M.M. (1993). *Cognitive-behavioral treatment of borderline personality disorder*. New York: Guilford Press.
Livesley, W.J. (2001). Commentary on reconceptualizing personality disorder categories using trait dimensions. *Journal of Personality* 69, 277-286.
Livesley, W.J. (2003). *Practical management of personality disorder*. New York: The Guilford Press.
Livesley, W.J. & Jang, K.L. (2000). Toward an empirically based classification of personality disorder. *Journal of Personality Disorders* 14, 137-151.
Mellsop, G., Varghese, F.T.N., Joshua, S. & Hicks, A. (1982). The reliability of Axis II of DSM-III. *American Journal of Psychiatry* 139, 1360-1361.
Miller, T.R. (1991). The psychotherapeutic utility of the five-factor model of personality: a clinician's experience. *Journal of Personality Assessment* 57, 415-433.
O'Connor, B.P. & Dyce, J.A. (1998). A test of models of personality disorder configuration. *Journal of Abnormal Psychology* 107, 3-16.
O'Connor, B.P. & Dyce, J.A. (2002). Tests of general and specific models of personality disorder configuration. In: P.T. Costa & T.A. Widiger (Eds.), *Personality disorders and the five-factor model of personality* (pp. 223-246). 2nd ed. Washington, DC: American Psychological Association.
Oldham, J.M. & Skodol, A.E. (2000). Charting the future of Axis II. *Journal of Personality Disorders* 14, 17-29.
Pincus, A.L. & Wilson, K.R. (2001). Interpersonal variability in dependent personality. *Journal of Personality* 69, 223-251.
Sanderson, C. & Clarkin, J.F. (2002). Further use of the NEO-PI-R personality dimensions in differential treatment planning. In: P.T. Costa & T.A. Widiger (Eds.), *Personality disorders and the five-factor model of personality* (pp. 351-376). 2nd ed. Washington, DC: American Psychological Association.
Saulsman, L.M. & Page, A.C. (2004). The five-factor model and personality dis-

order empirical literature: a meta-analytic review. *Clinical Psychology Review* 23, 1055-1085.

Siever, L.J. & Davis, K.L. (1991). A psychobiological perspective on the personality disorders. *American Journal of Psychiatry* 148, 1647-1658.

Soloff, P. (1998). Algorithms for pharmacological treatment of personality dimensions: symptom-specific treatments for cognitive-perceptual, affective, and impulsive-behavioral dysregulation. *Bulletin of the Menninger Clinic* 62, 195-214.

Sprock, J. (2003). Dimensional versus categorical classification of prototypic and nonprototypic cases of personality disorder. *Journal of Clinical Psychology* 59, 991-1014.

Stone, M.H. (2002). Treatment of personality disorders from the perspective of the five-factor model. In: P.T. Costa & T.A. Widiger (Eds.), *Personality disorders and the five-factor model of personality* (pp. 405-430). 2nd ed. Washington, DC: American Psychological Association.

Verheul, R. & Widiger, T.A. (2004). A meta-analysis of the prevalence and usage of personality disorder not otherwise specified (PDNOS). *Journal of Personality Disorders* 18, 309-319.

Verheul, R., Bosch, L.M.C. van den, Koeter, M.W.J., Ridder, M.A. de, Stijnen, T. & Brink, W. van den (2003). Dialectical Behavior Therapy for women with borderline personality disorder: 12-month, randomised clinical trial in The Netherlands. *British Journal of Psychiatry* 182, 135-140.

Westen, D. (1997). Divergences between clinical and research methods for assessing personality disorders: Implications for research and the evolution of Axis II. *American Journal of Psychiatry* 154, 895-903.

Westen, D. & Shedler, J. (2000). A prototype matching approach to diagnosing personality disorders: toward DSM-V. *Journal of Personality Disorders* 14, 109-126.

Widiger, T.A. & Costa, P.T. (2002). Five-Factor model personality disorder research. In: P.T. Costa Jr. & T.A. Widiger (Eds.), *Personality disorders and the five-factor model of personality* (pp. 59-87). 2nd ed. Washington, DC: American Psychological Association.

Widiger, T.A. & Frances, A. (2002). Toward a dimensional model for the personality disorders. In: P.T. Costa & T.A. Widiger (Eds.), *Personality disorders and the five-factor model of personality* (pp. 23-44). 2nd ed. Washington, DC: American Psychological Association.

Widiger, T.A., Costa, P.T. & McCrae, R.R. (2002). A proposal for Axis II: diagnosing personality disorders using the five-factor model. In: P.T. Costa & T.A. Widiger (Eds.), *Personality disorders and the five-factor model of personality* (pp. 431-456). 2nd ed. Washington, DC: American Psychological Association.

Classificatie van persoonlijkheidsstoornissen: naar een algemene ernstdimensie

Han Berghuis

Ernstige typen?

Wie is er erger aan toe? De patiënt die voldoet aan alle criteria van een borderline persoonlijkheidsstoornis of de patiënt die voldoet aan enkele criteria van wel vier verschillende persoonlijkheidsstoornissen? En maakt het daarbij nog uit of er overwegend sprake is van cluster-A-problematiek versus cluster-C-problematiek? Of is een ernstige cluster C net zo erg als een milde cluster A?
De DSM-IV als classificerend systeem geeft onvoldoende antwoord op deze vragen. En dat is opmerkelijk gegeven het feit dat de DSM een van de leidende principes is in de Geestelijke Gezondheidszorg (GGZ) bij het bepalen van behandelbeleid. Mede op basis van DSM-classificaties worden patiënten toegewezen aan behandelingen binnen zorglijnen of behandelprogramma's en wordt ingeschat hoe intensief en hoe langdurig een behandeling zou moeten zijn.
Clinici diagnosticeren en classificeren dagelijks persoonlijkheidsstoornissen en koppelen hun bevindingen aan een meer of minder expliciet ernstcriterium op basis waarvan de behandelingsindicatie plaatsvindt. Dat dit gebeurt is niet geheel onlogisch. Verschillende onderzoeken maken duidelijk dat de mate van ernst van een persoonlijkheidsstoornis van invloed kan zijn op het beloop en de uitkomst van de behandeling (Seivewright e.a., 2002 en 2004; Ogrodniczuk, Piper, Joyce & McCallum, 2001). Verheul e.a. (2003) vonden dat dialectische gedragstherapie (DGT; Linehan, 1993) het beste werkt bij de zware gevallen. De mate van ernst is blijkbaar van belang bij de indicatie voor DGT en het voorspellen van de effectiviteit. Bender e.a. (2001) geven aan dat patiënten met ernstige persoonlijkheidsstoornissen zeer intensief gebruikmaken van behandeling. Skodol e.a. (2002) rapporteren dat patiënten met een schizotypische of borderline persoonlijkheidsstoornis meer psychosociale problemen kennen dan patiënten met een obsessieve-compulsieve persoonlijkheids-

stoornis of met een depressieve stoornis, terwijl de ontwijkende persoonlijkheidsstoornis een tussenpositie inneemt. Speelt de factor ernst hierbij een rol? En op welke manier?
Dit hoofdstuk gaat over de classificatie of diagnostiek van persoonlijkheidsstoornissen in het spanningsveld tussen of grensvlak van ernst en type. Bij het indiceren van behandelwijzen naar bijvoorbeeld aard, duur en setting, lijkt het gebruik van een valide ernstcriterium van belang. Classificatie en diagnostiek van persoonlijkheidsstoornissen vinden plaats door middel van het indelen van patiënten naar verschillende typen. De vraag is of dat voldoende is of dat daarnaast een ernstmaat noodzakelijk is.

Ernstig gestoorde typen

In de literatuur worden verschillende manieren gevonden om de ernst van een persoonlijkheidsstoornis of van persoonlijkheidspathologie in algemene zin, te definiëren. Er zijn grofweg drie manieren te onderscheiden:
1 Ernst is gerelateerd aan het DSM-IV-systeem of een afgeleide daarvan.
2 Ernst is een meer of minder expliciet begrip in de klinische praktijk.
3 Ernst wordt bepaald door de mate van statistische deviatie, veelal scores op persoonlijkheidsvragenlijsten.

ERNST EN DE DSM-IV

De aanbevolen strategie voor de assessment van persoonlijkheidsstoornissen volgens de DSM-IV is een combinatie van een zelfrapportagelijst en een semigestructureerd interview (Widiger & Samuel, 2005; Dingemans & Sno, 2004; Verheul e.a., 2000). Bij deze methode van onderzoek worden de verschillende criteria uitgevraagd. Er is geen expliciete ernstmaat, anders dan het moeten voldoen aan het aantal criteria dat is vereist voor een persoonlijkheidsstoornis. Impliciet geldt hier dat de mate van ernst toeneemt met het aantal criteria waaraan is voldaan, of dat de indeling naar cluster A, B of C als ernstdimensie wordt genomen. In de literatuur is weinig bekend over de onderbouwing hiervan. Dolan, Evans & Norton (1995) stellen voor de optelling van het aantal persoonlijkheidsstoornissen te laten gelden als ernstmaat, maar relateren dit niet aan een extern criterium.
Binnen dit domein van meten zijn er twee zelfrapportagelijsten, de Assessment van DSM-Persoonlijkheidsstoornissen DSM-IV-versie (ADP-IV; Schotte & DeDoncker, 1996; Schotte e.a., 2004) en de Perso-

nality Diagnostic Questionnaire DSM-IV-versie (PDQ-4+; Akkerhuis, Kupka & Groenestijn, 1996), die behalve de criteria uitvragen van de verschillende persoonlijkheidsstoornissen, vragen naar de ervaren lijdensdruk en/of functionele beperkingen bij het betreffende criterium. Dit is op te vatten als een soort subjectieve ernstmaat, waarbij categoriale diagnostiek wordt gecombineerd met een dimensionale ernstclassificatie. De Borderline Personality Disorder Severity Index (Arntz e.a., 2003) is een voorbeeld van een semigestructureerd interview, waarmee de mate van ernst van de borderline persoonlijkheidsstoornis wordt uitgevraagd en gerelateerd aan een afkapwaarde. Bij deze onderzoeksmethode neemt de ernst toe met de hoogte van de score.

Een heel specifieke ernstmaat gelieerd aan de DSM is de Personality Assessment Schedule (PAS; Tyrer & Johnson, 1996; Tyrer, 2005). De PAS is een gestructureerd interview waarmee persoonlijkheidsstoornissen kunnen worden ingedeeld op een 4-puntsschaal (later 5-puntsschaal) betreffende ernst. De onderscheidende criteria zijn het aantal criteria en de aanwezigheid van een of meerdere persoonlijkheidsstoornissen over een of meerdere clusters. De ernstschaal loopt van 'geen' tot 'ernstige' persoonlijkheidsstoornis. Er is weinig onderzoek bekend, anders dan door Tyrer uitgevoerd (Tyrer, 2005).

ERNST IN DE KLINISCHE PRAKTIJK

De tweede manier waarop de ernst van een persoonlijkheidsstoornis geoperationaliseerd wordt is de wijze waarop clinici er in de praktijk mee omgaan. Herkov en Blashfield (1995) vonden dat clinici in de praktijk de DSM helemaal niet zo strikt volgen. Er wordt eerder impliciet een hiërarchisch systeem gebruikt bij de diagnostiek van persoonlijkheidsstoornissen. Daarbij bestaat er een voorkeur voor de diagnose borderline persoonlijkheidsstoornis, ook al zijn de clinici zich ervan bewust dat ook aan criteria voor andere persoonlijkheidsstoornissen is voldaan. Een verklaring daarvoor zou kunnen zijn, dat clinici in een dergelijk proces de criteria rangschikken naar ernst en noodzakelijkheid voor behandeling. In een empirisch onderzoek wordt enige ondersteuning gevonden voor dit klinisch gebruik. Hopwood e.a. (2006) vinden bij een onderzoek naar de hiërarchische relaties tussen de borderline, schizotypische, ontwijkende en obsessieve-compulsieve persoonlijkheidsstoornis aanwijzingen dat de borderline persoonlijkheidsstoornis in termen van ernst bovenaan staat. De ondersteuning is echter dermate gering dat gepleit wordt alle mogelijke stoornissen in het klinische beeld te laten meetellen, om een juiste indruk van persoonlijkheidstrekken en mate van ernst te verkrijgen.

Van Manen e.a. (aangeboden) deden onderzoek naar parameters op basis waarvan intakers patiënten toewijzen aan psychotherapeutische behandelingen. Zij vonden onder andere dat de ernstparameter een beslissende variabele is voor psychotherapie-indicatie.
Mogelijk is de populariteit onder Nederlandse clinici van het model van Kernberg (1984 en 1994) over de structurele persoonlijkheidsdiagnostiek ook vanuit dit kader te verklaren. In het model van Kernberg wordt onderscheid gemaakt tussen de psychotische, de borderline en de neurotische ego-organisatie. De indruk bestaat dat dit model soms misbruikt wordt als een simpele ernstdimensie. De patiënt wordt grofweg ingedeeld op een veronderstelde dimensie van zeer ernstig gestoord (psychotische structuur) tot minder ernstig gestoord (neurotische structuur). In dit opzicht wordt het model van Kernberg niet gebruikt waarvoor het bedoeld is, namelijk psychodynamische persoonlijkheidsdiagnostiek.

ERNST IS EEN STATISTISCHE AFWIJKING

Ten slotte kan de mate van ernst worden bepaald door de mate van statistische deviatie. Dit gebeurt vooral bij de persoonlijkheidsdiagnostiek, waarbij gebruik wordt gemaakt van psychologische vragenlijsten. Een hoge of lage score op een bepaalde schaal of een bepaald profiel op een vragenlijst wordt vaak gevonden bij personen met ernstiger persoonlijkheidsproblematiek.
Er is onderzoek gedaan met de zogeheten Personality Severity Index (PSI) uit de Symptom Checklist-90 (SCL-90; Arindell & Ettema, 2003). De PSI bestaat uit de subschalen *Wantrouwen*, *Interpersoonlijke Sensitiviteit* en *Hostiliteit* van de SCL-90. Er werd gevonden dat de PSI de aanwezigheid van ernstige persoonlijkheidspathologie goed kan voorspellen (Starcevic e.a., 2000; Karterud, Friis, Irion, Mehlum, Vaglum & Vaglum, 1995). De kanttekening is dat de PSI geen specifieke stoornissen kan voorspellen, maar dat hij wel weet te differentiëren tussen verschillende clusters. De PSI geeft daarmee een algemene maat van ernst aan.
Bij een ander meetinstrument, de Temperament and Character Inventory (TCI; Duijssens & Spinhoven, 2000), blijkt een lage score op de schalen *Zelfsturend* en *Coöperatief* voor te komen bij alle persoonlijkheidsstoornissen (Svrakic e.a., 1993). Volgens Cloninger (2000) zou dit bij ernstige persoonlijkheidsstoornissen tevens gepaard gaan met een lage score op de schaal *Zelftranscendent*; hiervoor is echter geen empirische ondersteuning gevonden. Ander onderzoek met de TCI bevestigde het onderzoek van Svrakic, maar sprak het idee van Cloninger tegen (Parker e.a., 2003; Trull, 2005).

Bij het vijffactorenmodel, zoals geoperationaliseerd in de NEO-PI-R (Hoekstra, Ormel & De Fruyt, 1996) wordt een hoge score op *Neuroticisme* en een lage score op *Altruïsme* gevonden bij alle persoonlijkheidsstoornissen (Saulsman & Page, 2002; Moran e.a., 2006). Onduidelijk is of deze relatie ook andersom geldt. Meer in het algemeen is het de vraag is of een hogere score op deze domeinen, gegeven de aanwezigheid van een persoonlijkheidsstoornis, ook per definitie ernstiger persoonlijkheidspathologie betekent (Livesley & Jang, 2000). Op basis van het feit dat de gedragsmanifestaties van persoonlijkheidspathologie op het facetniveau van de NEO-PI-R in kaart worden gebracht, spreken Saulsman en Page (2002) in hun review de verwachting uit dat op dit niveau waarschijnlijk een betere differentiatie naar ernst te maken is.

Alles bij elkaar genomen hebben de hiervoor beschreven benaderingen nog geen bevredigend resultaat opgeleverd om de ernst van persoonlijkheidspathologie of persoonlijkheidsstoornis in kaart te brengen. Ook de DSM lijkt onvoldoende betrouwbare handvatten te bieden om de mate van ernst binnen een gegeven persoonlijkheidsstoornis te bepalen. In de klinische praktijk worden wel ernstcriteria gebruikt en lijken die ook van belang bij het bepalen van het behandelbeleid, maar de gebruikte criteria zijn te algemeen of te impliciet. Het gebruik van statistische deviatie om de mate van ernst te bepalen lijkt een op het eerste gezicht harde maat, maar kent ook bezwaren. Het probleem hierbij is dat een extreme score op een bepaalde *trait*-dimensie nog niet per definitie leidt tot gestoord functioneren (Livesley & Jang, 2000 en 2005; Parker & Barrett, 2000; Verheul, 2005b). Volgens deze manier van redeneren zou je kunnen stellen dat een hoge mate van extraversie in disadaptieve zin leidt tot ernstig drugsmisbruik en in adaptieve zin tot regelmatig bezoek van pretparken met achtbanen. Trull (2005) pleit in dit verband voor een ernstmaat die onafhankelijk is van persoonlijkheidstrekken en problemen die inherent zijn aan dergelijke *traits*. Deze ernstmaat zou gerelateerd moeten zijn aan domeinen van functioneren die relevant zijn in het kader van persoonlijkheidspathologie.

Het onderliggende probleem bij de moeite die het kost een sluitend ernstcriterium te ontwikkelen zijn de achterliggende gebruikte modellen van persoonlijkheid. Tot op heden zijn er vooral pogingen gedaan om persoonlijkheid en persoonlijkheidspathologie te typologiseren. Wij proberen persoonlijkheidspathologie als biologen te determineren naar klassen, categorieën, trekken, *traits* en structuren. Dit heeft geleid tot veel verschillende modellen, maar tot op heden nog niet tot een overkoepelende theorie of een gouden standaard voor de diagnostische praktijk.

Ernstig gestoorde typen bestaan niet

Een geheel andere manier van benaderen is het onderzoek naar de kerncomponenten van persoonlijkheidspathologie. In plaats van te zoeken naar de wijze waarop personen in hun persoonlijkheidspathologie van elkaar verschillen en de typering daarvan, wordt er gezocht naar de kernfactoren of levensgebieden waarop het misgaat bij persoonlijkheidspathologie. Kort gezegd: niet wie gaat er mis, maar wat gaat er mis. In lijn met het eerdere voorbeeld van extraversie is het hier niet van belang óf iemand extravert is, maar hoe die persoon, gegeven de mate van extraversie, al of niet disfunctioneert in essentiële levenstaken.
Drie modellen met een dergelijke invalshoek worden hierna besproken. Daarnaast zullen nog drie andere, algemene persoonlijkheidsmodellen, in deze context worden beschreven.

HET MODEL VAN LIVESLEY

Livesley (2003) ontwikkelde het 'adaptive-failure' model. In zijn visie is de kern van persoonlijkheidspathologie te beschrijven als een adaptief falen op een of meer van de volgende relevante levensgebieden. Een gebrek aan stabiele en geïntegreerde representaties van zichzelf en anderen; problemen in interpersoonlijke relaties, zoals die naar voren kunnen komen in onvermogen om intimiteit en nabijheid te ervaren, om als hechtingsfiguur te functioneren of affectieve relaties aan te gaan met anderen en ten slotte het onvermogen om adaptief te functioneren in een sociale groep, coöperatieve relaties te vormen en in staat te zijn tot prosociaal gedrag. Binnen dit model zal de mate van ernst moeten worden afgeleid uit de mate van disadaptiviteit op deze verschillende levensgebieden. Dit wordt in het model niet beschreven. Het idee van Livesley is een tweetrapsbenadering in de diagnostiek van persoonlijkheidsstoornis. In de eerste stap wordt, op basis van de hiervoor beschreven indices, de aan- of afwezigheid van een diagnose Algemene Persoonlijkheidsstoornis gesteld. Deze Algemene Persoonlijkheidsstoornis zou moeten worden geplaatst op As I in de DSM-V. In de tweede stap kan een dimensionale (typologische) karakterisering van de patiënt worden gegeven. Hoewel het mijns inziens een veelbelovend model is, is er nog geen (empirisch) onderzoek bekend naar de validiteit en toepasbaarheid van het model.

HET MODEL VAN VERHEUL

Verheul en collegae ontwikkelden een model waarbij vijf hogere-orde factoren of indices worden onderscheiden die problemen in het functioneren van de persoonlijkheid beschrijven (Verheul e.a., aangeboden). Deze hoofdfactoren zijn: zelfcontrole (o.a. emotie- en agressieregulatie), identiteitsintegratie (o.a. zelfrespect, zelfreflectief vermogen, zingeving), verantwoordelijkheid (afspraken kunnen nakomen), relationele functies (duurzaamheid, intimiteit) en sociale concordantie (samenwerking, respect). Vooral de lagere-orde factoren sluiten nauw aan bij therapeutische verandermogelijkheden van patiënten. De ernst van het disfunctioneren van de persoonlijkheid is daarmee een veel minder stabiel begrip, maar (psychotherapeutisch) beïnvloedbaar en veranderbaar. Ook van dit model is nog nauwelijks empirisch onderzoek bekend. Wel is het instrument in zeven verschillende talen verschenen en zijn onderzoeksgroepen in diverse landen bezig met onderzoek van het instrument.

HET MODEL VAN PARKER

Parker e.a. (2002) vonden in een gedetailleerde literatuurreview zeventien potentiële kenmerken voor gestoord functioneren van de persoonlijkheid. Deze kenmerken beschrijven vooral disadaptieve gedragskenmerken, bijvoorbeeld onvermogen voor anderen te zorgen, impulsiviteit, gebrek aan zelfsturing, onevenwichtigheid onder stress, enzovoort. Bij nader onderzoek naar de validiteit van deze zeventien kenmerken van de disfunctionerende persoonlijkheid bleven uiteindelijk elf constructen over die konden worden onderzocht (Parker e.a., 2004). In dit onderzoek werd gevonden dat de elf constructen laden op twee hogere-orde factoren: *(non-)coping* en *(non-)cooperativeness*. Deze twee factoren bleken relevant om voor alle vormen van persoonlijkheidstypen de mate van disfunctioneren te kunnen verklaren. De uitkomsten sluiten aan bij het model van Livesley, om allereerst de kerncomponenten van het disfunctioneren te gebruiken ten behoeve van de diagnostiek van persoonlijkheidsstoornissen. De twee hogere-orde factoren die Parker e.a. vinden sluiten inhoudelijk deels aan bij twee andere algemene modellen van persoonlijkheidpathologie (de Big Five en het model van Cloninger), die hierna in dit kader zullen worden besproken. Daarnaast legt Parker een link met Freud die meende dat 'lieben und arbeiten' kenmerken van volwassenheid zijn. Liefhebben verwijst daarbij naar het vermogen tot '*cooperativeness*' en werken verwijst (ook bij Freud) naar productief zijn waarvoor effectieve coping noodzakelijk is.

ANDERE PERSOONLIJKHEIDSMODELLEN

De modellen van Livesley, Verheul en Parker, die hier beschreven zijn, gaan primair over het gestoord functioneren van de persoonlijkheid. In de modellen worden kenmerken beschreven die het disfunctioneren beschrijven. De kenmerken zijn veelal gedragsmatig van aard. Ook bij de zogeheten *trait*-modellen zijn de persoonlijkheidstrekken op een ander niveau en meer gedragsmatig te beschrijven.
Zo kunnen ook de lagere-orde factoren uit de Big Five (gemeten met de facetschaal van de NEO-PI-R) en het model van Cloninger (gemeten met de subschalen van de TCI) gebruikt worden om het disadaptieve functioneren in kaart te brengen. Hierdoor wordt het vervolgens iets duidelijker wat de mate van ernst van de stoornis is. Bij de Big Five geven de hoofddomeinen *Neuroticisme* en *Altruïsme* een indicatie dat het kan gaan om een stoornis en geven de facetschalen nog specifieker aan op welke gebieden en in welke mate van ernst. Hetzelfde geldt voor de beschreven karaktertrekken *Zelfsturend* en *Coöperatief* bij het model van Cloninger.
Opvallend is dat alle modellen die de persoonlijkheidspathologie proberen te vangen in disadaptief functioneren een aantal overeenkomsten hebben. Overeenkomstige begrippen zijn onder andere identiteit, zelfbeeld, zelfrepresentatie en interpersoonlijke relaties en het effectief oplossen van problemen en reguleren van affecten en impulsen. Dit sluit overigens goed aan bij het algemene diagnostische criterium voor persoonlijkheidsstoornissen in de DSM-IV. Kennelijk bestaat er vrij grote overeenstemming over wat de algemene kerncomponenten van persoonlijkheidspathologie zijn. Wel ontberen we nog een specifieke omschrijving c.q. operationalisatie van deze kerncomponenten.
Zolang er nog geen gouden standaard is bij het meten van persoonlijkheidspathologie en er nog geen overkoepelende theorie of model voorhanden is zullen we het in de praktijk moeten doen met de vele modellen en ideeën die er zijn. Bij het zoeken naar de ware aard van de persoonlijkheidsstoornis is vooral veel energie gestoken in het beschrijven of classificeren van structuren en trekken. Mijn indruk is dat er op dit vlak niet veel winst meer is te behalen. Het lijkt van groter belang om in deze soms Babylonische spraakverwarring van modellen, indrukken, theorieën en meetinstrumenten en meetmethoden enige consensus of overstijgende ideeën en gemeenschappelijke taal

te vinden. Pessimisten denken dat het misschien wel nooit gaat lukken (Shedler & Westen, 2004). Aan de andere kant zijn er ook integrerende ideeën en onderzoeken. Steeds duidelijker wordt dezelfde onderliggende structuur beschreven bij de normale en de gestoorde persoonlijkheid (Jang & Livesley, 1999; O'Connor & Dyce, 2001; Markon e.a., 2005). Hoe die er precies uitziet, vooral bij de gestoorde persoonlijkheid, is echter nog niet duidelijk. Dit heeft mogelijk ook te maken met het feit dat er nog zoveel opties zijn. Opvallend en integrerend zijn ook de overeenkomsten binnen het domein van de dimensionele *trait*-modellen (o.a. Widiger & Simonsen, 2005; en hoofdstuk 1 van dit boek). Maar het gouden ei is nog niet gelegd. Ondertussen vindt onder deze omstandigheden de diagnostiek van persoonlijkheidsstoornissen en persoonlijkheidspathologie in de klinische praktijk plaats. Gegeven het feit dat er niet één leidinggevend model of instrument is, lijkt een multiconceptuele en multi-instrumentele benadering van de werkelijkheid nog de beste optie (Eurelings-Bontekoe & Snellen, 2003), maar is de uitvoering daarvan vaak erg tijdrovend.

Ernstig gestoord bestaat

Om enigszins orde in de chaos te scheppen en ook om tot een klinisch haalbare diagnostiek van persoonlijkheidsstoornissen te komen, zie ik het volgende voor me. Er is de komende jaren, in de opmaat naar de DSM-V, verder onderzoek nodig naar de kerncomponenten van de gestoorde persoonlijkheid of het disadaptief functioneren van de persoonlijkheid. Op basis van dit onderzoek kan een model worden gevormd waaruit criteria kunnen voortkomen voor een Algemene Persoonlijkheidsstoornis (General Personality Disorder) of een Kern Persoonlijkheidsstoornis (Core Personality Disorder).
De in dit hoofdstuk beschreven (dis)adaptieve modellen komen voor de onderbouwing van een dergelijk model of definitie zeker in aanmerking, omdat het overstijgende modellen zijn. Het idee van typologieën kan achterwege blijven. Disadaptief gedrag, zoals gedefinieerd in de modellen van onder anderen Livesley, Verheul en Parker, komt bij alle typen van persoonlijkheidsstoornissen voor of kan voorkomen bij verschillende persoonlijkheidstrekken, al dan niet in extreme vorm. Deze algemene definitie zie ik voor me als een verbeterde versie van de huidige algemene diagnostische criteria voor een persoonlijkheidsstoornis in de DSM-IV en zij zou geplaatst moeten worden op As I van de DSM-V. Omdat een persoonlijkheidsstoornis, net als een depressie of schizofrenie, gewoon een psychiatrische stoornis is en

dus in dat eerste rijtje thuishoort. Aan de Algemene Persoonlijkheidsstoornis is een ernstdimensie gekoppeld die gerelateerd is aan de mate van disadaptatie van de onderzochte persoon.
Het plaatsen van de Algemene of Kern Persoonlijkheidsstoornis op As I heeft klinische relevantie. In de huidige klinische praktijk kost gedegen onderzoek naar persoonlijkheidsstoornissen minstens twee uur (bijvoorbeeld afname en scoring van de SCID-II of een vergelijkbaar interview). Dit wordt vaak uit tijdgebrek niet gedaan en mijn stellige idee is dat op dit moment veel diagnostiek en classificatie van de persoonlijkheid gebeurt via overrapporterende screeningslijsten of in een ongestructureerd klinisch interview. Een valide, betrouwbaar instrument dat de aan- of afwezigheid van persoonlijkheidspathologie (d.w.z. Algemene Persoonlijkheidsstoornis) kan meten is klinisch bruikbaar, wanneer het effectief is in zowel kwalitatieve (inhoud) als kwantitatieve (tijd) zin. In korte tijd kan de clinicus aan de voordeur van de GGZ bepalen of er sprake is van een persoonlijkheidsstoornis en in welke mate van ernst. Bij veel voordeurprogramma's in de GGZ is een dergelijke grove zeef nodig om te kunnen toewijzen aan een behandelprogramma. Daarnaast lost het snel en effectief kunnen meten van de aanwezigheid van een persoonlijkheidsstoornis een probleem op waarmee psychodiagnostici bij het interpreteren van persoonlijkheidsvragenlijsten worden geconfronteerd. Het feit wil namelijk dat zowel normale als gestoorde personen altijd een uitslag geven op een vragenlijst. Zoals eerder opgemerkt betekenen hoge of lage scores op verschillende *trait*-schalen niet altijd hetzelfde. Soms is een lage score op neuroticisme een teken van gezondheid, soms van narcisme, soms van schizoïdie. Eurelings-Bontekoe en Snellen (2003) lossen dit probleem op door het begrip '*reason for encouter*'. Op die manier kunnen lage scores op persoonlijkheidsvragenlijsten uitsluitend in de context van aanwezige psychopathologie als pathologisch worden geïnterpreteerd. De operationalisatie van het begrip *reason for encouter* blijft hier echter nogal mager. Een betrouwbare definitie van een Algemene Persoonlijkheidsstoornis zou het probleem kunnen oplossen.

Ernstig gestoord, van welk type?

In lijn met de stepped care gedachte, die tegenwoordig veel wordt toegepast, pleit ik binnen dit model voor een 'stepped diagnose' model. In de eerste stap wordt bepaald of er sprake is van persoonlijkheidspathologie in de vorm van een Algemene Persoonlijkheidsstoornis, gekoppeld aan een ernstcriterium. De Algemene Persoon-

lijkheidsstoornis kan gelden als primaire diagnose of is comorbide aan een andere diagnose op As I. Een patiënt wordt toegewezen aan een behandelprogramma of zorglijn naar de primaire diagnose. Ernstige persoonlijkheidsstoornissen als primaire diagnose worden altijd naar het behandelprogramma persoonlijkheidsstoornissen verwezen en depressies naar het programma angst- en stemmingsstoornissen. Binnen een stepped diagnose model is bekend, meer betrouwbaar dan in het heden, of er comorbide sprake is van persoonlijkheidspathologie, en in welke mate van ernst. In de planning van zorg naar aard, duur en setting kan er rekening worden gehouden met deze comorbide problemen (Mulder, 2002; Newton-Howes e.a., 2006). Soms kan de diagnostiek stoppen bij deze eerste stap; zeker bij wat mildere vormen van persoonlijkheidsdisfunctioneren is uitgebreidere diagnostiek niet geïndiceerd. Bij blijvende onduidelijkheid – het is wel gestoord, maar wat voor persoon (type) heb ik nu voor me? – en bij ernstiger vormen van persoonlijkheidsstoornissen kan na toewijzing aan een behandelprogramma of zorglijn voor persoonlijkheidsstoornissen meer verfijnde diagnostiek plaatsvinden. In deze fase zijn verschillende psychologische meetinstrumenten relevant en geschikt. In de diverse handboeken voor psychodiagnostiek staan ze beschreven: de klachtenvragenlijsten, copinglijsten, interpersoonlijke vragenlijsten, persoonlijkheidsvragenlijsten, interviewmethoden, projectieve technieken (De Ruiter & Hildebrand, 2006; Luteijn e.a., 2005; Eurelings-Bontekoe & Snellen, 2003).
Bij de tweede stap in de diagnostiek kan, indien nodig, worden gekozen voor een uitgebreid onderzoek (multi-instrumenteel en multiconceptueel). Met een brede vraagstelling, wanneer er diagnostisch nog veel onduidelijk is rond de patiënt, en heel gericht, wanneer een bepaalde behandeling is geïndiceerd. Bij dit laatste kan worden gedacht aan psychodynamische psychodiagnostiek bij een psychodynamisch georiënteerde behandeling (bijvoorbeeld Transference Focussed Psychotherapy; Yeomans, Clarkin & Kernberg, 2002) of diagnostiek van basale schemata met de Schemavragenlijst (Sterk & Rijkeboer, 1997), wanneer een cognitieve therapie volgens het model van Young is geïndiceerd.

Literatuur

Akkerhuis, G.W., Kupka, R.W. & Groenestijn, M.A.C. (1996). *PDQ-4+ Vragenlijst voor Persoonlijkheidskenmerken*. Lisse: Swets & Zeitlinger.

American Psychiatric Association (2000). *Diagnostic and statistical manual of mental disorders*. 4th ed. TR. Washington DC: American Psychiatric Press.

Arntz, A., Hoorn, M. van den, Cornelisse, J., Verheul, R., Bosch, L.M.C. van den & Bie, A.J.H.T. de (2003). Reliability and validity of the borderline personality disorder severity index. *Journal of Personality disorders* 17, 45-59.

Arrindell, W.A. & Ettema, J.H.M. (2003). *Symptom Checklist, SCL-90*. Lisse: Swets & Zeitlinger.

Bender, D.S., Dolan, R.T., Skodol, A.E., Stanislaw, C.A., Dyck, I.R., McGlashan, T.H., Shea, M.T., Zananitri, M.C., Oldham, J.M. & Gunderson, J.G. (2001). Treatment utilisation by patients with personality disorders. *American Journal of Psychiatry* 158, 295-302.

Blashfield, R.K. & Herkov, M.J. (1996). Investigating clinician adherence to diagnosis by criteria: A replication of Morey and Ochoa (1989). *Journal of Personality Disorders* 10, 219-228.

Cloninger, C.R. (2000). A practical way to diagnose personality disorder: a proposal. *Journal of Personality Disorders* 14, 99-108.

Costa, P.T. & McCrae, R.R. (1992b). The five factor model of personality and its relevance to personality disorders. *Journal of Personality Disorders* 6, 343-359.

Dingemans, P.M.A.J. & Sno, H.N. (2004). Meetinstrumenten bij persoonlijkheidsstoornissen. *Tijdschrift voor psychiatrie* 46, 705-709.

Dolan, B., Evans, C. & Norton, K. (1995). Multiple axis-II diagnoses of personality disorder. *British Journal of Psychiatry*, 166(1), 107-112.

Duijssens, I.J. & Spinhoven, Ph. (2000). *TCI Handleiding. Handleiding van de Nederlandse Temperament en Karakter. Vragenlijst*. Leiderdorp: Datec.

Eurelings-Bontekoe, E.H.M. & Snellen, W.M. (2003). *Dynamische persoonlijkheidsdiagnostiek*. Lisse: Swets & Zeitlinger.

Herkov, M.J. & Blashfield, R.K. (1995). Clinical diagnoses of personality disorders: evidence of a hierarchical structure. *Journal of Personality Assessment* 65, 313-321.

Hoekstra, H.A., Ormel, J. & Fruyt, F. de (1996). *NEO Persoonlijkheidsvragenlijst*. Lisse: Swets & Zeitlinger.

Hopwood, C.J., Morey, L.I., Gundersen, J.F., Skodol, A.E., Shea, M.T., Grilo, C.M. & McGlashan, T.H. (2006). Hierarchical relationship between borderline, schizotypical, avoidant and obsessive-compulsive personality disorders. *Acta Psychiatrica Scandinavica* 113, 430-439.

Jang, K.L. & Livesley, W.J. (1999). Why do measures of normal and disordered personality correlate? A study genetic comorbidity. *Journal of Personality Disorders* 13, 10-17.

Karterud, S., Friis, S., Irion, T., Mehlum, L., Vaglum, P. & Vaglum, S. (1995). A SCL-90R derived index of the severity of personality disorders. *Journal of Personality Disorders*, 9(2), 112-123.

Kernberg, O.F. (1984). *Severe personality disorders*. New haven: Yale University Press.

Kernberg, O.F. (1994). A psychoanalytic theory of personality disorders. In: J.F. Clarkin & M.F. Lenzenweger (Eds.), *Major theories of personality disorder* (pp. 106-140). New York: Guilford Press.

Linehan, M.M. (1993). *Cognitive-behavioral treatment of borderline personality disorder*. New York: Guilford Press.

Livesley, W.J. (2003). *Practical management of personality disorders*. New York: Guilford Press.

Livesley, W.J. & Jang, K.L. (2000). Toward an empirically based classification of

personality disorder. *Journal of Personality Disorders* 14, 137-151.
Livesley, W.J. & Jang, K.L. (2005). Differentiating normal, abnormal, and disordered personality. *European Journal of Personality* 19, 257-268.
Livesley, W.J., Schroeder, M.L., Jackson, D.N. & Jang, K.L. (1994). Categorical distinctions in the study of personality disorder: implications for classifications. *Journal of Abnormal Psychology* 103, 6-17.
Luteijn, F., Arrindell, W.A., Deelman, B.G., Kamphuis, J.H. & Vertommen, H. (2005). *Psychologische diagnostiek in de gezondheidszorg.* Utrecht: Lemma.
Manen, J.G. van, Kamphuis, J.H., Timmerman, R. & Verheul, R. (aangeboden). Agreement among intake clinicans about psychotherapeutic treatment selection in patients with personality disorders.
Markon, K.E., Krueger, R.F. & Watson, D. (2005). Delineating the structure of normal and abnormal personality: an integrative hierarchical approach. *Journal of Personality and Social Psychology* 88, 139-157.
McGlashan, T.H. e.a. (2005). Two-year prevalence and stability of individual DSM-IV criteria for schizotypal, borderline, avoidant and obsessive-compulsive personality disorders: Toward a hybrid model of axis II disorders. *American Journal of Psychiatry* 162, 883-889.
McGuffin, P. & Thapar, A. (1992). The genetics of personality disorder. *British Journal of Psychiatry* 160, 12-23.
Moran, P., Coffey, C., Mann, A., Calin, J.B. & Patton, G.G. (2000). Dimensional characteristics of DSM-IV personality disorders in a large epidemiological sample. *Acta Psychiatrica Scandinavica* 113, 233.
Mulder, R.T. (2002). Personality pathology and treatment outcome in major depressive: A review. *American Journal of Psychiatry* 159, 359-371.
Newton-Howes, G., Tyrer, P. & Johnson, T. (2006). Personality disorder and the outcome of depression: meta-analysis of published studies. *British Journal of Psychiatry* 188, 13-20.
O'Conner, B.P. & Dyce, J.A. (1998). A models of personality disorder configuration. *Journal of Abnormal Psychology* 107, 3-16.
O'Connor, B.P. & Dyce, J.A. (2001). Rigid and extreme: A geometric representation of personality disorders in five-factor model space. *Journal of Personality and Social Psychology*, 81, 1119-1130.
Ogrodniczuk, J.S., Piper, W.E., Joyce, A.S. & McCallum, M. (2001).Using DSM axis II information to predict outcome in short-term individual psychotherapy. *Journal of Personality Disorders*, 15(2), 110-22.
Parker, G. & Barrett, E. (2000). Personality and personality disorder: current issues and directions. *Psychological Medicine* 30, 1-9.
Parker, G., Both, L., Olley, A., Hadzi-Pavlovic, D., Irvine, P. & Jacobs, G. (2002). Defining disordered personality functioning. *Journal of Personality Disorders* 16, 503-522.
Parker, G., Hadzi-Pavlovic, D., Both, L., Kumar, S., Wilhelm, K. & Olley, A. (2004). Measuring disordered personality functioning: to love and to work reprised. *Acta Psychiatrica Scandinavica* 110, 230-239.
Parker, G., Hadzi-Pavlovic, D., Parker, K., Mahli, G., Mitchell, P.S. & Austin, W. (2003). An Australian validation study of the temperament and character inventory. *Acta Psychiatrica Scandinavica* 108, 359-366.
Pedersen, G. & Kartend, S. (2004). Is SCL-90R helpful for the clinician in assessing DSM-IV symptom disorders? *Acta Psychiatrica Scandinavica* 110, 215-224.

Reynolds, S.K. & Clark, L.A. (2001). Predicting dimensions of personality disorder from domains and facets of the five-factor model. *Journal of Personality* 69, 199-222.
Ruiter, C. de & Hildebrand, M. (2006). *Handboek psychodiagnostiek: Van testmethode naar toepassing*. Amsterdam: Harcourt.
Saulsman, L.M. & Page, A.C. (2002). The five-factor model and personality disorder empirical literature: A meta-analytic review. *Clinical Psychology Review* 23, 1055-1085.
Schotte, C. & DeDoncker, D. (1996). *ADP-IV questionnaire: manual and norms*. Antwerpen: University Hospital Antwerpen.
Schotte, Ch.K.W., De Doncker, D.A.M., Dmitruk, D., Van Mulders, I., D'Haenen, H. & Cosyns, P. (2004). The ADP-IV Questionnaire: Differential validity and concordance with the semi-structured interview. *Journal of Personality Disorders* 18, 405-419.
Seivewright, H., Tyrer, P. & Johnson, I. (2002). Change in personality status in neurotic disorders. *Lancet* 359, 2253-2254.
Seivewright, H., Tyrer, P. & Johnson, T. (2004). Persistent social disfunction in anxious and depressed patients with personality disorder. *Acta Psychiatrica Scandinavica* 109, 104-109.
Shedler, J. & Westen, D. (2004). Refining personality disorder diagnosis: integrating science and practice. *American Journal of Psychiatry* 161, 1350-1365.
Skodol, A.E., Gunderson, J.G., McGlashan, T.H., Dyck, I.R., Stout, R.L., Bender, D.S., Grilo, C.M., Shea, M.T., Zanarini, M.C., Morey, L.C., Stanislow, C.A. & Oldham, J.M. (2002). Functional impairment in patients with schizotypal, borderline, avoidant or obsessive-compulsive personality disorder. *American Journal of Psychiatry* 159, 276-283.
Starcevic, V., Bogojevic, G. & Marinkovic, J. (2000). The SCL-90R as a screening instrument for severe personality disturbance among outpatients with mood and anxiety disorders. *Journal of Personality Disorders* 114, 155-167.
Sterk, W.A. & Rijkeboer, M.M. (1997). *Schema-Vragenlijst*. Utrecht: Ambulatorium FSW.
Svrakic, D.M., Whitehead, C., Przybeck, T.R. & Cloninger, C.R. (1993). Differential diagnosis of personality disorders by the seven factor model of temperament and character. *Archives of General Psychiatry* 50, 991-999.
Trull, T.J. (2005). Dimensional models of personality disorder: coverage and cutoffs. *Journal of Personality Disorders* 19, 262-282.
Tyrer, P. (2001). Personality disorder. *British Journal of Psychiatry* 179, 81-84.
Tyrer, P. (2005). The problem of seventy in the classification of personality disorder. *Journal of Personality Disorders* 19, 309-314.
Tyrer, P. & Johnson, T. (1996). Establishing the severity of personality disorder. *American Journal of Psychiatry* 153, 1593-1597.
Verheul, R. (2005a). Nieuwe inzichten in de veranderbaarheid van persoonlijkheid en persoonlijkheidsstoornissen. *De Psycholoog* 40(3), 122-128.
Verheul, R. (2005b). Clinical utility of dimensional models for personality pathology. *Journal of Personality Disorders* 19(3), 283-302.
Verheul, R., Andrea, H., Berghout, C.C., Dolan, C., Busschebach, J.J., Kroft, P.J.A. van der, Bateman, A.W. & Fonagy, P. (aangeboden). Severity Indices of Personality Problems (SIPP-118). Measuring the changeable core components of maladaptive personality.

Verheul, R., Bosch, L.M.C. van den, Koeter, M.J.W., Ridder, M.A.J. de, Stijnen, T. & Brink, W. van den (2003). Dialectical behavior therapy for women with borderline personality disorder: 12-month randomised clinical trial in The Netherlands. *British Journal of Psychiatry* 182, 135-140.
Verheul, R., Brink, W. van den, Spinhoven, Ph. & Haringsma, R. (2000). Richtlijnen voor klinische diagnostiek van DSM-IV persoonlijkheidsstoornissen. *Tijdschrift voor psychiatrie* 42, 409-422.
Westen, D. & Arkowitz-Westen, L. (1998). Limitations of axis II in diagnosing personality pathology in clinical practice. *American Journal of Psychiatry* 155, 1767-1771.
Widiger, T.A., Costa, P.T. & McCrae, R.R. (2002). A proposal for Axis II: diagnosing personality disorders using the five-factor model. In: P.T. Costa & T.A. Widiger (Eds.), *Personality disorders and the Five-Factor Model of Personality*. 2nd ed. Washington DC: American Psychological Association.
Widiger, T.A. & Samuel, D.B. (2005). Evidence-based assessment of personality disorders. *Psychological Assessment* 17, 278-287.
Widiger, T.A. & Simonsen, E. (2005). Alternative dimensional models of personality disorder: finding a common ground. *Journal of Personality Disorders* 19, 110-130.
Yeomans, F.E., Clarkin, J.F. & Kemberg, O.F. (2002). *A primer of transference-focused psychotherapy for the borderline patient*. Nortvak: Jason Aronson.

3 Van informatiegerichte diagnostiek naar therapeutische diagnostiek

Jan Henk Kamphuis en Jan Muskens

Informatieverzamelende diagnostiek versus therapeutische diagnostiek

Bij patiënten met persoonlijkheidsstoornissen verdient het proces van diagnostiek minstens evenveel aandacht te krijgen als de selectie van hoogwaardige diagnostische instrumenten. De meeste instrumenten vereisen immers een gestandaardiseerde afname voor een gerechtvaardigd gebruik van de normen, terwijl bij deze patiënten juist de bejegening cruciaal is voor hun medewerking en het aldus verkrijgen van bruikbare informatie. Dit hoofdstuk beschrijft een bruikbaar alternatief voor de gangbare methode van diagnostiek, te weten de therapeutische diagnostiek (TD) volgens het model van Finn (Finn & Tonsager, 1992 en 1997; Finn & Kamphuis, 2005).
Wat zijn de specifieke kenmerken van TD? De belangrijkste doelstelling van TD is voor de cliënt ervaringen en inzichten te creëren die bijdragen aan het bewerkstelligen van positieve veranderingen in zijn of haar leven. Bij TD ligt de nadruk duidelijk op de actieve participatie van de cliënt en het ontwikkelen van een samenwerkingsrelatie. Het veld van onderzoek is sterk geïndividualiseerd en wordt in hoge mate bepaald door de cliënt: deze wordt bijgestaan door de clinicus, maar is primair verantwoordelijk voor de formulering van de onderzoeksvragen. Deze uitgangspunten kunnen worden afgezet tegen (wel een enigszins 'stromanachtige' versie van) de informatieverzamelende diagnostiek: het primaat ligt daar bij het meten van relevante gestandaardiseerde variabelen en een maximaal neutrale opstelling van de clinicus, om verontreiniging/beïnvloeding van de data te voorkomen.
Kenmerkend voor de procedure van TD is dat er na of naast het vragen-verzamelende interview en de standaard testafname op een meer creatieve, experiëntiële manier wordt gewerkt met diagnostische in-

strumenten in de zogeheten diagnostiek-interventiesessie. Nog een kenmerk is de semigeprotocolleerde feedbacksessie, waarin de beantwoording van de door de cliënt geformuleerde onderzoeksvragen centraal staat. In een dialoog worden de testresultaten verbonden met de vragen en de specifieke levenssituatie van de cliënt.

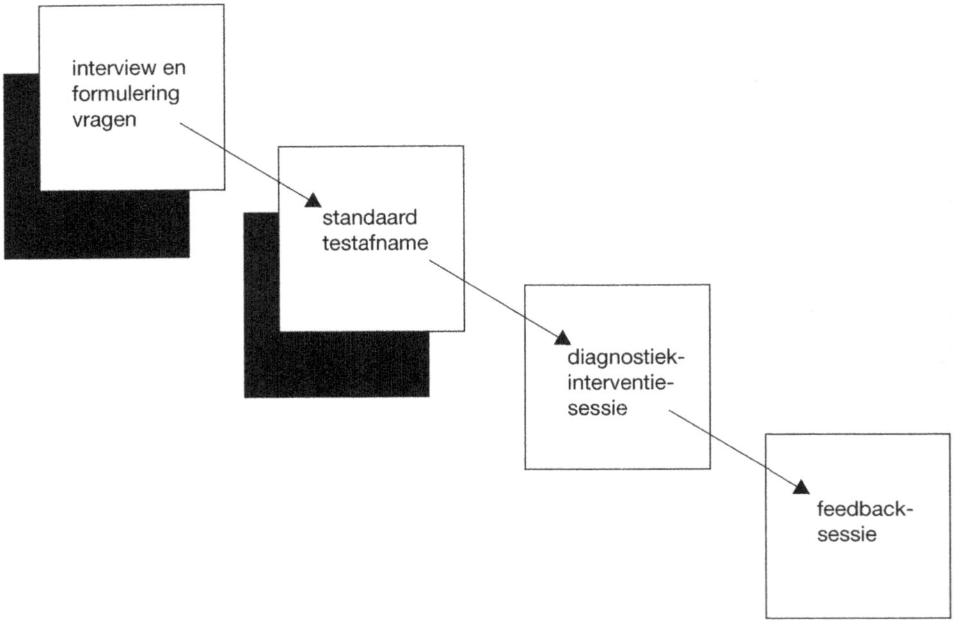

Figuur 3.1 *Therapeutische diagnostiek.*

De volgende vierstapsprocedure beschrijft een standaard TD (zie ook het stroomschema in figuur 3.1). Het diagnostische traject begint met een interview, waarbij de diagnosticus de cliënt helpt om persoonlijke vragen die hij wil uitzoeken in gesprek(ken) en de testsessie(s), adequaat te formuleren. Tests worden bij de cliënt geïntroduceerd als een alternatieve manier om te laten weten 'hoe hij over het algemeen is of functioneert, wat belangrijke informatie kan opleveren voor de beantwoording van de onderzoeksvragen'. Vervolgens wordt op basis van deze vragen een testbatterij geselecteerd, afgenomen en geïnterpreteerd. De diagnosticus ontwikkelt in dit stadium al voorlopige hypothesen ten aanzien van elk van de vragen. Vaak zijn niet alle onderzoeksgegevens en hypothesen voor de cliënt even evident, inzichtelijk, of voor introspectie beschikbaar. De derde fase is de diagnostiek-interventiesessie (zie Finn, 1996 of Fischer, 1994 voor meer detail; tevens volgt een illustratie later in dit hoofdstuk). Het object van deze fase vormen die bevindingen waarvan de diagnosticus vermoedt dat

de cliënt de dynamiek ervan gedemonstreerd moet krijgen om de kans op inzicht en acceptatie te vergroten dan wel die bevindingen die nader, als het ware 'live' in een context moeten worden onderzocht. Ten slotte worden de bevindingen, meestal expliciet vraaggestuurd, teruggekoppeld naar de cliënt. Hierbij neemt de diagnosticus de rol van 'testexpert' en co-observator op zich, en krijgt de cliënt die van de 'ultieme' expert met betrekking tot zichzelf toebedeeld. De cliënt voorziet de bevindingen van zoveel mogelijk details uit zijn unieke levenscontext.
Gecontroleerd onderzoek heeft aangetoond dat deze diagnostische procedure bij studenten die de studentenpsychologen bezochten voor diverse problemen een aanzienlijk therapeutisch effect sorteerde, terwijl er geen verandering werd waargenomen bij de controlegroep die een non-directief therapeutisch contact van dezelfde intensiteit kreeg aangeboden. Bovendien was er een opmerkelijke en duurzame toename te zien in de zelfwaardering van de cliënten (Finn & Tonsager, 1992; Newman & Greenway, 1997). Vergeleken met traditioneel psychodiagnostisch onderzoek bleek TD ook positief bij te dragen aan de therapeutische relatie en de therapietrouw (Ackerman e.a., 2000). Diverse gevalsbeschrijvingen geven een goed beeld van de procedure en zijn impact (zie bijvoorbeeld: Finn, 1996; Finn & Kamphuis, 2005; Kamphuis & Finn, 2005).

Wat weten we nog niet of waarover wordt discussie gevoerd?

TD is slechts bij enkele cliëntengroepen formeel getest, vooral bij cliënten van (Amerikaanse en Australische) studentenpsychologen. De studentenpopulatie die Finn onderzocht meldt zich veelal aan met stemmingsproblemen gerelateerd aan motivatie en angst rondom de studie, problemen met intieme relaties, problemen rondom identiteit en seksualiteit, enzovoort – met andere woorden, veelal problematiek met een sterke persoonlijkheidscomponent. Bovendien wordt in de praktijk (van in het bijzonder de Verenigde Staten) vaak om TD gevraagd in de context van persoonlijkheidsissues. Cliënten melden zich meestal voor TD aan, wanneer ze antwoorden zoeken op lastige, onbegrepen, terugkerende issues in relaties; niet wanneer ze duidelijke psychiatrische klachten hebben. Therapeuten zoeken de TD op, wanneer ze in een impasse zitten in de therapie, of wanneer de gebruikelijke 'recepten' niet werkzaam blijken. Niettemin is er tot op heden geen gecontroleerd onderzoek verricht naar de werkzaamheid van TD onder cliënten met specifieke persoonlijkheidsproblemen.

Toch zijn er theoretische aanwijzingen dat het TD-paradigma zich daarvoor uitstekend zou lenen, en waarschijnlijk beter dan veel gangbare diagnostische procedures.

Aanwijzingen voor de bruikbaarheid van TD bij persoonlijkheidsstoornissen

Om duidelijk te maken waarom TD waarschijnlijk goed bruikbaar is bij cliënten met primair persoonlijkheidsproblemen, zoeken we aansluiting bij twee effectief gebleken behandelinterventies: de schemagerichte therapie van Young (Young, 1990) bij persoonlijkheidsstoornissen en de Motivational Interviewing techniek van Miller (Miller, 1996). De laatste behandelinterventie is primair ontwikkeld ten behoeve van de behandeling van verslavingsproblemen, maar wordt tegenwoordig ook bij andere psychische stoornissen toegepast. Ons vermoeden c.q. stelling is dat juist de overeenkomsten met deze benaderingen kenmerkend zijn voor het verschil met de reguliere informatieverzamelende diagnostiek, en dat juist deze overeenkomsten TD bij uitstek veelbelovend maken voor de diagnostiek bij cliënten met primair persoonlijkheidspathologie.

Gecontroleerd onderzoek heeft uitgewezen dat vooral behandelingen gebaseerd op de cognitieve (gedrags)therapie gemiddeld genomen tamelijk effectief zijn voor een breed scala aan psychische stoornissen. Tevens is echter duidelijk geworden dat een deel van de cliënten onvoldoende of helemaal niet verbetert door al dan niet geprotocolleerde cognitieve therapie (Robins & Hayes, 1993). Comorbide persoonlijkheidsstoornissen blijken veel voor te komen in deze groep non-responders, zowel bij cliënten met angststoornissen (Barlow, 1988) als bij cliënten met stemmingsstoornissen (Frank e.a., 1987). Young (1990) heeft uitvoerig beschreven hoe cliënten met persoonlijkheidsstoornissen verschillen van cliënten met alleen een As-I-stoornis en ook hoe deze verschillen de behandeling kunnen compliceren. Bij kortdurende cognitieve therapie wordt (meestal impliciet) uitgegaan van de volgende eigenschappen en kenmerken van cliënten die bij cliënten met persoonlijkheidspathologie vaak niet van toepassing zijn:

- Persoonlijke gevoelens zijn voor de cliënt eenvoudig en direct toegankelijk.
- Persoonlijke gedachten en beelden zijn voor de cliënt eenvoudig en direct toegankelijk.
- De levensproblemen die als focus van behandeling kunnen dienen zijn voor de cliënt altijd herkenbaar en helder.

- De cliënt kent geen problemen of conflicten met de motivatie om huiswerkopdrachten te maken.
- De cliënt heeft een adequaat vermogen om relatief snel een samenwerkingsrelatie op te bouwen met de therapeut.
- Persoonlijke gedachten, gevoelens en gedrag zijn voldoende flexibel, zodat ze door cognitieve procedures (denk aan uitdagen, socratische dialoog et cetera) zijn te modificeren.

Wanneer deze aannames niet van toepassing zijn, zal een ervaren therapeut geneigd zijn de therapie in meer of mindere mate aan te passen om de cliënt letterlijk en figuurlijk niet te verliezen. Young heeft mede op basis van deze analyse zijn schemagerichte therapie voor persoonlijkheidsstoornissen ontwikkeld.

Het lijkt echter evident dat de door Young beschreven verschillen tussen cliënten met en zonder persoonlijkheidspathologie niet alleen in de behandeling maar ook in de diagnostiek een rol spelen. Bij cliënten met primair persoonlijkheidspathologie speelt een sterkere behoefte aan een vorm van diagnostiek waarbij de motivatie van de cliënt centraal staat, er veel aandacht is voor het ontwikkelen van een samenwerkingsrelatie, en waarbij de focus ligt op de geïndividualiseerde vragen die de cliënt zelf al bezighouden. Dergelijke aanpassingen van het gangbare diagnostisch proces zouden net zo vruchtbaar kunnen blijken als de door Young ontwikkelde aanpassingen van de cognitieve therapie (Arntz & Bögels, 2000). Hierna zullen we proberen aan de hand van specifieke voorbeelden de voornoemde punten naar diagnostiek te transponeren. We laten hierbij zien dat TD tegemoet kan komen aan de complicaties die voortkomen uit de wijze waarop cliënten met persoonlijkheidspathologie zich presenteren. We bespreken achtereenvolgens:
- beperkte capaciteit tot introspectie en vermijding;
- problemen bij het formuleren van de individuele behandelfocus;
- starheid van cognities; en
- problemen bij het aangaan van samenwerkings- of behandelrelaties.

BEPERKTE CAPACITEIT TOT INTROSPECTIE EN VERMIJDING

Beperkte capaciteit tot introspectie en cognitieve en affectieve vermijding zijn vaak inherent aan persoonlijkheidsproblematiek. Cliënten kunnen deze vorm van coping nauwelijks loslaten, omdat hij noodzakelijk is of lijkt om zich staande te houden. Ze sluiten zich af voor verwarrende gedachten en beelden en willen veiligheidshalve niet te diep in zichzelf graven. Vanuit metacognitief perspectief rapporteren van gedachten, gevoelens en beelden zal dan nauwelijks mogelijk zijn. In de schemagerichte therapie vergroten experiëntiële technieken de toegankelijkheid door problemen direct te ervaren. De eerder beschreven derde fase van TD, de diagnostiek-interventiesessie, biedt hiervoor mogelijkheden bij uitstek. Een testafname kan bijvoorbeeld worden gebruikt om cognitieve functies te inventariseren, maar ook als interventie om dwangmatige en perfectionistische neigingen te ervaren en exploreren. In de volgende casus wordt geïllustreerd hoe het 'in sessie' emotioneel ervaren van de problematiek de toegankelijkheid van de ermee samenhangende cognities en gevoelens verbetert en hoe het verstandelijk begrijpen wordt versterkt. Gedetailleerde klinische vignetten zijn onder andere te vinden in Finn (1996), en Finn en Kamphuis (2005).

Klinisch vignet

Een 17-jarige cliënte met anorexia vraagt zich af waarom zij toch zo perfectionistisch is. Uit het eerste gesprek en de afgenomen tests komt de hypothese naar voren dat de cliënte erg bang is dat anderen haar niet zullen accepteren wanneer zij fouten begaat. In een diagnostiek-interventiesessie wordt de cliënte uitgenodigd om samen dit thema beter in beeld te krijgen. Daartoe wordt een Bender-Gestalt kopieertaak afgenomen, met de standaardinstructie. De taakvereisten lokken bij de cliënte perfectionistisch gedrag uit. Dit wordt onderwerp van gesprek en er worden parallellen gezocht met de persoonlijke wereld van de cliënte. Vervolgens wordt de taak met een aangepaste instructie herhaald, waarbij cliënte gevraagd wordt de kopieertaak zo snel mogelijk te doen. Dit roept allerlei gevoelens op die de diagnosticus samen met de cliënte exploreert op relevante thema's. Vervolgens is samen met cliënte gezocht naar alternatieve methoden om dergelijke uitdagingen aan te gaan; eerst in de context van de test, vervolgens in de context van het leven van de cliënte.

PROBLEMEN BIJ HET FORMULEREN VAN DE INDIVIDUELE BEHANDELFOCUS

Het is geen toeval dat de cliënt helder afgebakende levensproblemen die als focus van de behandeling kunnen fungeren niet op een presenteerblaadje aanbiedt. Bij cliënten met persoonlijkheidsstoornissen zijn zelfdestructieve patronen dikwijls egosyntoon, wat de zelfidentificatie bemoeilijkt. Essentieel is echter dat er overeenstemming ontstaat tussen therapeut en patiënt over het domein van interventie. Daartoe moet men enerzijds aansluiten bij de perceptie van de cliënt, maar deze anderzijds aanmoedigen om verder te gaan. De mix van het zelf afbakenen van het onderzoeksdomein via de formulering van de geïndividualiseerde onderzoeksvragen enerzijds, en de exploratie via de diagnostiek-interventiesessie anderzijds, staan borg voor die dialectiek.

STARHEID VAN COGNITIES

Problematische, zelfdestructieve patronen kunnen van centraal belang zijn voor het identiteitsbesef van de patiënt. Het opgeven van deze problemen staat dan gelijk aan het opgeven van een deel van het zelf en zal existentiële angst oproepen (Arntz & Bögels, 2000). Wanneer deze cliënten op dit terrein uitgedaagd worden, zullen ze zich verdedigen en automatisch star, soms zelfs agressief, vastklampen aan wat naar hun mening waar is over henzelf en de wereld.
Bij TD wordt de cliënt gezien als autoriteit met betrekking tot zichzelf en de diagnosticus als autoriteit op het gebied van tests. Het is de taak van de diagnosticus om deze werelden samen te brengen op een wijze die begrijpelijk is vanuit het perspectief van de cliënt. Veel aandacht gaat uit naar het vertalen van testresultaten naar de ervarings- en belevingswereld van de cliënt. Voor de feedbacksessies wordt bij TD geadviseerd te beginnen met informatie die niet veel afwijkt van de bestaande zelfconcepten van de cliënt. Vervolgens kan minder introspectief evidente feedback aan de orde komen. Deze wordt echter wat de formulering betreft aangepast aan de idiografische context van de cliënt. Sterke krenkbaarheid van een cliënt met een narcistische persoonlijkheidsstoornis kan beter te accepteren zijn als ze wordt benoemd als interpersoonlijke sensitiviteit. Het doel van deze herformulering is niet zozeer het verzachten van de problematiek als wel het vergroten van de kans op overeenstemming met betrekking tot de relevante problematiek. Het maakt eigenlijk niet zo veel uit hoe je het noemt, waar het om gaat is dat partijen het erover eens worden dat dit cliënt vaak in de problemen brengt.
Een dergelijke aanpak heeft een aantal voordelen. Het geeft ruimere mogelijkheden om te beoordelen in welke fase van het veranderingsproces de cliënt zit: precontemplatie, contemplatie, voorbereiding, actie of onderhoud (Prochaska & DiClemente, 1983). Bovendien kan de motivatie voor behandeling worden vergroot door meer zicht op en overeenstemming over de relevante problematiek te verkrijgen. De

diagnosticus kan zien wat er gebeurt als de patiënt op empathische wijze een spiegel krijgt voorgehouden en deze kennis gebruiken voor de indicatiestelling. Reageert de patiënt niet of negatief, dan is het de vraag of aan patiënt in intensieve behandeling openingen kunnen worden geboden voor interventies. Reageert de patiënt positief maar beperkt, dan ligt een intensief vervolg meer in de rede.

PROBLEMEN BIJ HET AANGAAN VAN SAMENWERKINGS- OF BEHANDELRELATIES

Veel cliënten met persoonlijkheidsstoornissen hebben disfunctionele relaties en dergelijke patronen in relaties zijn al vroeg in hun leven ontstaan. Deze levenslange verstoring in relaties veroorzaakt problemen bij het opbouwen van een vertrouwensrelatie en zal ook invloed hebben op het diagnostisch proces. Het doel bij TD is niet alleen het verkrijgen van nomothetische data over de cliënt maar ook het opbouwen van rapport door rekening te houden met de specifieke kenmerken van de cliënt en het faciliteren van empathisch begrijpen. De rollen van de cliënt en de diagnosticus in het diagnostisch proces verschuiven hierdoor ten opzichte van hun rollen in reguliere diagnostiek. Zo ontstaat ruimte in het diagnostisch proces om rekening te houden met de effecten van deze diepgewortelde patronen op relaties. Bij TD wordt het niet als problematisch ervaren wanneer de persoonlijke stijl van de patiënt vraagt om afwijkingen van de standaardtestafname. Aan zeer achterdochtige patiënten wordt in de fase van de interventiesessie uitleg gegeven over wat de test meet, ook al staat dat niet in de standaardinstructie. Bij TD voor patiënten met persoonlijkheidstoornissen staat het uitgangspunt centraal dat er samen een invoelende, empathische houding wordt ontwikkeld voor de karakteristieke en soms hinderlijke interpersoonlijke gedragingen van de patiënt. Deze aanpak verschilt aanzienlijk van wat patiënten dikwijls hebben gehoord over dit gedrag. Mensen met persoonlijkheidsstoornissen horen immers vaak dat zij niet willen deugen, moeilijk zijn. Door voor patiënten te verhelderen dat dit gedrag is op te vatten als coping en hoe vervolgens deze copingmechanismen worden ingezet om pijnlijke onderliggende gevoelens te beheersen, leren ze hun dilemma's ten aanzien van hun persoonlijke verandering beter te begrijpen. TD helpt patiënten daarna verder door een soort kosten-batenanalyse te maken van hun persoonlijke afweer en door samen, vanuit dat begrip, andere opties te exploreren.

Aansluiting bij Miller's Motivational Interviewing

TD heeft een aantal opvallende overeenkomsten met *Motivational Interviewing* (MI) (Miller, 1996), zowel wat betreft uitgangspunten als gesprekstechnieken. MI wordt vooralsnog vooral toegepast in de context van verslaving. Persoonlijkheidsstoornissen en verslaving hebben met elkaar gemeen dat het gaat om problematiek waarbij motivatie tot en commitment aan verandering vaak extra ondersteuning nodig hebben. Net als bij MI, gaat TD ervan uit dat de verantwoordelijkheid en capaciteit voor verandering in de cliënt besloten liggen. De taak van de clinicus is voorwaarden te scheppen om de intrinsieke motivatie en commitment bij de cliënt te bevorderen en deze verder te helpen in de keten van veranderingsfasen. Net als bij MI, staan bij TD de volgende principes op de voorgrond: empathie, het vermijden van 'touwtrekken', het meeveren met weerstand, en het ondersteunen van de zelfredzaamheid en verantwoordelijkheid. Wat betreft gesprektechnieken hebben de beide methoden vooral het actief empathisch luisteren gemeen, evenals het presenteren van persoonlijke feedback waarbij men de cliënt steeds vraagt naar zijn kijk op de zaak, en het bevestigen van verandering en groei. Kortom, meer dan bij de reguliere, primair informatieverzamelende diagnostiek, waarbij de diagnosticus zich vaak uit het oogpunt van 'zuiverheid' zoveel mogelijk neutraal opstelt, ligt bij TD de nadruk op autonomie van de cliënt, het bevorderen van zijn motivatie tot positieve verandering, en de exploratie van saillante, slecht begrepen (inter)persoonlijke dynamiek in de context van een samenwerkingsrelatie. Aldus wordt er een fundament gelegd voor de behandelfase; zowel door ervaring met therapeutisch contact als door een inhoudelijke overeenstemming over issues om aan te werken.

Conclusie

Het voorgaande geeft aan op welke wijze TD is toegesneden op de specifieke klinische uitdagingen die bij cliënten met primair persoonlijkheidspathologie vaak spelen. Kort samengevat:

- De voortdurende aandacht voor de samenwerkingsrelatie met de cliënt bevordert de motivatie voor de volgende stap (therapie), en bereidt de cliënt er als het ware op voor.
- Het zelf formuleren van de onderzoeksvragen bevordert de betrokkenheid en motivatie van de cliënt.
- Deze lijst van startvragen geeft tevens aan welke issues bij de cliënt al in de contemplatiefase verkeren, en welke niet.

- De diagnostiek-interventiesessie kan het vaak tekortschietende inzicht in kritieke gevoelens, gedachten en levensissues vergroten.
- Het toewijzen van de 'zelf-expert'rol bij de feedbacksessie bevordert het gevoel van persoonlijke controle en verantwoordelijkheid.

De tot nu toe beschikbare gegevens en de voorgaande theoretische reflecties suggereren sterk dat TD geïndiceerd is bij cliënten met motivationele problemen, cliënten die moeizaam vertrouwensrelaties opbouwen, en/of vage, diffuse klachten en problemen rapporteren. Deze kenmerken komen in de populatie van patiënten met persoonlijkheidspathologie vaak voor. Aan de andere kant moet gezegd worden dat de toepasbaarheid en effectiviteit van TD nog niet empirisch bij persoonlijkheidsstoornissen zijn vastgesteld. Daarom zijn wij van mening dat nader onderzoek naar de therapeutische waarde van TD bij patiënten met persoonlijkheidspathologie hard nodig is. Een eenvoudige onderzoeksopzet is patiënten met persoonlijkheidspathologie aselect toe te wijzen aan standaarddiagnostiek dan wel TD en deze patiënten te volgen op indicatoren als drop-out, klachten en zelfwaardering. Tevens kan men de behandelaars vragen naar de waarde van de diagnostische rapportage voor het opstellen van hun behandelplan. Daarvoor willen we met dit hoofdstuk graag een lans breken en we gaan dan ook op zoek naar een instelling die dit pionierswerk wil uitvoeren.

Literatuur

Ackerman, S.J., Hilsenroth, M.J., Baity, M.R. & Blagys, M.D. (2000). Interaction of therapeutic proces and alliance during psychological assessment. *Journal of Personality Assessment* 75, 82-109.

Arntz, A. & Bögels, S. (2000). *Schemagerichte cognitieve therapie voor persoonlijkheidsstoornissen.* Houten/Diegem: Bohn Stafleu Van Loghum.

Barlow, D.H. (1988). *Anxiety and its disorders: The nature and treatment of anxiety and panic.* New York: Guilford Press.

Frank, E., Kupfer, D.J., Jacob, M. & Jarrett, D. (1987). Personality features and response to acute treatment in recurrent depression. *Journal of Personality Disorders* 1, 24-26.

Finn, S.E. (1996). *Manual for using the MMPI-2 as a therapeutic intervention.* Minneapolis: University of Minnesota Press.

Finn, S.E. & Kamphuis, J.H. (2005). Therapeutic assessment. In: J.N. Butcher, *MMPI-2: A Practitioner's Guide* (pp. 165-191). Washington DC: American Psychological Association.

Finn, S.E. & Tonsager, M.E. (1992). Therapeutic effects of providing MMPI-2 test feedback to college students awaiting therapy. *Psychological Assessment* 4, 278-287.

Finn, S.E. & Tonsager, M.E. (1997). Information-gathering and therapeutic models of assessment: Complementary paradigms. *Psychological Assessment* 9, 374-385.

Fischer, C.T. (1994). *Individualizing psychological assessment*. Mahwah, NJ: Lawrence Erlbaum Assoc.

Kamphuis, J.H. & Finn, S.E. (2005). Therapeutische psychodiagnostiek: Het samenwerkingmodel van Finn. In: C. de Ruiter, M. Hildebrand, *Handboek Psychodiagnostiek* (pp. 197-220). Amsterdam: Bohn Stafleu van Loghum.

Miller, W.R. (1996). Motivational interviewing: Research, practice, and puzzels. *Addictive Behaviors*, 21, 835-842.

Newman, M.L. & Greenway, P. (1997). Therapeutic effects of providing MMPI-2 test feedback to clients at a university counseling service. *Psychological Assessment* 9, 122-131.

Prochaska, J.O. & DiClemente, C.C. (1983). Stages and processes of self-change of smoking: Toward an integrative model of change. *Journal of Consulting and Clinical Psychology* 51, 390-395.

Robins, C.J. & Hayes, A.H. (1993). An appraisal of cognitive therapy. *Journal of Consulting and Clinical Psychology* 61, 205-214.

Rollnick, S. & Miller, W.R. (1995). What is motivational interviewing? *Behavioural and Cognitive Psychotherapy* 23, 325-334.

Young, J.E. (1990). *Cognitive therapy for personality disorders: A schema-focused approach*. Sarasota, FL: Professional Resource Exchange.

Young, J.E. (2003). *Schema therapy: A practitioner's guide*. New York: Guilford Press.

Young, J.E., Klosko, J.S. & Weishaar, M.E. (2005). *Schema therapy*. Washington: APA textbooks.

Impliciete maten van persoonlijkheid

4

Jan De Houwer

Inleiding

Meestal wordt persoonlijkheid gemeten aan de hand van zelfbeoordelingsschalen (bijv. 'Hoe verlegen ben je?') die al dan niet vervat zijn in een vragenlijst. Het is al lang bekend dat er aan dergelijke maten van persoonlijkheid belangrijke nadelen zijn verbonden (zie ook Asendorpf e.a., 2002). Allereerst kunnen ze vertekend worden door sociale wenselijkheid en deceptie. Ten tweede geven ze voornamelijk een beeld van hoe de respondent zichzelf beoordeelt op een bewust, beredeneerd niveau. Het is mogelijk dat bepaalde aspecten van persoonlijkheid eerder opereren op een automatisch niveau. Dit lijkt vooral het geval bij persoonlijkheidsstoornissen waar het gebrek aan controle over gedrag vooropstaat. Vragenlijsten vatten deze aspecten niet of in het beste geval slechts op indirecte wijze (namelijk via de impact van de automatische componenten op beredeneerde antwoorden). Daarom is er behoefte aan nieuwe manieren om persoonlijkheid te meten. Recent zijn er methoden geïntroduceerd die de automatische componenten van persoonlijkheid proberen te vatten op een manier die geen ruimte laat voor sociale wenselijkheid en deceptie. Deze methoden zijn varianten van taken die aanvankelijk zijn ontwikkeld om attituden te meten (zie Fazio & Olson, 2003; De Houwer, 2003, voor een overzicht). Ik bespreek daarom eerst een voorbeeld van een dergelijke attitudemaat, namelijk de Impliciete Associatie Taak (IAT), zoals voorgesteld door Greenwald (bijv. Greenwald e.a., 1998; zie Nosek e.a., 2007, voor een overzicht van onderzoek met de IAT). Daarna verduidelijk ik hoe deze taak kan worden toegepast om persoonlijkheid te meten. Ten slotte ga ik in op de mogelijkheden en beperkingen van deze nieuwe maten en hun relatie met bestaande maten van persoonlijkheid.

De IAT als indirecte en impliciete maat van attituden

Stel dat men wil weten in welke mate iemand op een spontaan, automatisch niveau, goed of slecht over zichzelf denkt. We kunnen veronderstellen dat deze zelfwaarde in het geheugen gerepresenteerd is als een associatie tussen enerzijds het concept 'zelf' en anderzijds de concepten 'goed' en 'slecht'. Het doel van de IAT is de relatieve sterkten van associaties te meten. Tijdens een IAT verschijnen stimuli (meestal woorden) één voor één in het midden van een computerscherm. Elke stimulus behoort tot één van vier mogelijke categorieën. De taak van de proefpersoon is de stimuli te categoriseren door te drukken op één van twee toetsen. Er zijn twee IAT-taken die verschillen met betrekking tot welke categorieën aan dezelfde toets zijn toegewezen. Het basisidee van de IAT is dat het categoriseren van stimuli gemakkelijker is wanneer geassocieerde concepten aan dezelfde toets worden toegewezen dan wanneer geassocieerde concepten aan verschillende toetsen worden toegewezen.
Neem het voorbeeld van een IAT die werd ontwikkeld om zelfwaarde te meten. Hiervoor selecteren we stimuli uit de volgende vier categorieën: 'zelf' (bijv. de woorden *ik*, *mezelf*), 'niet-zelf' (bijv. *hij*, *anderen*), 'goed' (bijv. *mooi*, *waardevol*), en 'slecht' (bijv. *verdrietig*, *gemeen*). In de *zelf-positief* taak krijgen de proefpersonen de instructie op de linkertoets te drukken wanneer ze een positief woord zien of een woord dat verwijst naar henzelf en op de rechtertoets te drukken wanneer ze een negatief woord zien of een woord dat verwijst naar andere personen dan henzelf. In de *zelf-negatief* taak worden de instructies voor de 'zelf-' en 'niet-zelf'-items omgekeerd. In die taak drukken de proefpersonen dus op de linkertoets voor positieve woorden en niet-zelf woorden en op de rechtertoets als ze een negatief woord of een zelfwoord zien. Voor personen die een positieve zelfwaarde hebben, zou de *zelf-positief* taak gemakkelijker moeten zijn dan de *zelf-negatief* taak, want alleen in de eerste taak worden de sterkst geassocieerde concepten ('zelf' en 'positief') aan dezelfde toets toegewezen. Voor personen met een negatieve zelfwaarde zou de *zelf-negatief* taak gemakkelijker moeten zijn dan de *zelf-positief* taak. Het verschil in prestatie op de twee taken (zoals gemeten door de gemiddelde reactietijd en/of het aantal fouten) kan dus geïnterpreteerd worden als een index van zelfwaarde.
Deze IAT-procedure kan beschouwd worden als een indirecte maat van attituden (De Houwer, 2006). Terwijl bij directe maten de attitude wordt bepaald door aan de respondent te vragen deze attitude zelf in te schatten, wordt bij indirecte maten de attitude afgeleid uit ander

gedrag dan zelfbeoordeling (bijv. een verschil in reactietijd tussen twee taken). Het IAT-effect (dit is het verschil in prestatie tussen twee IAT-taken) kan dan weer beschouwd worden als een impliciete maat van attitude. Dit houdt in dat het IAT-effect op automatische wijze wordt beïnvloed door de te meten attitude. Hoewel het wetenschappelijk bewijs voor het automatische karakter van IAT-effecten tot nu toe vrij beperkt is (De Houwer, 2006), wordt het ondersteund door studies die laten zien dat het niet evident is om IAT-effecten intentioneel te beïnvloeden.

De IAT als indirecte en impliciete maat van persoonlijkheid

De IAT is ook al gebruikt om bepaalde aspecten van persoonlijkheid te meten. Asendorpf e.a. (2002) bijvoorbeeld, maakten gebruik van een variant van de IAT die gericht was op het meten van de mate van verlegenheid. Hiervoor gebruikten ze de volgende vier categorieën (met telkens een aantal voorbeeldstimuli tussen haakjes): 'zelf' (bijv. *ik, zelf*), 'anderen' (bijv. *zij, hen*), 'verlegen' (bijv. *timide, geïnhibeerd*), en 'niet verlegen' (bijv. *open, gevat*). In de *zelf-verlegen* taak moesten de deelnemers op een eerste toets drukken voor woorden die verwezen naar 'zelf' en 'verlegen' en op een tweede toets voor 'anderen' en 'niet-verlegen' items. In de *zelf-niet verlegen* taak werd de eerste toets toegewezen aan de categorieën 'anderen' en 'verlegen' en de tweede toets aan de categorieën 'zelf' en 'niet verlegen'. Het verschil in prestatie op de twee taken werd geïnterpreteerd als een index van de mate waarin iemand zich op een automatisch, spontaan niveau beschouwt als 'verlegen'. Behalve de IAT werd aan de deelnemers gevraagd om zichzelf te beoordelen hoe verlegen ze zijn. Ten slotte werd elke deelnemer ook geobserveerd in een reële sociale situatie. Uit de resultaten bleek dat de IAT-score de beste predictor was van subtiele indicatoren van verlegenheid die moeilijk bewust te controleren zijn (bijv. de mate waarin uit de lichaamshouding van de respondent bleek dat deze gespannen was tijdens de sociale interactie), terwijl de zelfbeoordeling van verlegenheid de beste predictor was van indicatoren van verlegenheid die gemakkelijker bewust te controleren zijn (bijv. de mate waarin de respondent het woord nam tijdens de sociale interactie). De IAT had dus een duidelijk aanvullende waarde voor het voorspellen van gedrag, en meer bepaald voor het voorspellen van spontaan gedrag dat moeilijk bewust controleerbaar is.

Beperkingen van bestaande impliciete maten van persoonlijkheid

Hoewel er inmiddels verschillende studies zijn uitgevoerd waaruit blijkt dat impliciete maten van persoonlijkheid een aanvullende waarde kunnen hebben bij het voorspellen van gedrag (Egloff & Schmukle, 2002; Teige e.a., 2004), lijken deze maten toch ook enkele beperkingen te kennen. Allereerst zijn de bestaande maten niet voldoende intern consistent voor een betrouwbare meting van persoonlijkheid (Teige e.a., 2004). Tot nu toe is de IAT de enige uitzondering hierop. Deze methode kent echter andere beperkingen (De Houwer, 2002; zie Nosek e.a., 2007, voor een overzicht). Zo zijn met een IAT alleen relatieve uitspraken mogelijk. Bijvoorbeeld, het effect in de IAT-verlegenheid zoals ontworpen door Asendorpf e.a. (2002) kan worden beïnvloed zowel door de mate waarin men zichzelf als verlegen ziet als de mate waarin men anderen als verlegen ziet. IAT-effecten zijn ook in een ander opzicht relatief. Men kan op basis van een vergelijking van IAT-effecten besluiten dat een bepaald individu een hogere of lagere score heeft op een IAT dan een ander individu. Maar het is geheel onduidelijk wat een bepaalde score op een bepaalde IAT als zodanig betekent (Blanton & Jaccard, 2006). Het is bijvoorbeeld niet duidelijk of een positieve score op een IAT-verlegenheid (dus sneller in de *zelf-verlegen* taak dan in de *zelf-niet verlegen* taak) wil zeggen dat een persoon verlegen is of zich verlegen zal gedragen. In het beste geval krijgt men alleen informatie over de vraag of persoon A meer of minder verlegen is dan persoon B. Ten slotte zijn er ook twijfels gerezen over de vraag of de IAT wel echt (persoonlijke) associaties meet (Olson & Fazio, 2004; Rothermund & Wentura, 2004). Momenteel wordt naarstig gezocht naar alternatieven voor de IAT of manieren om de problemen met de IAT op te lossen.

Een tweede probleem heeft specifiek te maken met het gebruik van impliciete maten om persoonlijkheid te meten. Bestaande impliciete maten van persoonlijkheid zijn in feite impliciete maten van zelfconcept of zelfbeeld. Dat betekent dat ze zijn ontwikkeld om na te gaan in welke associaties het concept 'zelf' betrokken is. Deze associaties kunnen we zien als de representatie van de (spontane) indruk die een persoon van zichzelf heeft. Zo kan de IAT-verlegenheid, die hiervoor is besproken, gezien worden als een index van de mate waarin iemand zichzelf op een automatisch niveau beschouwt als verlegen. Maar dit hoeft niet overeen te komen met de mate waarin de persoon werkelijk verlegen is. Of impliciete maten ook gebruikt kunnen worden om andere aspecten van persoonlijkheid te vatten dan het zelfconcept, is afhankelijk van wat deze andere aspecten precies zijn en hoe deze gerepresenteerd zijn. Een mogelijke oplossing is na te gaan in welke mate het concept 'zelf' geassocieerd is met bepaalde gedragingen of doelen. Op die manier kunnen misschien meer dynamische inhouden gevat worden.

Alternatieve impliciete maten van persoonlijkheid versus bestaande maten

Gezien de mogelijke beperkingen van de bestaande impliciete maten, is het goed te beseffen dat er alternatieve impliciete maten kunnen worden gecreëerd. Een impliciete maat is een effect van een meetprocedure dat automatisch wordt bepaald door hetgeen men wil meten (De Houwer, 2006). Dus niet de meetprocedure op zichzelf bepaalt of een meetresultaat impliciet is. Het impliciete karakter van een meetresultaat wordt bepaald door de mate waarin het te meten concept dit resultaat automatisch heeft veroorzaakt. Stel dat we iemand vragen om heel snel (bijv. binnen de seconde) te zeggen of een bepaald persoonlijkheidskenmerk (bijv. verlegen, intelligent) van toepassing is op zichzelf. Het gaat hier om een directe meting van persoonlijkheid, want de meting berust op zelfbeoordeling. Het zou echter best kunnen dat het meetresultaat een reflectie is van automatische processen. De respondent heeft immers niet veel tijd om te reflecteren over het antwoord, zodat het antwoord voornamelijk wordt bepaald door de eerste spontane associatie die bij de respondent opkomt. Ook traditionele vragenlijsten kunnen in principe leiden tot impliciete meetresultaten. Neem het voorbeeld van de Minnesota Multiphasic Personality Inventory (MMPI; Butcher e.a., 2003). Wanneer een respondent instemt met het item 'Ik heb een goede eetlust', beïnvloedt dit in de MMPI zijn of haar score voor depressie. Respondenten zijn zich hiervan zeer waarschijnlijk niet bewust. Wanneer het antwoord op dit item inderdaad een valide indicatie is van depressie, kan dat antwoord gezien worden als een impliciet maat van depressie. Het te meten kenmerk 'depressie' beïnvloedt immers op automatische (in de zin van onbewuste) wijze het antwoord.
Het feit dat een klassieke persoonlijkheidsmaat zoals de MMPI ook kan worden beschouwd als een impliciete maat, doet wellicht de vraag rijzen of recent ontwikkelde impliciete maten zoals de IAT eigenlijk iets nieuws te bieden hebben. Aan de ene kant kunnen beide soorten maten in principe een reflectie geven van automatische aspecten van persoonlijkheid. Aan de andere kant verschillen vragenlijstmaten zoals de MMPI en reactietijdmaten zoals de IAT echter duidelijk in de manier waarop ze dit proberen te doen. Bij vragenlijsten

wordt de invloed van gecontroleerde, beredeneerde oordelen over de eigen persoonlijkheid uitgesloten door te kiezen voor vragen waarbij de respondent zich er niet van bewust is dat de vraag polst naar een bepaald aspect van de persoonlijkheid. De respondent behoudt echter controle over het antwoord en kan bewust beslissen om andere factoren in rekening te brengen. Bijvoorbeeld, bij het beantwoorden van het MMPI-item 'Ik heb een goede eetlust' kan de respondent besluiten om 'ja' te antwoorden, omdat hij/zij denkt dat mensen met een goede eetlust gezond zijn en dat gezond zijn wenselijk is. Een score op een vragenlijst kan dus alleen een goede impliciete maat van persoonlijkheid zijn, wanneer a) de score automatisch wordt beïnvloed door het te meten aspect van de persoonlijkheid en b) de score niet wordt beïnvloed door andere gecontroleerde processen en overwegingen. Het is natuurlijk de vraag of men vragenlijsten kan ontwikkelen die een betrouwbare en valide impliciete maat van persoonlijkheid bieden, maar het is wel degelijk een mogelijkheid die het onderzocht kan worden.
Bij reactietijdmaten van persoonlijkheid, zoals scores op de IAT, wordt de invloed van gecontroleerde, beredeneerde oordelen over de eigen persoonlijkheid op een heel andere manier uitgesloten. De taak is cognitief zo belastend (bijvoorbeeld omdat er snel moet worden gereageerd op stimuli uit verschillende categorieën) en gestructureerd dat het moeilijk is om de prestatie intentioneel te beïnvloeden door beredeneerde oordelen. Het cruciale verschil is dat gecontroleerde, beredeneerde oordelen geen invloed kunnen hebben op de score, zelfs al zouden de respondenten dit willen. Ligt bij vragenlijsten de nadruk op het aspect 'bewustzijn' (respondenten weten niet wat de items zouden moeten meten), bij moderne reactietijdmaten ligt de nadruk dus op het kenmerk 'controle' (respondenten kunnen de score niet beïnvloeden). A priori lijkt het beter om controle over de score volledig uit te sluiten. Op die manier kunnen noch gecontroleerde oordelen over het te meten aspect van persoonlijkheid een invloed hebben, noch andere gecontroleerde oordelen of overwegingen. Men moet dan wel kunnen aantonen dat dergelijke maten echt a) oncontroleerbaar zijn, en b) een valide indicatie geven van het te meten aspect van persoonlijkheid. De toekomst moet uitwijzen of dergelijke valide impliciete maten kunnen worden geconstrueerd.

Enkele overwegingen over de toekomst van impliciete maten van persoonlijkheid

Waarschijnlijk zullen traditionele zelfbeoordelingsschalen nog geruime tijd dominant blijven als maat van persoonlijkheid en persoonlijkheidsstoornissen. Ten eerste zijn ze gemakkelijk in het gebruik. Verder zijn hun betrouwbaarheid en validiteit al bewezen. Hun beperkingen zijn echter bekend en blijven reëel. Impliciete maten bieden een perspectief voor het oplossen van die problemen. Het is echter een perspectief op lange termijn: De bestaande impliciete maten zijn nog niet zo lang geleden ontwikkeld. Er zijn nog maar preliminaire aanwijzingen over de betrouwbaarheid en validiteit van deze maten. Verder hebben de bestaande maten structurele en praktische beperkingen. Maar op termijn worden deze problemen opgelost en zullen impliciete maten, in welke vorm dan ook, een belangrijke aanvulling bieden op de bestaande zelfbeoordelingsschalen.

DANK

Dit hoofdstuk kwam tot stand mede door de steun van het Fonds voor Wetenschappelijk Onderzoek, Vlaanderen, onderzoeksproject G.0356.03. Dank aan Els De Bruycker voor opmerkingen in verband met een eerdere versie van deze tekst en aan Jan Henk Kamphuis voor zijn bijdrage aan de totstandkoming en conceptualisatie van dit hoofdstuk.

Literatuur

Asendorpf, J.B., Banse, R. & Mücke, D. (2002). Double dissociation between implicit and explicit personality self-concept: The case of shy behavior. *Journal of Personality and Social Psychology* 83, 380-393.

Blanton, H. & Jaccard, J. (2006). Arbitrary metrics in psychology. *American Psychologist* 61, 27-41.

Butcher, J., Derksen, J., Sloore, H. & Sirigatti, S. (2003). Objective personality assessment of people in diverse cultures: European adaptations of the MMPI-2. *Behavior Research and Therapy* 41, 819-840.

De Houwer, J. (2002). The implicit association test as a tool for studying dysfunctional associations in psychopathology: Strenghts and limitations. *Journal of Behavior Therapy and Experimental Psychiatry*, 33, 115-133.

De Houwer, J. (2003). A structural analysis of indirect measures of attitudes. In: J. Musch & K.C. Klauer (Eds.), *The psychology of evaluation: Affective processes in cognition and emotion* (pp. 219-244). Mahwah, NJ: Lawrence Erlbaum.

De Houwer, J. (2006). What are implicit measures and why are we using them. In: R.W. Wiers & A.W. Stacy (Eds.), *The handbook of implicit cognition and addiction* (pp. 11-28). Thousand Oaks, CA: Sage Publishers.

Egloff, B. & Schmukle, S.C. (2002). Predictive validity of an implicit association test for assessing anxiety. *Journal of Personality and Social Psychology 83*, 1441-1455.
Fazio, R.H. & Olson, M.A. (2003). Implicit measures in social cognition research: Their meaning and use. *Annual Review of Psychology 54*, 297-327.
Greenwald, A.G., McGhee, D.E. & Schwartz, J.L.K. (1998). Measuring individual differences in implicit cognition: The Implicit Association Test. *Journal of Personality and Social Psychology 74*, 1464-1480.
Nosek, B.A., Greenwald, A.G. & Banaji, M.R. (2007). The Implicit Association Test at age 7: A methodological and conceptual review. In: J.A. Bargh (Ed.), *Automatic processes in social thinking and behavior* (pp. 265-292). New York: Psychology Press.
Olson, M.A. & Fazio, R.H. (2004). Reducing the influence of extra-personal associations on the Implicit Association Test: Personalizing the IAT. *Journal of Personality and Social Psychology 86*, 653-667.
Rothermund, K. & Wentura, D. (2004). Underlying processes in the Implicit Association Test (IAT): Dissociating salience from associations. *Journal of Experimental Psychology: General 133*, 139-165.
Steffens, M. (2004). Is the Implicit Association Test immune to faking? *Experimental Psychology 51*, 165-179.
Teige, S., Schnabel, K., Banse, R. & Asendorpf, J.B. (2004). Assessment of multiple implicit self-concept dimensions using the Extrinsic Affective Simon Task (EAST). *European Journal of Personality 18*, 495-520.

Persoonlijkheidsstoornissen: beter voorkómen dan genezen?

5

Pier Prins

Inleiding

De voorlopers van psychische stoornissen bij volwassenen liggen vaak in de kindertijd. Vraagt men volwassenen met uiteenlopende stoornissen naar hun kindertijd, dan rapporteren zij meestal een problematische jeugd. Evenveel volwassenen, die ook met psychische problemen kampen, hebben deze negatieve herinneringen echter niet. Sterker nog, veel problematisch functionerende kinderen blijken het als volwassene goed en probleemloos te doen. Stabiele voorlopers in de kindertijd van afwijkend functioneren in de volwassenheid zijn moeilijk te vinden. Ook voorlopers van persoonlijkheidsstoornissen worden steeds vaker in de kindertijd gezocht, en ook die blijken in hoge mate instabiel te zijn. Deze veranderlijkheid van de kindertijd wordt fraai weergegeven in het citaat uit Lewis Carroll's *Alice in Wonderland*, waarmee Kouwer (1963) zijn klassieke 'Spel van de Persoonlijkheid' begint:

> ***'Wie ben** jij?' **zei de Rups. Dat was geen bemoedigend begin voor een gesprek. Nogal benauwd antwoordde Alice: 'Ik – ik weet het nu per ongeluk niet precies mijnheer – ik weet in ieder geval wel wie ik** was **toen ik vanmorgen opstond, maar ik geloof dat ik daarna al een paar keer veranderd ben.' 'Wat bedoel je daarmee?' zei de Rups op strenge toon, 'Verklaar je nader!' 'Ik ben bang dat ik mij niet verklaren kan, mijnheer', zei Alice, 'want ik ben mijzelf niet, ziet U.' 'Dat zie ik niet', zei de Rups.***

Onder deze onzekere en dynamische omstandigheden is voorspellen een complexe aangelegenheid en vroege preventie van persoonlijkheidsstoornissen een ingewikkelde, misschien wel heilloze onderneming.

Om persoonlijkheidsstoornissen te voorkomen, moet men de voorlopers ervan kennen. Het is de vraag of die in de kindertijd liggen of nog vroeger, in de babytijd, of pas later in de adolescentie of jong volwassenheid? En, stel dat voorlopers betrouwbaar en valide in kaart zijn gebracht, hoe groot is dan hun stabiliteit, hun voorspellende kracht, en hoe groot is hun veranderbaarheid?
Persoonlijkheid impliceert stabiliteit en suggereert onveranderlijkheid: eenmaal opstandig, altijd opstandig, eenmaal angstig en geremd, nooit meer anders. Tenzij misschien onder invloed van heel ingrijpende gebeurtenissen. Persoonlijkheid verwijst per definitie naar consistenties in gedrag en beleving. Dit geldt ook voor de gestoorde persoonlijkheid, waarbij sprake is van pervasieve rigiditeit:

> ***'een duurzaam patroon van innerlijke ervaringen en gedragingen, dat star is en zich uit op een breed terrein van persoonlijke en sociale situaties' (American Psychiatric Association, 2000).***

Voorkomen en 'genezen' veronderstellen juist dat we zowel iets kunnen voorspellen als iets kunnen veranderen. Hoeveel ruimte voor verandering is er eigenlijk wanneer wij het over persoonlijkheid hebben? Alleen wanneer we persoonlijkheid opvatten als een continu dynamisch proces tussen aanleg en omgevingsfactoren, waarin zowel stabiliteit als verandering van kind tot volwassene een rol speelt, kunnen we beginnen te denken over voorkomen of genezen van persoonlijkheidsstoornissen.
Er zijn in de afgelopen twee decennia veel preventie- en interventieprogramma's opgezet om uiteenlopende internaliserende en externaliserende stoornissen bij kinderen en jongeren te voorkomen en te genezen. Deze programma's bestrijken doorgaans een heel korte termijn en zijn daarom van beperkte betekenis als het gaat om persoonlijkheidsstoornissen. Er zijn echter ook enkele uitzonderingen waaruit lessen te trekken zijn voor het voorkómen en genezen van persoonlijkheidsstoornissen.

Temperament als vroegste voorloper van de persoonlijkheid

Positieve gestemdheid, activiteitsniveau, prikkelbaarheid, en volhardendheid zijn gedragsconsistenties die in de vroege kindertijd manifest worden; het zijn de belangrijkste temperamentstrekken. Temperament en persoonlijkheid vallen bij baby's en jonge kinderen samen, maar bij oudere kinderen en in de volwassenheid is temperament een onderdeel van de persoonlijkheid. Tegenwoordig worden tempera-

ment en persoonlijkheid door elkaar gebruikt en lijkt het klassieke onderscheid tussen de twee te vervagen (Caspi e.a., 2005). Er zijn veel overeenkomsten. Beide zijn in de heel vroege kindertijd manifest, erfelijk bepaald, stabiel over tijd en situaties en houden verband met emotionele en motivationele aspecten van gedrag. Ook vertonen ze een gelijke factorstructuur. Zo zijn Big-Five-kenmerken teruggevonden bij kinderen in de schoolgaande leeftijd (8-12 jaar) en zelfs bij jonge kinderen tussen 3 en 8 jaar – bij wie ontwikkeling en verandering in volle gang zijn – is evidentie gevonden voor drie persoonlijkheidstrekken die vergelijkbaar zijn met de persoonskenmerken extraversie (positieve emotionaliteit), neuroticisme (negatieve emotionaliteit) en nauwgezetheid/controle ('effortful control') bij volwassenen (Kohnstamm e.a., 1998; Rothbart e.a., 2001).
Met het ouder worden veranderen temperamentstrekken en in combinatie met ervaringen resulteren ze in persoonlijkheidstrekken. Als het temperament de kern is van waaruit de persoonlijkheidsdimensies zich vormen, dan is het vanuit het oogpunt van preventie en interventie uitermate belangrijk inzicht te verkrijgen in de processen waarlangs fenotypen zich ontwikkelen uit persoon-omgevingstransacties. Zo kan het temperament de effecten van klassieke en operante conditionering begrenzen: kinderen met een lage vreesgevoeligheid bijvoorbeeld kunnen er moeite mee krijgen om te leren van straf. De persoonstrek 'strafongevoeligheid' hangt op haar beurt weer samen met antisociale gedragsstoornissen op latere leeftijd. Temperament kan ook de reacties van volwassenen en leeftijdgenoten op het kind bepalen. Positief gestemde kinderen zijn aantrekkelijk voor anderen om mee te spelen. Door deze processen die door het temperament in gang worden gezet, wordt de persoonlijkheid gevormd. Het voorkómen van persoonlijkheidsstoornissen zal dus deels de vroege beïnvloeding van temperamentkenmerken zijn.

Stabiliteit van temperament en persoonlijkheidstrekken

Per definitie beschouwt men persoonlijkheidstrekken als stabiele individuele verschillen. De mate van stabiliteit is niet zo hoog als de 'trektheoretici' zouden wensen, maar ook weer niet zo laag als de 'contextualisten' menen, zo blijkt uit een recente meta-analyse van Fraley en Roberts (2005). Duidelijk is dat de mate van stabiliteit 'moderate' is, zelfs tussen kindertijd en vroegste kinderjaren, en dat deze toeneemt met de leeftijd (van 0,41 in de kindertijd naar 0,55 op 30-jarige leeftijd en dan afvlakt rond de 0,70 tussen 50 en 70 jaar). Opvallend is verder dat de stabiliteit tussen kindertijd en adolescentie veel hoger is dan de contextualisten veronderstellen. Nog opvallender is het resultaat dat de stabiliteit tussen adolescentie en jong volwassenheid een lineaire toename vertoont, terwijl toch juist de adolescentie bekendstaat als een fase met veel en ingrijpende veranderingen. Ondanks deze contextuele veranderingen is er een relatief hoge stabiliteit. Ten slotte laat deze meta-analyse zien dat stabiliteit niet zoals verwacht rond de 30 jaar piekt, maar veel eerder rond het 50e levensjaar. Met andere woorden, persoonstrekken blijven in elk geval tot het 50e levensjaar gevoelig voor verandering.

De stabiliteitskwestie is ingewikkeld. Zo blijkt het stabiliteitspatroon rond de factor 'extraversie' complex (Roberts & Delvecchio, 2003). Wanneer extraversie wordt uitgesplitst in de samenstellende factoren 'dominantie' en 'sociabiliteit', dan blijken de persoonstrekken die samenhangen met dominantie toe te nemen vanaf de adolescentie tot in de late volwassenheid, terwijl persoonstrekken samenhangend met sociabiliteit toenemen in de adolescentie en daarna weer afnemen in de jong volwassenheid en ouderdom. Dit soort onderzoek waarbij men een *combinatie* van persoonlijkheidstrekken gebruikt om jonge kinderen te typeren en vervolgens de continuïteit en veranderingen daarin probeert vast te stellen is nog nauwelijks gedaan bij jonge kinderen, maar zal naar verwachting krachtiger voorspellers opleveren (zie Caspi e.a., 2005).

De stabiliteitscoëfficiënt mag dan hoger zijn dan de contextualisten menen, zij ligt over de hele linie toch ver onder de 1. Meer variantie zou verklaard worden door een *combinatie* van persoonstrekken als uitgangspunt te nemen. Uit de meeste stabiliteitsonderzoeken wordt evenmin duidelijk wie afwijkender wordt, wie niet, en waarom? Ten slotte heeft de stabiliteitsschatting in de meeste onderzoeken betrekking op hogere-orde constructen. Stabiliteit zal daar hoger zijn dan bij de lagere-orde constructen, die meestal voorwerp van preventie en interventie zijn. Men moet zich op dit vlak dus niet rijk rekenen: de stabiliteit en voorspellende kracht van persoonstrekken is matig en alleen vastgesteld op enkelvoudige, hogere-orde constructen.

Psychopathologie tussen temperament en persoonlijkheidsstoornis

Temperamentstrekken vormen een kwetsbaarheid voor uiteenlopende vormen van psychopathologie bij kinderen en jongeren en resulteren ook feitelijk in een stoornis wanneer ze extreem zijn of zich voordoen in combinatie met andere trekken en specifieke ervaringen (Frick, 2004). Een mooi voorbeeld van het verband tussen temperament, psychopathologie en persoonlijkheidsstoornis is het onderzoek rond 'moeilijk temperament, antisociale gedragsstoornissen en antisociale persoonlijkheidsstoornis' (Gezondheidsraad, 2006). Verschillende *temperamental pathways* kunnen op dit gebied inmiddels in detail beschreven worden.

Kinderen met psychopathische trekken (Type 1) vertegenwoordigen een ander temperamentstype dan kinderen die ook antisociaal gedrag vertonen, maar zonder de psychopathische trekken (Type 2). Deze twee typen hebben verschillende correlaten. Zo lijkt Type 1 zich onafhankelijk te ontwikkelen van opvoeding en gezinscontext, terwijl de antisociale gedragsproblemen van Type 2 duidelijk wel samenhangen met een negatieve opvoedingsstijl. Klassieke temperamenttheorieën benadrukken bij Type 1 de lage negatieve emotionaliteit (= lage vrees en lage negatieve affectiviteit); deze individuen zijn geneigd tot instrumentele, berekenende agressie en antisociaal gedrag. De vorming van hun geweten en schuldgevoelens is gestoord. Type 2 wordt juist gekenmerkt door een hoge mate van negatieve affectiviteit; de agressie gaat gepaard met veel emotie (boosheid, opgewondenheid). Deze twee typen doorlopen aparte ontwikkelingstrajecten naar de antisociale gedragsstoornis. Het onderscheid tussen een antisociale gedragsstoornis met een begin in de vroege kindertijd en die met een begin in de adolescentie is hiermee consistent. Eerstgenoemde, met een vroeg begin, is duidelijker aan een temperamentgebonden kwetsbaarheid gelieerd, terwijl de ander een ontwikkelingstraject vertoont waarbij temperament mogelijk een minder sterke rol speelt en de druk van leeftijdgenoten juist veel meer. Naarmate men deze grove tweedeling verder kan nuanceren, zal zij de basis vormen voor gerichte preventie en interventie van de antisociale persoonlijkheidsstoornis (Frick & Sheffield-Morris, 2004).

De rol van de omgeving bij het definiëren van de verschillende ontwikkelingstrajecten is essentieel. Een bepaalde context kan verhelderen waarom kinderen met een risicovol temperament ook werkelijk een stoornis ontwikkelen, terwijl anderen dat niet doen. In sommige gevallen oefent de omgeving zo'n sterke invloed uit op het kind dat de persoonlijkheid van het kind relatief weinig inbreng heeft. Jongens met lage zelfcontrole raken eerder betrokken bij antisociaal gedrag, wanneer zij in een slechte, arme, criminogene buurt opgroeien. Deze persoonlijkheidsaanleg vormt echter geen risico voor antisociaal gedrag, wanneer deze kinderen worden opgevoed in betere buurten (Lynam e.a., 2000). Anderzijds kan het temperament van het kind zo extreem zijn dat de omgeving er veel minder toe doet. Zo blijkt, zoals we hiervoor zagen, de kwaliteit van de opvoeding duidelijk minder invloed te hebben op kinderen die in hoge mate gevoelsarm en gewetenloos zijn (Shiner & Caspi, 2003). Het in kaart brengen van specifieke contexten en transacties en deze vervolgens in de ontwikkelingstrajecten integreren, zal resulteren in beter gespecificeerde ontwikkelingstrajecten van temperament naar psychopathologie en zal daarmee een solider basis vormen voor preventie en interventie. Zover is het nog lang niet. Vergeleken met de temperamentfactor is een systematische analyse van de omgevingsfactor in het temperament- en persoonlijkheidsonderzoek bij kinderen nog steeds stiefmoederlijk bedeeld.

Als psychopathologie voorkomen kan worden door temperament- en persoonstrekken tijdig te beïnvloeden, vermindert men dan ook de kans op persoonlijkheidsstoornissen? In een longitudinale studie bij 163 jongens met ernstige gedragsproblemen bleek de diagnose antisociale gedragsstoornis (o.a. liegen, vechten, weglopen van huis, vandalisme) die op 7-12-jarige leeftijd was gesteld, een antisociale persoonlijkheidsstoornis (ASP) op 18- en 19-jarige leeftijd te voorspellen (Lahey e.a., 2005). De ASP wordt gekenmerkt door onverantwoordelijk, antisociaal gedrag, en ze reageert niet of nauwelijks op interventie als die in de volwassenheid wordt gediagnosticeerd. Dit is een van de zeldzame onderzoeken die psychopathologie op jonge leeftijd in verband brengt met een persoonlijkheidsstoornis in de jong volwassenheid.

De voorspellende kracht van de gedragsstoornis op jonge leeftijd werd in het onderzoek van Lahey e.a. beter – minder vals-positieven – wanneer men zowel het sociaaleconomisch niveau van het gezin als het *type* antisociaal gedrag in de voorspelling meenam. Kinderen uit hogere milieus liepen veel minder kans op het ontwikkelen van een persoonlijkheidsstoornis (20%) dan kinderen uit lagere milieus (65%). Het aantal heimelijke ('coverte') gedragssymptomen (bijvoorbeeld liegen, vernielen, brandstichten, stelen) en niet het aantal openlijke ('overte') symptomen (bijvoorbeeld schreeuwen, driftig zijn, vechten, bedreigen) bleek de voorspelling nog verder te verbeteren – wat niet wil zeggen dat openlijke agressie een ASP niet zou voorspellen, want dat was ook het geval. De resultaten onderstrepen bovendien nog eens dat niet alle jongens met een antisociale gedragsstoornis een ASP ontwikkelen.

Gezien de hoge kosten van preventieprogramma's is het zaak het aantal vals-positieven terug te dringen door interventies te richten op kinderen die echt het grootste risico lopen. Het onderzoek van Lahey e.a. geeft hiertoe een goede voorzet, maar alleen onderzoek dat kennis oplevert over de kenmerken van kinderen die wel en kinderen die geen ASP ontwikkelen kan ons hier echt verder brengen. We zouden dan meer te weten kunnen komen over de typische risicoprofielen en over de typische persoon-omgevingstransacties die de ontwikkelingstrajecten van deze twee groepen kenmerken. Daarmee zou de impact van preventieve en curatieve interventies verhoogd kunnen worden.

Persoonlijkheidstrekken zijn te veranderen

Antisociaal gedrag is een goed voorbeeld van een heterogeen gedragstype dat door een veelheid van sociale factoren wordt bepaald. Tegelijkertijd is het een goed voorbeeld van afwijkend gedrag waarin individuele verschillen in geneigdheid om antisociaal gedrag te vertonen in redelijk sterke mate erfelijk zijn bepaald. Die geneigdheid komt bijvoorbeeld tot uiting in de persoonstrek 'strafongevoeligheid'. strafongevoeligheid staat centraal in theorieën over psychopathie. Het onvermogen om 'aroused' te raken en stressvolle prikkels of signalen van straf te leren vermijden zou ten grondslag liggen aan het niet of gebrekkig ontwikkelen van een geweten en het niet-ontwikkelen van een prosociaal gedragsrepertoire. Dit maakt het lastig om deze kinderen en jongeren te socialiseren via opvoeding of met maatschappelijke maatregelen die juist gebaseerd zijn op de gedachte dat de persoon gemotiveerd is om straf te vermijden.
In de meeste ontwikkelingsmodellen van de antisociale gedragsstoornis en de ASP wordt 'ongevoeligheid voor straf' opgevat als een in sterke mate erfelijk bepaalde temperamentfactor, met *trait*-achtige kenmerken die de effecten van de omgeving, bijvoorbeeld de impact van opvoeding, op een normale en afwijkende ontwikkeling modereert. Wat in de huidige onderzoeksliteratuur opvallend ontbreekt, is de gedachte dat 'ongevoeligheid voor straf' ook *aangeleerd* kan worden. Shiner en Caspi (2003) hebben diverse temperament-omgevingstransacties beschreven die van toepassing zijn op ontwikkelingstrajecten van temperament naar psychopathologie en naar uiteenlopende persoonlijkheidsstoornissen. Opvoeding/leerprocessen en strafgevoeligheid kunnen elkaar wederzijds beïnvloeden in de richting van een gezonde of antisociale ontwikkeling. Sociale leerprocessen kunnen tijdens de ontwikkeling de gevoeligheid voor straf van het kind zodanig doen toe- of afnemen dat het kind in toenemende mate moeilijker te socialiseren is met gangbare disciplineringsmethoden (Dadds & Salmon, 2003).
Deze 'temperamental en learning pathways' richting strafongevoeligheid blootleggen is voor preventie- en interventieprogramma's buitengewoon belangrijk, wil men de impact van deze programma's ver-

hogen (Prins, 2003; Strayhorn, 2002). David Lykken (1995) heeft het belang van deze opdracht als volgt kernachtig verwoord:

> ***'In the absence of a strong influence working to systematically determine the course of experience, the child's own genetic individuality is the one consistent steersman over the epigenetic landscape.'***

Voorkomen beter dan genezen? Of toch niet?

Voorkomen is beter dan genezen. Daartegen valt weinig in te brengen. Hoe langer een kind zich op een afwijkend ontwikkelingstraject begeeft, des te moeilijker is het om terug te keren. De vraag is echter of wij op dit moment beschikken over de juiste kennis en de juiste middelen om persoonlijkheidsstoornissen te voorkomen. Er wordt sinds een decennium veel positiever gedacht over wat bereikt kan worden met preventie- en interventieprogramma's. Het pessimisme dat in de jaren zeventig van de vorige eeuw heerste over het voorkomen en behandelen van emotionele en gedragsstoornissen bij kinderen en jongeren – 'begin er maar niet aan, het haalt toch niets uit' – heeft inmiddels plaatsgemaakt voor optimisme, vooral gebaseerd op de beschikbaarheid van effectievere interventiemethoden en op een toegenomen inzicht in de complexe oorzaken van uiteenlopende stoornissen bij kinderen en jongeren.
Van dit optimisme getuigt het Fast (Families and Schools Together) Track Preventieprogramma (FTP; Conduct Problems Prevention Research Group, 2004), een van de meest kostbare en meest omvattende preventieprogramma's voor kinderen die een hoog risico lopen op middelenmisbruik en ernstig, chronisch antisociaal gedrag, hun gezinnen en hun school. Het FTP intervenieert bij hoog-risico kinderen van 5-12 jaar en volgt hen tien jaar lang. Ervan uitgaande dat een deel van deze kinderen een antisociale persoonlijkheidsstoornis zal ontwikkelen, geeft het FTP een indirecte aanwijzing voor de mogelijkheid om persoonlijkheidsstoornissen te voorkomen.
De voorwaarden voor een effectief preventieprogramma zijn bij FTP aanwezig: de belangrijkste risicofactoren zijn bekend en de causale processen die kindgebonden, gezins- en schoolkenmerken koppelen aan risico en bescherming zijn in uitgebreid onderzoek vastgesteld (zie Patterson, 1982). Voorts zijn er interventies ontwikkeld die gericht zijn op deze beschermende en risicofactoren en die hun effectiviteit op korte termijn bewezen hebben. Het FTP omvat vijf geïntegreerde interventieprogramma's: een oudertraining, huisbezoeken en

case management, een sociale-vaardigheidstraining, het bevorderen van leesvaardigheden en een schoolklasinterventie.
Uit de eerste evaluaties bleek dat het FTP robuuste effecten liet zien, waarbij de risicokinderen op follow-up metingen minder agressie vertoonden en het zowel thuis als op school beter deden dan de kinderen uit de controlegroep. Het FTP blijkt ook op de langere termijn – in elk geval vijf jaar – gedragsproblemen te doen verminderen. Hoewel de effecten indrukwekkend zijn, zijn we in het licht van de vraag hoe ASP te voorkomen benieuwd naar de stabiliteit van de effecten wanneer de hoog-risico kinderen de adolescentie en jong volwassenheid bereiken. Houden de positieve veranderingen dan stand en verbeteren zij zelfs nog? Of verdwijnen ze en vooral bij welke kinderen? Deze resultaten zijn nog niet bekend.
Met het oog op het voorkomen van persoonlijkheidsstoornissen is het jammer dat in de opzet van het FTP geen temperament- en persoonlijkheidsmaten zijn meegenomen. Zouden die stabiel gebleken zijn en hoe zouden die zich verhouden tot veranderingen in de gedragsproblemen? En, zou het FTP impact hebben gehad op deze temperament- en persoonskenmerken?
Temperament- en persoonskenmerken spelen wel een belangrijke rol in recent preventieonderzoek van angststoornissen. Rapee e.a. (2005) stelden zich de vraag of het mogelijk is een geremd temperament te veranderen en daarmee angststoornissen op latere leeftijd te voorkomen. Dat moest mogelijk zijn, want een geremd temperament bestaat in hoofdzaak uit een gedragsstijl die zich kenmerkt door vermijdingsgedrag, wat met succes therapeutisch te beïnvloeden is. Daarbij is de ontwikkeling van een geremd temperament mede afhankelijk van omgevingsfactoren, zoals een overbeschermende, vermijding-inducerende ouder-kindinteractie, die in principe ook veranderbaar is. Ten slotte heeft longitudinaal onderzoek aangetoond dat geremd temperament weliswaar een voorspeller is van angststoornissen, maar niet altijd en overal stabiel is. Dus: richt preventie op het rechtstreeks veranderen van het inhibitieniveau en de teruggetrokkenheid van het kind. In een preventieprogramma van zes sessies leerden groepen van zes ouderparen anders omgaan met het geremde en teruggetrokken temperament van hun kind. De groep kinderen van wie de ouders dit programma volgden, vertoonden een significant grotere afname in angstdiagnosen twaalf maanden na de interventie dan de groep kinderen van wie de ouders de interventie niet volgden. Er werden opvallend genoeg geen significante effecten gevonden op de temperamentmaten inhibitie en teruggetrokkenheid. In zowel de behandelgroep als de controlegroep bleek de mate van inhibitie en teruggetrokken-

heid afgenomen te zijn. Een kortdurende, preventieve interventie bij ouders van 3-5-jarige kinderen bleek dus aan de ene kant zinvol te zijn, omdat het aantal angststoornissen binnen de behandelde groep sterker afnam dan in de niet-behandelde groep. Dit positieve effect kon echter niet verklaard worden door een verandering in temperamentkenmerken. Als een geremd temperament een belangrijke voorloper is van op angst gebaseerde persoonlijkheidsstoornissen dan maakt dit resultaat de prognose vooralsnog niet gunstiger.

Sommige onderzoekers pleiten ervoor om kinderen met een echt hoog risico op angststoornissen te selecteren en alleen hen preventief te behandelen. Bijvoorbeeld kinderen met een stabiel temperament, die bij ten minste twee metingen een hoge score halen op angstige geremdheid. Vervolgens zou men dan van deze kinderen alleen die kinderen preventief behandelen die bovendien een *combinatie* van risicofactoren laten zien, zoals angststoornissen in de familie. Alleen kinderen selecteren met een stabiele gedragsinhibitie is echter kostbaarder.

De vraag is nu of men wil wachten totdat de benodigde kennis is verzameld om doelgericht preventief te kunnen ingrijpen bij kinderen die werkelijk kans lopen op de ontwikkeling van een angststoornis of van een op angst gebaseerde persoonlijkheidsstoornis of dat men breed wil inzetten bij een heterogene groep kinderen en de vele valspositieven op de koop toe neemt. Alleen in het eerste geval kan men echt beginnen te spreken van het voorkomen van psychopathologie en mogelijk van het voorkomen van persoonlijkheidsstoornissen.

Conclusie

Het voorkómen van persoonlijkheidsstoornissen via vroege en gerichte preventie is op dit moment een brug te ver. Er worden weliswaar positieve resultaten behaald met vroege-preventieprogramma's waarmee men internaliserende en externaliserende psychopathologie in de adolescentie probeert te voorkómen, maar persoonlijkheidsstoornissen voorkómen via vroege preventie blijft een ander verhaal en op dit moment een toekomstvisioen.

Een belangrijke kwestie die eerst opgelost dient te worden is het scherper afbakenen van wie werkelijk een hoog risico lopen op het ontwikkelen van persoonlijkheidsstoornissen en wie niet. Ten aanzien van de ontwikkeling van ASP is men een eind op de goede weg. Zo wordt in stabiliteitsonderzoek van (antisociale) gedragsproblemen aangegeven welke kinderen afwijkender worden, welke niet, en waarom. Bovendien worden in het perspectief van de ontwikkeling van

ASP *ontwikkelingstrajecten* gespecificeerd van groepen kinderen met verschillende temperament- en persoonlijkheidsprofielen. Bij deze profilering wordt tevens de nodige aandacht besteed aan een typering van de contextfactor. Dit laatste gebeurt echter nog te weinig, terwijl een systematische analyse van de omgevingsfactor onmisbaar is voor effectieve preventie en interventie.
Preventie van persoonlijkheidsstoornissen mag dan een brug te ver zijn, het voorkómen van psychopathologie in de kindertijd en de adolescentie is waarschijnlijk als tussenstap wel haalbaar. Wanneer men psychopathologie in de kindertijd en adolescentie weet te voorkómen, verkleint men mogelijk ook de kans op persoonlijkheidsstoornissen later. Er zou dan wel veel meer dan voorheen aandacht dienen te zijn voor het profileren van kinderen en jongeren en hun omgeving die goed of die niet goed reageren op de preventieve inspanningen. Hierbij zou men dan ook het potentieel van het temperament- en persoonlijkheidsonderzoek veel nadrukkelijker moeten mobiliseren, om de interventies te verscherpen en effectiever te maken.
Naast het voorkómen van psychopathologie in de kindertijd en adolescentie is een tweede haalbare tussenstap het verhogen van de effectiviteit van bestaande interventies voor uiteenlopende vormen van psychopathologie bij kinderen en jongeren (Prins, 2003). De interventies kunnen nóg beter worden uitgevoerd, de dosering kan worden verhoogd, men kan het indicatiegebied beter in kaart brengen en ten slotte kan men proberen beter te begrijpen waarom bepaalde interventies werken. Dit alles kan de positieve impact van deze interventies en de stabiliteit van hun effecten nog aanzienlijk doen toenemen. Alleen dan kan de loop van de ontwikkeling gunstig worden beïnvloed en alleen dan zijn persoonlijkheidsstoornissen mogelijk te voorkómen.

Literatuur

American Psychiatric Association (2000). *Diagnostic and Statistical Manual of mental disorders-IV-TR.*. Washington, DC: Author.

Caspi, A., Roberts, B.W. & Shiner, R. (2005). Personality development: Stability and change. *Annual Review of Psychology* 56, 453-484.

Conduct Problems Prevention Research Group (2004). The effects of the Fast Track program on serious problems at the end of elementary school. *Journal of Clinical Child and Adolescent Psychology* 33, 650-661.

Dadds, M. & Salmon, K. (2003). Punishment insensitivity and parenting: Temperament and learning as interacting risks for antisocial behaviour. *Clinical Child and Family Psychology Review* 6, 69-85.

Fraley, C. & Roberts, B.W. (2005). Patterns of continuity: A dynamic model for conceptualizing the stability of individual differences in psychological constructs across the life course. *Psychological Review* 112, 60-74.
Frick, P.J. (2004). Special section: Temperament and childhood psychopathology. *Journal of Clinical Child and Adolescent Psychology* 33, 2-94.
Frick, P. & Sheffield-Morris, A. (2004). Temperament and developmental pathways to conduct problems. *Journal of Clinical Child and Adolescent Psychology* 33, 54-69.
Gezondheidsraad (2006). *Preventie en behandeling van de antisociale persoonlijkheidsstoornis.* Den Haag: Gezondheidsraad.
Hawes, D. & Dadds, M. (2005). The treatment of conduct problems in children with callous-unemotional traits. *Journal of Consulting and Clinical Psychology* 73, 737-741.
Kohnstamm, G., Halverson, C., Mervielde, I. & Havill, V. (1998). *Parental descriptions of child personality: Developmental antecedents of the Big Five?* Mahwah, NJ: Erlbaum.
Kouwer, B.J. (1963). *Het spel van de persoonlijkheid.* Utrecht: Erven Bijleveld.
Lahey, B., Loeber, R., Burke, J.D. & Applegate, B. (2005). Predicting future antisocial personality disorder in males from a clinical assessment in childhood. *Journal of Consulting and Clinical Psychology* 73, 389-399.
Lykken, D. (1995). *The antisocial personalities.* Hillsdale (NJ): Erlbaum Publishers.
Lynam, D., Caspi, A., Moffitt, T., Wikstrom, P.H. & Loeber, R. (2000). The effects of impulsivity on delinquency are stronger in poor neighbourhoods. *Journal of Abnormal Psychology* 109, 563-574.
Patterson, G. (1982). *Coercive family process.* Eugene, OR: Castalia.
Prins, P.J.M. (2003). *Effectiever behandelen tussen 'nature' en 'nurture'. Openbare les.* Amsterdam: Vossius Pers.
Rapee, R., Kennedy, S., Ingram, M., Edwards, S. & Sweeney, L. (2005). Prevention and early intervention of anxiety disorders in inhibited preschool children. *Journal of Consulting and Clinical Psychology* 73, 488-497.
Roberts, B. & DelVecchio, W.F. (2000). The rank-order consistency of personality traits from childhood to old age: a quantitative review of longitudinal studies. *Psychological Bulletin* 126, 3-25.
Rothbart, M., Ahadi, S., Hershey, K. & Fisher, P. (2001). Investigation of temperament at three to seven years: The Children's Behavior Questionnaire. *Child Development* 72, 1394-1408.
Shiner, R. & Caspi, A.(2003). Personality differences in childhood and adolescence: measurement, development and consequences. *Journal of Child Psychology and Psychiatry* 44, 2-32.
Strayhorn, J. (2002). Self-Control: Toward systematic training programs. *Journal of the American Academy of Child and Adolescent Psychiatry* 41, 17-27.

Psychotherapie en de moderne wetenschap: de controverse over effectiviteitsstudies bij persoonlijkheidsstoornissen

6

Anna Bartak,
Jan van Busschbach en
Paul Emmelkamp

Inleiding

De effectiviteit van psychotherapie bij persoonlijkheidsstoornissen staat ter discussie. Door beleidsmakers wordt regelmatig gesteld dat er geen harde bewijzen zijn die aantonen dat langdurige psychotherapie een effectieve behandeling voor patiënten met persoonlijkheidsstoornissen is (Borst-Eilers, 2001). Waarom zou het kabinet anders eenvoudigweg het aantal ambulante therapiezittingen beperken en dit pas na een grote en gecoördineerde actie van het veld weer terugdraaien? Het lijkt erop dat wat binnen de psychotherapeutische wereld graag als vanzelfsprekend wordt aangenomen, in de wetenschappelijke wereld veel minder duidelijk is. Zo wordt er buiten de psychotherapeutische wereld vaak gesteld dat er nauwelijks onderzoek is verricht naar de effectiviteit van psychotherapie bij persoonlijkheidsstoornissen. Inmiddels is er echter wel veel onderzoek op dit gebied gedaan. De resultaten van deze studies zijn samengevat in zeven reviews en twee meta-analyses (zie voor een recent overzicht Emmelkamp & Kamphuis, in druk). De hoofdboodschap van deze overzichtsartikelen is dat psychotherapie een effectieve interventie is voor patiënten met persoonlijkheidsstoornissen. Toch lijkt dit niet genoeg om de buitenwereld ervan te overtuigen dat er voor de effectiviteit van psychotherapie een solide wetenschappelijke basis bestaat. Ondanks het grote aantal publicaties blijft de wetenschappelijke status van bewijsvoering in de psychotherapie achter vergeleken met andere (medische) interventies. Dat betekent dat er een probleem is met de aard en/of de perceptie van de kwaliteit van het onderzoek. Dat klinkt ontmoedigend, maar in de voortschrijdende inzichten van de wetenschap liggen ook kansen voor ons vak. Daarvoor moeten we genuanceerder leren kijken, zowel naar ons eigen onderzoek als naar de ontwikkeling van de wetenschappelijke standaarden. In dit hoofdstuk geven wij eerst een overzicht van de huidige bewijsvoering. Vervolgens analyseren wij waarom de buitenwereld een negatievere perceptie heeft dan het veld van de psychotherapie zelf. Ten slotte kijken we op welke manier we effectief op deze perceptie kunnen reageren.

Bewijsvoering: van Eysenck naar Cochrane

META-ANALYSES

In 1952 beweerde Eysenck dat psychotherapie een niet-werkzame behandeling was (Eysenck, 1952). Inmiddels is er veel veranderd, zowel in de dagelijkse praktijk als op onderzoeksgebied. Studies die in de afgelopen twintig jaar zijn verricht, schetsen een heel ander beeld, ook op het terrein van persoonlijkheidsstoornissen. Naast verschillende positieve onderzoeksresultaten uit gecontroleerde studies en een aantal reviews zijn er inmiddels ook twee meta-analyses verschenen die de onderzoeksresultaten op het gebied van psychotherapie voor persoonlijkheidsstoornissen samenvatten. Hierbij gaat het vooral om onderzoek naar twee veelvoorkomende stoornissen: de ontwijkende en de borderline persoonlijkheidsstoornis.[1]

In de eerste meta-analyse laten Perry en collega's (1999) aan de hand van vijftien (meestal naturalistische) studies zien dat de effectgrootte van de verschillende behandelingen met een gemiddelde van 1,2 substantieel is. De effectgrootte is een frequent toegepaste maat in effectiviteitsonderzoek, waarbij als vuistregel kan worden aangenomen dat een effectgrootte van 0,5 tot 0,8 gemiddeld en een effectgrootte vanaf 0,8 groot is (Cohen, 1977). Perry en collega's berekenden ook dat na 1,3 jaren therapie (één of twee zittingen psychotherapie per week) gemiddeld 52 procent van de patiënten niet meer voldeed aan de diagnose persoonlijkheidsstoornis.

In een recentere meta-analyse beschrijven Leichsenring en Leibing (2003) de effecten van psychodynamische therapie en cognitieve gedragstherapie bij persoonlijkheidsstoornissen. Zij concludeerden uit 22 studies dat beide therapievormen op den duur tot significante vermindering van de symptomatologie leiden: de gemiddelde effectgrootte is 1,0 voor cognitieve gedragstherapie en 1,5 voor psychodynamische therapie. Na afloop van de therapie voldeed 47 procent van de patiënten in cognitieve gedragstherapie en 59 procent van de pa-

1 Delen van dit hoofdstuk, met name het overzicht van effectiviteitstudies, zijn gebaseerd op het binnenkort (2007) te verschijnen boek *Personality disorders* (Emmelkamp & Kamphuis, in druk).

tiënten in psychodynamische therapie niet meer aan de diagnose persoonlijkheidsstoornis. Deze resultaten moeten echter om verschillende redenen voorzichtig geïnterpreteerd worden. Ten eerste verschilde de duur van de twee behandelvormen nogal, zodat de effecten van referentiekader en behandelduur niet los van elkaar kunnen worden beoordeeld. Ten tweede was de onderzochte patiëntenpopulatie vrij heterogeen en werden ook studies beoordeeld die niet speciaal op persoonlijkheidspathologie waren gericht, maar bijvoorbeeld primair op As-I-pathologie. Ten derde werden onder de noemer cognitieve gedragstherapie en psychodynamische therapie allerlei verschillende soorten therapie samengevat, waardoor de therapieën die onder één stroming vallen misschien weinig gemeenschappelijk hebben en eveneens een heterogene groep vormen.
Samenvattend kunnen we echter concluderen dat er een aantal gecontroleerde studies is die bemoedigende resultaten laten zien, vooral op het gebied van de ontwijkende en de borderline persoonlijkheidsstoornis.

EVIDENCE-BASED: DIALECTISCHE GEDRAGSTHERAPIE EN MENTALIZATION BASED TREATMENT

De twee behandelingen die de grootste evidentie laten zien, zijn twee behandelingen die speciaal ontwikkeld zijn voor patiënten met borderline persoonlijkheidsstoornis: dialectische gedragstherapie (DGT; Linehan, 1993) en Mentalization Based Treatment (MBT; Bateman & Fonagy, 2004). Hierna worden de studies over deze twee behandelvormen nader toegelicht.
De dialectische gedragstherapie, ontwikkeld door Marsha Linehan, is een van de meest bekende en meest onderzochte behandelingen voor de borderline persoonlijkheidsstoornis. DGT omvat behalve cognitieve en gedragstherapeutische elementen ook acceptatiestrategieën vanuit de zenfilosofie en 'mindfulness' training. Hiertoe hoort onder andere prioriteren van gedrag, vaardigheidstraining, cognitieve herstructurering en exposure. Behalve de studies van Linehan zelf, die op korte termijn goede resultaten laten zien en die al zijn opgenomen in eerdergenoemde meta-analyses (Linehan e.a., 1991; Linehan e.a., 1999; Linehan e.a., 1994), zijn er ook door andere onderzoeksgroepen gecontroleerde studies verricht naar de effectiviteit van deze behandeling in termen van reductie van (para)suïcidaal gedrag en zorgconsumptie en het voltooien van de therapie (Koons e.a., 2001; Turner, 2000; Verheul e.a., 2003). Turner vond bij een sample van 24 borderlinepatiënten dat DGT superieur was aan cliënt-centred behandeling. Ook Verheul en collega's vonden bij 47 vrouwelijke borderli-

nepatiënten dat DGT superieur was aan reguliere behandeling (treatment-as-usual). De enige uitzondering vormt een studie van Koons en collega's: zij vonden in een sample van twintig vrouwelijke patiënten geen verschil op eerdergenoemde dimensies tussen DGT en reguliere behandeling.

In Engeland ontwikkelden Bateman en Fonagy in de jaren negentig van de vorige eeuw een dagklinisch, psychodynamisch georiënteerd behandelprogramma voor borderlinepatiënten: Mentalization Based Treatment. MBT is erop gericht het mentaliserend vermogen van patiënten te verhogen; dat wil zeggen het vermogen om zichzelf en anderen waar te nemen en te begrijpen in termen van mentale toestanden. Hun onderzoeksresultaten waren positief: na de dagklinische behandeling van achttien maanden was er een duidelijke reductie van zorgconsumptie en medicatiegebruik en een toename van sociale vaardigheden en sociale aanpassing te zien (Bateman & Fonagy, 1999 en 2001). Dit was niet het geval in de controlegroep van patiënten die (random) waren toegewezen aan gewone psychiatrische zorg. In de MBT-groep bleken de verbeteringen na nog eens achttien maanden ambulante vervolgbehandeling zelfs verder toegenomen.

COCHRANE REVIEW

De database over de psychotherapeutische behandeling van de borderline persoonlijkheidsstoornis is inmiddels dermate rijk dat er recentelijk een Cochrane review over is verschenen (Binks e.a., 2006b). Een Cochrane review is een overzicht van verschillende gerandomiseerde effectstudies en heeft in het onderzoek de hoogste wetenschappelijke waarde (in het jargon wordt gesproken over 'level 1A'). Weliswaar zijn de auteurs nog voorzichtig in hun conclusies en bevelen verder onderzoek met grotere groepen proefpersonen aan, maar de essentie van het rapport is dat psychotherapie in staat is om bepaalde kenmerken van de borderline persoonlijkheidsstoornis – zoals parasuïcidaal gedrag en een hoge mate van zorgconsumptie – dusdanig te reduceren dat het een effectieve behandeling voor deze stoornis genoemd kan worden.

Recente effectstudies

Hierna wordt een kort beeld geschetst van de meest recente ontwikkelingen op het gebied van psychotherapie bij persoonlijkheidsstoornissen; dat wil zeggen studies die nog niet zijn opgenomen in de eerdergenoemde overzichtsartikelen. Daarbij is een indeling gemaakt naar clusters van As II van de DSM-IV (American Psychiatric Association, 1994): als eerste wordt gerapporteerd over nieuwe studies omtrent het 'dramatische cluster' (cluster B, bestaande uit de antisociale, borderline, theatrale en narcistische persoonlijkheidsstoornis), daarna worden nieuwe studies gepresenteerd omtrent het 'angstige cluster' (cluster C, bestaande uit de ontwijkende, afhankelijke en obsessieve-compulsieve persoonlijkheidsstoornis). Als laatste wordt melding gemaakt van een belangwekkende studie naar de (kosten)-effectiviteit van verschillende psychotherapeutische behandelingen voor het brede spectrum van persoonlijkheidsstoornissen.

PSYCHOTHERAPIE VOOR CLUSTER-B-PERSOONLIJKHEIDSSTOORNISSEN

In een ongecontroleerde studie naar cognitieve therapie bij 32 borderlinepatiënten vonden Brown en collega's (2004) een significante vermindering van suïcidegedachten, wanhoop, depressie, aantal borderlinesymptomen en disfunctionele gedachten. Davidson en collega's (2006) hebben in Groot-Brittannië de tot nu toe grootste gerandomiseerde studie naar cognitieve therapie bij patiënten met borderline persoonlijkheidsstoornis uitgevoerd. In deze multi-center studie werden 106 patiënten random toegewezen aan reguliere behandeling (treatment-as-usual) of ambulante cognitieve gedragstherapie plus reguliere behandeling. Cognitieve gedragstherapie duurde twaalf maanden en patiënten maakten gebruik van gemiddeld zestien zittingen (van een maximum van 30). De superioriteit van cognitieve therapie aan 'behandeling zoals gewoonlijk' blijkt uit een grotere vermindering van suïcidepogingen, angst en disfunctionele gedachten. Er blijkt echter geen verschil te zijn in reductie van depressieve stemming. Eveneens is er nauwelijks verschil tussen de twee behandelvormen in termen van kwaliteit van leven en kosteneffectiviteit (Palmer e.a., 2006).

In een recent gepubliceerde Nederlandse studie van Giesen-Bloo en collega's (2006) werden Schema-Focused Therapie (SFT; Young e.a., 2003) en Transferenced-Focused Psychotherapie (TFP; Yeomans e.a., 2002) met elkaar vergeleken. In deze studie werden 88 patiënten met borderline persoonlijkheidsstoornis random aan één van deze behandelvormen toegewezen en ondergingen drie jaar lang ambulante therapie. Beide therapievormen leiden tot significante verbetering van borderlinesymptomen en algemene psychopathologie, een toename van kwaliteit van leven en verandering van maladaptieve persoonlijkheidseigenschappen. SFT laat op alle domeinen, behalve kwaliteit van leven, duidelijk de meeste vooruitgang zien. Bovendien waren er in de SFT-conditie minder drop-outs.

Om een inschatting te kunnen maken van de waarde van langdurige behandeling van persoonlijkheidsstoornissen in een psychotherapeutische gemeenschap, vergeleken Chiesa en collega's (2004) in een gemengde patiëntenpopulatie (meestal borderline persoonlijkheidsstoornis en/of andere persoonlijkheidsstoornissen uit zowel cluster B als cluster A en C) drie verschillende behandelvormen met elkaar: 1) een twaalf-maands specialistische psychoanalytisch georiënteerde klinische behandeling in een therapeutische gemeenschap; 2) een specialistisch 'stepdown' programma met een kort klinisch verblijf (6 maanden) en een ambulant vervolgtraject (12 maanden); en 3) standaard psychiatrische zorg. Deze vergelijking gebeurde binnen een naturalistische studieopzet. Na 24 maanden blijkt de 'stepdown' behandeling superieur aan de twee andere behandelingen in termen van reductie van borderlinesymptomen, algemene psychopathologie en zorggebruik en verbetering van de levenssituatie. Patiënten in de langdurige behandeling verbeterden aanzienlijk minder en verslechterden zelfs op sommige domeinen.

PSYCHOTHERAPIE VOOR CLUSTER-C-PERSOONLIJKHEIDSSTOORNISSEN

In een gerandomiseerde studie met alleen cluster-C-patiënten (N = 50) vergeleken Svartberg en collega's (2004) kortdurende ambulante psychodynamische therapie met ambulante cognitieve therapie. Na veertig zittingen verbeterden patiënten in beide groepen significant in termen van interpersoonlijke problemen en persoonlijkheidspathologie. Deze verbeteringen hielden ook na twee jaar follow-up stand. Twee jaar na het einde van de behandeling was 54 procent van de patiënten uit de psychodynamische groep en 42 procent van de patiënten uit de cognitieve groep hersteld van hun symptomen. Ongeveer 40 procent van de totale onderzoeksgroep was hersteld in termen van interpersoonlijke problemen en persoonlijkheidspathologie.
Emmelkamp en collega's (2006) vergeleken de effectiviteit van kortdurende psychodynamische therapie en cognitieve gedragstherapie in een ambulante behandelsetting voor patiënten met ontwijkende persoonlijkheidsstoornis. In deze studie werden 62 patiënten random toegewezen aan 20 sessies psychodynamische of cognitieve gedragstherapie of een wachtlijstcontrolegroep. Later werden de patiënten uit de wachtlijstgroep alsnog random toegewezen aan een van de twee behandelcondities. Na de behandeling toonden de patiënten uit de cognitieve groep significant grotere verbeteringen op de gebieden van symptomen, disfunctionele gedachten en vermijdingsgedrag dan de

patiënten uit de psychodynamische groep en de wachtlijstgroep. Deze resultaten waren ook na zes maanden follow-up nog duidelijk zichtbaar.

STUDY ON COST-EFFECTIVENESS OF PERSONALITY DISORDER TREATMENT (SCEPTRE)

Psychotherapeutisch Centrum De Viersprong voert momenteel, in samenwerking met vijf andere gespecialiseerde instellingen in Nederland, een grote quasi-experimentele studie uit naar psychotherapie voor het brede spectrum van persoonlijkheidsstoornissen: *Study on Cost-Effectiveness of Personality disorder TREatment* (SCEPTRE) (VISPD, 2006). Met een steekproef van meer dan 800 As-II-patiënten die verschillende behandelingen in verschillende settings (ambulant, dagklinisch, klinisch) krijgen aangeboden en drie jaar lang nauwkeurig worden gevolgd, is SCEPTRE de grootste behandelstudie bij deze doelgroep ooit verricht. Op deze manier wordt geprobeerd uitspraken te doen over de effectiviteit en kosteneffectiviteit van verschillende vormen van psychotherapie bij patiënten met persoonlijkheidsstoornissen. In 2008 worden hiervan de eerste resultaten verwacht.

Controverse in interpretatie en kansen voor psychotherapie

DE CONTROVERSE

Samenvattend constateren wij dat de bewijsvoering omtrent de effectiviteit van psychotherapie bij persoonlijkheidsstoornissen enorm is verbeterd. Ook zien we dat de studies steeds betere onderzoeksdesigns hebben en daardoor steeds meer gericht zijn op het vergaren van steekhoudend bewijs binnen het paradigma van 'evidence-based medicine'. Toch overheerst in de buitenwereld al lange tijd een negatief beeld over het bewijs voor de werkzaamheid van psychotherapie bij persoonlijkheidsstoornissen. Een voorbeeld hiervan is de manier waarop de Gezondheidsraad in 2001 de onderzoeksresultaten samenvatte (Gezondheidsraad, 2001): het wetenschappelijke onderzoek dat er lag werd als kwalitatief onvoldoende terzijde geschoven en er werd nadrukkelijk gewezen op het gebrek aan goede gerandomiseerde studies.
Op de publicatie van het rapport van de Gezondheidsraad reageerde de regering in eerste instantie terughoudend:

> ***'De voornaamste reden [voor de onderbouwing van de rationaliteit van langdurige psychotherapie] is het ontbreken van voldoende onderzoek. In die omstandigheid vind ik het prematuur om de dis-***

> ***cussie over beperking van het aantal (collectief verzekerde) zittingen psychotherapie te starten'* (Borst-Eilers, 2001).**

Deze terughoudende attitude was echter bij de volgende bezuinigingsronde verdwenen. Onder verwijzing naar hetzelfde rapport van de Gezondheidsraad onderbouwde minister Hoogervorst in 2003 een bezuinigingsmaatregel waarbij het aantal te vergoeden therapiezittingen werd gemaximaliseerd tot 25 en bij persoonlijkheidsstoornissen tot 50:

> ***'Het maximum aantal behandelingen is vastgesteld per ziektebeeld op basis van bewezen resultaat'* (Ministerie van *Volksgezondheid, Welzijn en Sport* & Ministerie *van Financiën*, 2003, p. 103).**

Na aanvankelijk enigszins verslagen te hebben gereageerd, gingen individuele behandelaars en wetenschappers in protest tegen deze maatregel, eerst ad hoc en later steeds meer gecoördineerd. Een voorbeeld van de eerste ongecoördineerde acties waren individuele publicaties van opiniërende artikelen in *Medisch Contact* en andere media (zie bijv. Busschbach & Verheul, 2003; Sprangers, 2003; Trijsburg, 2003). In tweede instantie werden de acties steeds meer gecoördineerd en werd er gezamenlijk gezocht naar argumenten die ook buiten het veld van de psychotherapie grote overtuigingskracht hebben, zoals extra kosten in andere sectoren van de zorg en daarbuiten. Toen de regering uiteindelijk de maatregel evalueerde, bleek er voldoende en overtuigend materiaal te bestaan om de maatregel terug te draaien (Boer & Croon, 2006). Door de plotselinge bedreiging van buitenaf werden dus in korte tijd de krachten en informatie gebundeld om door 'protestonderzoek' een stevig tegenargument te kunnen presenteren dat ook buiten het veld indruk maakte. De vraag blijft hoe het zover heeft kunnen komen dat de psychotherapie overtuigd is van haar eigen effectiviteit, terwijl die overtuiging in de buitenwereld ontbreekt. Wat maakt psychotherapie zo kwetsbaar voor bezuinigingsdrift?

VERKLARINGEN VOOR DE CONTROVERSE

Een mogelijke verklaring voor de controverse is dat het onderzoek naar psychotherapie steeds een stap achterloopt op de trends in wetenschappelijke bewijsvoering, waardoor haar positie als 'evidence-based' behandeling steeds opnieuw ter discussie wordt gesteld. Op het moment dat er in de medische wetenschap naturalistische studies op groepsniveau werden gedaan, hield men in psychotherapieland nog vast aan casestudies. Zodra men begon met naturalistische studies naar psychotherapie, werd een vergelijking met een goede controlegroep als 'referentiepunt' steeds belangrijker in de bewijsvoering. Tegen de tijd dat in psychotherapiestudies controlegroepen gemeengoed waren, werd randomisatie over de behandelcondities en de controlegroep gezien als de norm van goed onderzoek. Op het moment dat er in de psychotherapie gerandomiseerde studies werden geïntroduceerd, was de norm verschoven naar meta-analyses van gerandomiseerde studies, zo niet Cochrane reviews. En ten slotte, op het moment dat de eerste Cochrane review verschijnt, heerst er teleurstelling dat de gevonden positieve resultaten nog tentatief zijn en dat meer en beter opgezette studies hard nodig zijn om duidelijk(er) bewijs voor de werking van psychotherapie te verkrijgen. Psychotherapie lijkt zodoende steeds een stap achter te lopen op de wetenschappelijke trends.

Een deel van de genoemde teleurstelling is echter onterecht, omdat het waarschijnlijk een resultaat is van onbekendheid met en misinterpretatie van de gegevens. Wanneer Cochrane-auteurs vaststellen dat er aanwijzingen zijn voor de effectiviteit van een behandeling maar dat er meer en betere studies nodig zijn om hier zeker van te zijn, moet dit niet worden geïnterpreteerd als een diskwalificatie. Integendeel, alleen al het feit dat er een Cochrane review mogelijk is, betekent dat er voldoende studies zijn voor een dergelijke review. De uitkomsten van de Cochrane review van psychotherapie bij persoonlijkheidsstoornissen moeten worden geïnterpreteerd als een bevestiging dat de behandeling al beschikt over een fundament van bewijs en dat deze basis verder uitgebouwd moet worden. Dit is een zeer bemoedigend feit voor psychotherapie bij persoonlijkheidsstoornissen. Deze bemoedigende conclusie wordt nog versterkt, wanneer we de uitkomsten vergelijken met de Cochrane review over farmacologische behandeling van de borderline persoonlijkheidsstoornis die door dezelfde onderzoeksgroep werd uitgevoerd (Binks e.a., 2006a). Bij deze vergelijking valt op dat de conclusie over psychotherapie een stuk rooskleuriger uitvalt dan die over farmacotherapie. De evidentie voor farmacotherapie wordt namelijk beschreven als 'karig en onvoldoende gefundeerd', al wordt ook opgemerkt dat het een belangrijk veld voor verder onderzoek is. Goed nieuws is verder dat met de introductie van de Cochrane review in de psychotherapie de kwaliteit van het psychotherapeutisch onderzoek en de algemene kwaliteitseis van medisch onderzoek nu voor het eerst in de pas lijken te lopen.

Ruimte voor optimisme in plaats van pessimisme

Wanneer we niet naar het absolute niveau maar naar het relatieve niveau van bewijs voor effectiviteit kijken, kunnen we de vraag stellen: Welke behandeling voor persoonlijkheidsstoornissen kent op dit moment het hoogste niveau van wetenschappelijke bewijsvoering wat betreft de effectiviteit? Hierop is het antwoord heel duidelijk: psychotherapie. Wanneer het gaat om de wetenschappelijke onderbouwing van psychotherapie bij persoonlijkheidsstoornissen is er dus geen reden voor pessimisme, maar voor optimisme. Dit optimisme hebben we ook nodig om de bestaande empirische basis verder uit te bouwen en proactief onderzoek te initiëren. Dat betekent dat in principe elke nieuwe behandelvorm, die in de praktijk wordt ingevoerd, begeleid moet worden met wetenschappelijk onderzoek naar de effectiviteit, zodat effectgegevens – anticiperend op vragen vanuit onder andere de verzekeraars – meteen kunnen worden geleverd. Het psychotherapieveld moet dus steeds meer toe werken naar een structurele onderbouwing van potentieel waardevolle behandelingen voor mensen met persoonlijkheidsstoornissen. Hierbij is het van belang dat praktijk en wetenschap nauw samenwerken, om zodoende het nut van onderzoek voor het klinische veld te maximaliseren.

Psychotherapieonderzoek van morgen

Resteert de vraag: Waarop zal toekomstig psychotherapieonderzoek zich dan vooral moeten richten? Opvallend is dat het meeste onderzoek is gedaan bij patiënten met borderline of ontwijkende persoonlijkheidsstoornis. Dit zijn overigens wel de persoonlijkheidsstoornissen die het meest voorkomen in klinische settings (Emmelkamp & Kamphuis, in druk). Voor andere persoonlijkheidsstoornissen is de bewijsvoering minder sterk of zelfs afwezig. Het grondig onder de loep nemen van de effectiviteit van behandelingen voor andere persoonlijkheidsstoornissen zou dus een belangrijke stap in toekomstig onderzoek moeten zijn. Een ander belangrijk aspect wat betreft de efficiënte inzet van financiële en personele middelen in de geestelijke gezondheidszorg is de vraag van matching: welke patiënt met welke eigenschappen is het beste gediend met welke therapie? In een onderdeel van de eerdergenoemde SCEPTRE-studie wordt hieraan speciale aandacht besteed en wordt zelfs gepoogd om tot een geformaliseerde beslisboom voor indicatiestelling te komen. Ook is er nog weinig bekend over dosis-effectrelaties in psychotherapie. Hoeveel therapie is nodig om bepaalde veranderingen te bewerkstelligen en te stabili-

seren? Weliswaar hebben verschillende auteurs al laten zien dat behandelduur positief is gerelateerd aan symptomatische en structurele verbetering (zie bijvoorbeeld Perry e.a., 1999), maar gezien de toenemende nadruk op kosteneffectiviteit van behandeling is het van belang vast te stellen wanneer hierbij een plafond is bereikt.
Een laatste en misschien wel het belangrijkste aandachtspunt voor toekomstige psychotherapiestudies is de zoektocht naar werkzame factoren in therapie. Herhaaldelijk worden er weinig verschillen gevonden tussen diverse therapiemethoden, waardoor zich de vraag aandient: Wat maakt al deze therapieën in essentie werkzaam? Waarvan knappen patiënten daadwerkelijk (duurzaam) op? Wat werkt voor wie en waarom? Behalve het belang van de therapeutische relatie, dat herhaaldelijk wordt benadrukt (Martin e.a., 2000; Smith e.a., 2006) noemen Bateman en Fonagy (2000) als essentiële bestanddelen van een werkzame therapie onder meer: a) een goed gestructureerde behandeling (incl. een duidelijk behandelprotocol), b) een nadruk op therapietrouw, c) een duidelijke behandelfocus, en d) een gedegen integratie met de hulpverlening van samenwerkende hulpinstanties rondom de patiënt. Het feit dat de meest overtuigende evidence-based behandelingen voor patiënten met persoonlijkheidsstoornissen, DGT en MBT, duidelijk gestructureerde therapieën zijn met een heldere focus, ondersteunt dit vermoeden. Verder spelen volgens Castonguay en Beutler (2006) een actieve en grenzenbewakende, maar tegelijkertijd flexibele houding van de therapeut een belangrijke rol in het succes van het therapeutisch proces. Naar deze en mogelijke andere werkzame therapie-ingrediënten is dan ook verder onderzoek dringend nodig.

Conclusie

Onder psychotherapeuten wordt de effectiviteit van psychotherapie bij persoonlijkheidsstoornissen niet of nauwelijks betwijfeld. Daarbuiten bestaat er echter twijfel en scepsis. Deze controverse is grotendeels te verklaren doordat de buitenwereld een andere interpretatie geeft aan de resultaten van wetenschappelijk onderzoek dan de psychotherapeutische professionele gemeenschap. Deze interpretatie van het bewijs voor effectiviteit van psychotherapie wordt steeds strenger. Het voortdurend aanscherpen van de spelregels leidt tot verwarring over de werkzaamheid van psychotherapie bij persoonlijkheidsstoornissen: wat eens gold als voldoende bewijs, wordt even later met argusogen bekeken. Het is gemakkelijk voorstelbaar dat een dergelijke ontwikkeling leidt tot frustratie en fatalisme, zowel onder collega's als onder beleidsmakers. Maar wanneer deze wetenschappelijke ontwikkeling beter wordt begrepen, liggen er ook kansen: psychotherapie is vooralsnog de enige aantoonbaar werkzame therapie voor persoonlijkheidsstoornissen. Toekomstig onderzoek op dit gebied zou zich moeten richten op het spectrum van alle persoonlijkheidsstoornissen, matching tussen patiënt en behandeling, dosiseffectrelaties en werkzame factoren in therapie, om de waarde van psychotherapie voor toekomstige generaties patiënten duurzaam wetenschappelijk te ondersteunen en de kwaliteit van de zorg continu te verbeteren.

Literatuur

American Psychiatric Association (1994). *Diagnostic and statistical manual of mental disorders.* 4th ed. Washington, DC: American Psychiatric Publishing Inc.

Bateman, A. & Fonagy, P. (1999). Effectiveness of partial hospitalization in the treatment of borderline personality disorder: a randomized controlled trial. *American Journal of Psychiatry* 156, 1563-1569.

Bateman, A.W. & Fonagy, P. (2000). Effectiveness of psychotherapeutic treatment of personality disorder. *British Journal of Psychiatry* 177, 138-143.

Bateman, A. & Fonagy, P. (2001). Treatment of borderline personality disorder with psychoanalytically oriented partial hospitalization: an 18-month follow-up. *American Journal of Psychiatry* 158, 36-42.

Bateman, A.W. & Fonagy, P. (2004). *Psychotherapy for borderline personality disorder mentalization-based treatment.* Oxford: Oxford University Press.

Binks, C.A., Fenton, M., McCarthy, L., Lee, T., Adams, C.E. & Duggan, C. (2006a). Pharmacological interventions for people with borderline personality disorder. *Cochrane Database Syst Rev*(1), CD005653.

Binks, C.A., Fenton, M., McCarthy, L., Lee, T., Adams, C.E. & Duggan, C. (2006b). Psychological therapies for people with borderline personality disorder. *Cochrane Database Syst Rev*(1), CD005652.

Boer & Croon (2006). *Evaluatie-onderzoek pakketmaatregel psychotherapie.* Amsterdam (projectnummer 26-037).

Borst-Eilers, E. (2001). Brief doelmatigheid van langdurige psychotherapie. Reactie op rapport van de Gezondheidsraad over dit onderwerp. *Tweede kamer, Brief VWS, TK 25424, nr. 36.*

Brown, G.K., Newman, C.F., Charlesworth, S.E., Crits-Christoph, P. & Beck, A.T. (2004). An open clinical trial of cognitive therapy for borderline personality disorder. *Journal of Personality Disorders* 18, 257-271.

Busschbach, J.J.V. & Verheul, R. (2003). Een zware ziektelast. Bij een persoonlijkheidsstoornis is langdurige psychotherapie noodzakelijk. *Medisch Contact* 58, 1429-1431.

Castonguay, L.G. & Beutler, L.E. (Eds.) (2006). *Principles of therapeutic change that work.* New York: Oxford University Press.

Chiesa, M., Fonagy, P., Holmes, J. & Drahorad, C. (2004). Residential versus community treatment of personality disorders: a comparative study of three treatment programs. *American Journal of Psychiatry* 161, 1463-1470.

Cohen, J. (1977). *Statistical power analysis for the behavioral sciences* (rev. ed.). Hillsdale, NJ, England: Lawrence Erlbaum Associates Inc.

Davidson, K., Norrie, J., Tyrer, P., Gumley, A., Tata, P., Murray, H. & Palmer, S. (2006). The effectiveness of cognitive behavior therapy for borderline personality disorder: results from the borderline personality disorder study of cognitive therapy (BOSCOT) trial. *Journal of Personality Disorders*, 20, 450-465.

Emmelkamp, P.M.G., Benner, A., Kuipers, A., Feiertag, G.A., Koster, H.C. & Apeldoorn, F.J. van (2006). Comparison of brief dynamic and cognitive-behavioural therapies in avoidant personality disorder. *British Journal of Psychiatry* 189, 60-64.

Emmelkamp, P.M.G. & Kamphuis, J.H. (in druk). *Personality disorders*. London: Psychology Press / Taylor & Francis.

Eysenck, H.J. (1952). The effects of psychotherapy: an evaluation. *Journal of Consulting of Psychology* 16, 319-324.

Gezondheidsraad (2001). *Doelmatigheid van langdurige psychotherapie* (Vol. 2001/08). Den Haag: Gezondheidsraad.

Giesen-Bloo, J., Dyck, R. van, Spinhoven, P., Tilburg, W. van, Dirksen, C., Asselt, T. van, Kremers, I., Nadort, M. & Arntz, A. (2006). Outpatient psychotherapy for borderline personality disorder: randomized trial of schema-focused therapy vs transference-focused psychotherapy. *Archives of General Psychiatry* 63, 649-658.

Koons, C.R., Robins, C.J., Tweed, J.L., Lynch, T.R., Gonzalez, A.M., Morse, J.Q., Bishop, G.K. & Butterfield, M.I. (2001). Efficacy of dialectical behavior therapy in women veterans with borderline personality disorder. *Behavior Therapy* 32, 371-390.

Leichsenring, F. & Leibing, E. (2003). The effectiveness of psychodynamic therapy and cognitive behavior therapy in the treatment of personality disorders: A meta-analysis. *American Journal of Psychiatry* 160, 1223-1232.

Linehan, M.M. (1993). *Cognitive-behavioral treatment of borderline personality disorder*. New York, NY: Guilford Press.

Linehan, M.M., Armstrong, H.E., Suarez, A., Allmon, D. & Heard, H.L. (1991). Cognitive-behavioral treatment of chronically parasuicidal borderline patients. *Archives of General Psychiatry* 48, 1060-1064.

Linehan, M.M., Schmidt, H., Dimeff, L.A., Craft, J.C., Kanter, J. & Comtois, K.A. (1999). Dialectical behavior therapy for patients with borderline personality disorder and drug-dependence. *American Journal on Addictions* 8, 279-292.

Linehan, M.M., Tutek, D.A., Heard, H.L. & Armstrong, H.E. (1994). Interpersonal outcome of cognitive behavioral treatment for chronically suicidal borderline patients. *American Journal of Psychiatry* 151, 1771-1776.

Martin, D.J., Garske, J.P. & Davis, M.K. (2000). Relation of the therapeutic alliance with outcome and other variables: a meta-analytic review. *Journal of Consulting and Clinical Psychology* 68, 438-450.

Ministerie van Volksgezondheid, Welzijn en Sport & Ministerie van Financiën (2003). *Financiële bouwstenen zorg: Rapportage voor de kabinetsformatie*. Den Haag: Ministerie van Volksgezondheid, Welzijn en Sport & Ministerie van Financiën.

Palmer, S. Davidson, K., Tyrer, P., Gumley, A., Tata, P., Norrie, J., Murray, H. & Seivewright, H. (2006). The cost-effectiveness of cognitive behaviour therapy

for borderline personality disorder: from the BOSCOT trial. *Journal of Personality Disorders*, 20, 466-481.
Perry, J.C., Banon, E. & Ianni, F. (1999). Effectiveness of psychotherapy for personality disorders. *American Journal of Psychiatry* 156, 1312-1321.
Smith, T.L., Barrett, M.S., Smith Benjamin, L. & Barber, J.B. (2006). Relationship factors in treating personality disorders. In: L.G. Castonguay & L.E. Beutler (Eds.), *Principles of therapeutic change that work*. New York: Oxford University Press.
Sprangers, C. (2003). Van de gekke. *Intermediair* 46, 25-27.
Svartberg, M., Stiles, T.C. & Seltzer, M.H. (2004). Randomized, controlled trial of the effectiveness of short-term dynamic psychotherapy and cognitive therapy for cluster C personality disorders. *American Journal of Psychiatry* 161, 810-817.
Trijsburg, R.W. (2003). Brieven – Beperking psychotherapie. *MGV: Maandblad Geestelijke Volksgezondheid* 58, 903-906.
Turner, R.M. (2000). Naturalistic evaluation of dialectical behavior therapy-oriented treatment for borderline personality disorder. *Cognitive and Behavioral Practice* 7, 413-419.
Verheul, R., Bosch, L.M.C. van den, Koeter, M.W.J., Ridder, M.A. de, Stijnen, T. & Brink, W. van den (2003). Dialectical behaviour therapy for women with borderline personality disorder: 12-month, randomised clinical trial in The Netherlands. *British Journal of Psychiatry* 182, 135-140.
VISPD (2006). *SCEPTRE – Study on Cost-Effectiveness of Personality Disorder Treatment*. Retrieved 1 august, 2006, from: http://www.vispd.nl/projects.htm#Sceptre.
Yeomans, F.E., Clarkin, J.F. & Kernberg, O.F. (2002). *A primer of transference-focused psychotherapy for the borderline patient*. Lanham, MD: Jason Aronson Inc.
Young, J.E., Klosko, J.S. & Weishaar, M.E. (2003). *Schema therapy: A practitioner's guide*. New York, NY: Guilford Press.

Behandeldoel: genezen of leren omgaan met problemen?

7

Roel Verheul

Patiënten met persoonlijkheidsstoornissen staan sinds jaar en dag te boek als moeilijke mensen die voor een hoop overlast kunnen zorgen, niet alleen in de maatschappij maar ook in de behandelsetting. Hun prognose wordt steevast als ongunstig aangemerkt, ook al suggereert recent onderzoek dat dit niet terecht is. Een belangrijke discussie gaat over de vraag wat realistische behandeldoelen zijn. Kunnen patiënten genezen van hun persoonlijkheidsstoornis, zoals wordt gesteld door sommige psychotherapeuten die zich in de (langdurige en intensieve) behandeling hebben gespecialiseerd? Of is deze ambitie te hoog gegrepen en mogen we blij zijn als we patiënten met persoonlijkheidsstoornissen kunnen leren om op een betere (lees: meer adaptieve) manier om te gaan met hun eigenaardigheden? Om een standpunt in dit debat te kunnen bepalen, wordt stilgestaan bij de wortels van het debat alsook bij recente onderzoeksbevindingen.

Het perspectief van *trait*-psychologen

In het bijzonder de *trait*-psychologen stellen zich op het standpunt dat er aan de kern van de persoonlijkheidspathologie niets valt te doen. In de behandeling gaat het er volgens hen om het individu te helpen zich aan te passen aan de eigen persoonlijkheidstrekken, die zij definiëren als basale tendenties of disposities. Over de veranderbaarheid ervan is men binnen deze benadering betrekkelijk uitgesproken. De auteurs van de *Five Factor Theory* stellen bijvoorbeeld dat:

> ***'[...] psychologists, educators, and parents will have relatively little impact on the long-term development of personality traits, but they can have an influence on characteristic adaptations [...]. Traits can be channeled even if they cannot be changed'*** *(McCrae e.a., 2000).*

Volgens verschillende *trait*-psychologen zijn natuurlijk voorkomende verbeteringen van persoonlijkheidsstoornissen en verbeteringen door psychotherapie eerder toe te schrijven aan de selectie van meer constructieve karakteristieke adaptaties dan aan verandering van de persoonlijkheidstrekken. Het ultieme voorbeeld van deze benadering beschrijft Paris (1998) in zijn boek *Working with traits*. Onderwerp is een behandelmethode die specifiek is bedoeld om patiënten te leren anders om te gaan met hun onveranderbare maladaptieve persoonlijkheidstrekken. Zo moet een persoon met een dispositie tot negatieve emotionaliteit niet alleen leren te leven in een wereld vol uitdagingen maar ook om zich aan te passen aan zijn eigen neiging om bij die uitdagingen meer te focussen op de lasten en risico's dan op de lusten en kansen. In deze benadering wordt benadrukt dat sommige karakteristieke adaptaties aan negatieve emotionaliteit (bijvoorbeeld grote hoeveelheden alcohol drinken) sociaal onaangepast en persoonlijk destructief zijn, terwijl andere (bijvoorbeeld componeren van muziek) juist sociaal aangepast en persoonlijk verrijkend zijn.
Het perspectief van de *trait*-psychologen op de persoonlijkheid en haar veranderbaarheid is even populair als omstreden. Laten we eens kijken in hoeverre het gelijk aan hun kant is.

Vredige co-existentie van continuïteit en discontinuïteit

Allereerst is een relativering van de stabiliteit van *traits* op zijn plaats. Volgens de *trait*-psychologen worden persoonlijkheidstrekken gekenmerkt door temporele en intersituationele stabiliteit. De veronderstelde intersituationele stabiliteit is in de jaren zestig en zeventig van de vorige eeuw flink onder vuur genomen, waarbij auteurs als Mischel van mening waren dat menselijk gedrag voornamelijk door situationele factoren wordt bepaald en dat persoonlijkheid als construct derhalve niet of nauwelijks bestaansrecht had (Mischel, 1968). Het probleem van die stellingname lag in de definitie van persoonlijkheid. Volgens Mischel had de persoonlijkheid als construct alleen bestaansrecht als zij werd gekenmerkt door situationele invariantie ofwel absolute intersituationele consistentie. Het behoeft waarschijnlijk geen toelichting dat deze definitie onzinnig is, want, zoals Allport in 1961 al schreef: 'dispositions are never wholly consistent. What a bore it would be if they were – and what chaos if they were not'.
De controverse ten aanzien van intersituationele stabiliteit van de persoonlijkheid herhaalt zich momenteel, maar dan ten aanzien van temporele stabiliteit (Roberts & Caspi, 2001). Lange tijd heeft men geloofd dat de persoonlijkheid betrekkelijk stabiel door de tijd heen

was. De beroemde psycholoog William James schreef in 1890 zelfs dat onze persoonlijkheid vanaf dertigjarige leeftijd is 'versteend' (James, 1890). Men spreekt in dit verband over de *plaster hypothesis* ofwel betonhypothese, die sommige auteurs nog steeds aanhangen. Recente gegevens doen het geloof omtrent de vermeende temporele stabiliteit van persoonlijkheid en persoonlijkheidspathologie wankelen. In een meta-analyse van 152 longitudinale studies van persoonlijkheidstrekken in de normale range, vonden Roberts en DelVecchio (2000) stabiliteitscoëfficiënten van $r = 0{,}31$ bij kinderen, $r = 0{,}54$ bij adolescenten en vroeg volwassenen, $r = 0{,}64$ bij volwassenen, en $r = 0{,}74$ bij ouderen. Deze cijfers laten zien dat de individuele (rangorde) stabiliteit van de persoonlijkheid sterk toeneemt met de leeftijd en dat er vanaf de volwassenheid sprake is van betrekkelijk grote individuele (rangorde) stabiliteit in de persoonlijkheid. Maar dat betekent niet dat er geen verandering meer optreedt. In een meta-analyse van 92 onderzoeken naar de gemiddelde score op diverse persoonlijkheidstrekken in de normale populatie laten Roberts en collegae (2006) namelijk zien dat de meeste studies toenamen tonen van de gemiddelde scores op sociale dominantie, consciëntieusheid en emotionele stabiliteit tussen het twintigste en veertigste levensjaar. Het lijkt er dus op dat, hoewel studies naar individuele (rangorde) stabiliteit wijzen op relatieve continuïteit in de volwassenheid, studies naar gemiddelde waarden laten zien dat dit zeker niet betekent dat de volwassen persoonlijkheid gefixeerd is. Aldus blijkt dat continuïteit en discontinuïteit vredig kunnen co-existeren.
In het licht van het voorgaande is het toch merkwaardig dat de controverse blijft voortbestaan tussen hen die 'geloven' in disposities en nog steeds aannemen dat persoonlijkheidstrekken onze onveranderbare kern vormen en hen die dit geloof totaal verwerpen en aannemen dat de persoonlijkheid in grote mate veranderlijk en veranderbaar is.

Genetisch determinisme

Een van de belangrijkste pijlers van de vermeende stabiliteit van de persoonlijkheid berust op een misinterpretatie van bevindingen uit gedragsgenetisch onderzoek, in het bijzonder tweelingstudies. In tweelingstudies worden de correlaties tussen eeneiige tweelingen, die genetisch identiek zijn, vergeleken met die tussen twee-eiige tweelingen, die vijftig procent van hun genetisch materiaal delen. Langs deze weg maakt men een schatting van de mate waarin variaties in persoonlijkheidstrekken erfelijk dan wel door de omgeving bepaald zijn. De beschikbare studies laten zien dat circa veertig tot vijftig procent

van de variatie in persoonlijkheidstrekken is toe te schrijven aan erfelijkheid (Bouchard, 1997). Voor maladaptieve persoonlijkheidstrekken en persoonlijkheidsstoornissen zijn vergelijkbare percentages gevonden (Torgersen e.a., 2000).
Mede op basis van tweelingstudies claimen sommige onderzoekers op het gebied van persoonlijkheid (McCrae & Costa, 1999) en persoonlijkheidsstoornissen (Paris, 1998) dat *traits* voornamelijk biologisch van oorsprong zijn en zich onttrekken aan de directe invloed van de omgeving. Als er al enige verandering op *trait*-niveau optreedt, dan is deze het gevolg van intrinsieke biologische rijping en niet van psychosociale invloeden. Nog afgezien van het feit dat de eerdergenoemde tweelingstudies hebben laten zien dat persoonlijkheidsvariatie voor meer dan de helft door de omgeving is bepaald, zijn deze gevolgtrekkingen onjuist en misleidend. Het belangrijkste probleem bij de interpretatie van gedragsgenetisch onderzoek is dat genetische en omgevingsinvloeden vrijwel altijd gerelateerd zijn (Rutter & Silberg, 2002). Zo zijn genen van invloed op de kwaliteit van de omgeving, die op zijn beurt de persoonlijkheidsontwikkeling bepaalt. Een voorbeeld is dat kinderen met een moeilijk temperament vaker conflictueuze confrontaties met hun ouders hebben dan kinderen met een gemakkelijk temperament en langs die weg dikwijls ernstige gedragsproblemen ontwikkelen. De invloed van de erfelijkheid verschilt ook in diverse omgevingen. Uit een moleculair genetisch onderzoek is bijvoorbeeld gebleken dat jongens die een bepaalde vorm hebben van het gen dat codeert voor een lage activiteit van het neurotransmitter-enzym monoamine-oxidase A (MAO-A), een grotere kans lopen om gewelddadig antisociaal gedrag te ontwikkelen wanneer ze als kind ook mishandeld zijn (85%) dan wanneer er geen sprake is van mishandeling in de voorgeschiedenis (20-30%) (Caspi e.a., 2002). Dit type bevindingen heeft met elkaar gemeen dat zij vraagtekens zetten bij deterministische interpretaties van genetische effecten. Onze erfelijke aanleg oefent weliswaar een belangrijke invloed uit op onze ontwikkeling, maar deze invloed komt (deels) tot stand via leerervaringen en andere omgevingsinvloeden en is qua omvang daarvan afhankelijk. Interne en externe stimuli, zoals hormonen, stress, leerervaringen en sociale interactie, bepalen in hoge mate de expressie van het genetisch materiaal (Kandel, 1998). De veranderbaarheid van genexpressie bij de mens is groot, wat ook blijkt uit het feit dat de mensheid meer verandert door culturele evolutie dan door biologische evolutie. Zo is de omvang van de menselijke hersenen niet of nauwelijks veranderd sinds de eerste homo sapiens ongeveer vijftigduizend jaar geleden, maar de menselijke cultuur heeft zich in dezelf-

de periode spectaculair ontwikkeld. De belangrijkste verklaring hiervoor is een veranderde activatie van hetzelfde genetisch materiaal. Studies naar genactivatie hebben laten zien dat leren en ervaring leiden tot dramatische groei van het aantal verbindingen tussen bestaande hersencellen. Dit is voor het eerst aangetoond in studies met ongewervelde dieren en later ook bij nachtapen (Kandel, 1998). De conclusie luidt dat leerervaringen en andere omgevingsinvloeden de expressie van ons genetisch materiaal beïnvloeden, en dus dat de expressie van onze genen door manipulatie van gedrag, van denkprocessen en van de omgeving kan worden veranderd.

Ongunstige prognose als selffulfilling prophecy

Tot voor kort was vrijwel iedere professional in de gezondheidszorg die te maken kreeg met persoonlijkheidsstoornissen ervan overtuigd dat het om stabiele en persistente condities ging, ten minste vanaf de adolescentie tot ver in de volwassenheid. Dit denken heeft een lange geschiedenis, maar wordt recent vooral in de hand gewerkt door classificatiesystemen zoals de DSM-IV-TR (American Psychiatric Association, 2000), die persoonlijkheidsstoornissen definiëren als patronen van innerlijke ervaringen en gedragingen die stabiel en van lange duur zijn en waarvan het begin kan worden teruggevoerd naar ten minste de adolescentie of de vroege volwassenheid.
Op basis van deze definities van persoonlijkheidsstoornissen, maar ook op basis van klinische ervaringen, heeft in de loop der tijd een ongebreideld klinisch pessimisme postgevat ten aanzien van de prognose bij patiënten met persoonlijkheidsstoornissen. Dit klinisch pessimisme vierde hoogtij in de jaren zeventig en tachtig van de twintigste eeuw en nam pas in de jaren negentig enigszins af. Mede onder invloed van een gestaag groeiend aantal predictiestudies bij As-I-stoornissen, psychotherapiestudies, en natuurlijk-beloopstudies is de afgelopen jaren duidelijk sprake van een kentering in het onveranderbaarheidsdenken. Maar dat betekent zeker niet dat het klinisch pessimisme rond persoonlijkheidsstoornissen de wereld uit is. Integendeel, nieuwe wetenschappelijke inzichten dringen dikwijls maar langzaam door tot professionals die voor het overgrote deel hun opleiding in andere tijden hebben genoten en geïndoctrineerd zijn met literatuur gebaseerd op verouderde inzichten.
Al met al kan gesteld worden dat de boodschap dat de behandelmogelijkheden bij persoonlijkheidsstoornissen beperkt zijn, succesvol is verspreid. Dit gebeurt ook nog steeds in veel handboeken psychopathologie, die wat dat betreft verouderde informatie bevatten. Aan het

geloof in deze boodschap werken drie perceptuele illusies mee: 1) de chroniciteitsillusie, 2) selffulfilling prophecy's, en 3) attributiebias. Ten eerste is de breed verspreide waarneming dat de meeste persoonlijkheidsstoornissen hopeloos hardnekkig en onbehandelbaar zijn het resultaat van een illusie van de clinicus: de tendens om de chroniciteit van condities te overschatten als gevolg van selectieve blootstelling aan ernstige cases die frequent terugvallen (Cohen & Cohen, 1984).

In de tweede plaats is er waarschijnlijk sprake van twee gerelateerde selffulfilling prophecy's. Uit een in 1988 gepubliceerd onderzoek blijkt dat psychiaters afkeurende en afwijzende attituden hadden jegens deze patiëntengroep (Lewis & Appleby, 1988). Voor zover deze negatieve attituden nog bestaan, is het niet ondenkbaar dat deze leiden tot klinisch pessimisme, wordt de patiënt een adequate behandeling onthouden en wordt de ongunstige prognose uiteindelijk werkelijkheid (selffulfilling prophecy 1). Doordat de behandelaar zijn pessimistische grondhouding overdraagt op de patiënt, onderneemt deze geen pogingen om te veranderen, waardoor de ongunstige prognose eveneens werkelijkheid wordt (selffulfilling prophecy 2).

In de derde en laatste plaats geldt dat sommige hulpverleners een vertekend beeld krijgen, doordat zij een persoonlijkheidsdiagnose pas overwegen wanneer een patiënt onvoldoende therapietrouw toont, zich verzet tegen verandering of wanneer een behandeling stagneert (Van der Velden, 1992). Niet alleen bevestigen zij hiermee hun vooroordelen over persoonlijkheidsstoornissen, maar ook komt met de diagnose persoonlijkheidsstoornis de verantwoordelijkheid voor het falen van de behandeling uitsluitend bij de patiënt te liggen. Het behoeft verder geen betoog dat deze attributie niet in alle gevallen en zeker niet zonder meer juist is. Deze mechanismen houden ideeën over de onveranderbaarheid van persoonlijkheidspathologie in stand.

Natuurlijk herstel en herstel door behandeling

Op basis van het voorgaande is het niet verwonderlijk dat het adagium 'eens een persoonlijkheidsstoornis, altijd een persoonlijkheidsstoornis' zo hardnekkig voortwoekert, zelfs in de Geestelijke Gezondheidszorg. Wie op de hoogte is van recent onderzoek maakt zich aan deze gedachte echter niet meer schuldig. De bevindingen uit de longitudinale studies naar het beloop van persoonlijkheidsstoornissen komen grotendeels overeen met die uit longitudinale studies naar persoonlijkheidsveranderingen. Cohen en collegae (2005) rapporteren betrekkelijk grote individuele (rangorde) stabiliteit van persoonlijkheidsstoornissymptomen gedurende de adolescentie en volwassenheid, maar ook een duidelijke en lineair verlopende afname van persoonlijkheidspathologie tussen 9- en 27-jarige leeftijd. Deze bevinding sluit naadloos aan bij de longitudinale studies naar normale persoonlijkheidstrekken die over dezelfde leeftijdsperiode een afname rapporteren van trekken als impulsiviteit, sensatiebehoefte en afhankelijkheid (Lilienfeld, 2005). Op basis van een inmiddels enigszins gedateerde meta-analyse werd geconcludeerd dat bij de borderline persoonlijkheidsstoornis sprake is van geleidelijk herstel, ook zonder behandeling. Per jaar verloor ongeveer vier procent de diagnose; na tien jaar was ongeveer de helft hersteld (Perry, 1993). Ook deze bevinding is consistent met longitudinale studies naar normale persoonlijkheidstrekken die met het ouder worden een toename rapporteren van emotionele stabiliteit en consciëntieusheid (Roberts e.a., 2006).

Het natuurlijk beloop van persoonlijkheidsstoornissen wordt dus gekenmerkt door een zekere mate van natuurlijk herstel. Dit natuurlijk herstel lijkt aanmerkelijk te kunnen worden versneld door behandeling. In een meta-analyse vonden Perry en collegae (1999) bij twintig zittingen 25 procent herstel, bij negentig zittingen 50 procent herstel, en bij tweehonderd zittingen zelfs 75 procent herstel. In tijd uitgezet liggen deze percentages ongeveer zeven tot acht keer zo hoog als het natuurlijk herstel bij mensen met een borderline persoonlijkheidsstoornis (Perry, 1993). Op basis van het bestaande effectonderzoek kan inmiddels gesteld worden, dat uiteenlopende vormen van psychotherapie (zoals ambulante individuele psychotherapie op zowel cognitief-gedragstherapeutische als psychoanalytische basis, groepspsychotherapie, dagklinische en klinische psychotherapie) werkzaam zijn gebleken in de behandeling van verschillende persoonlijkheidsstoornissen (o.a. Leichsenring & Leibing, 2003). Deze werkzaamheid betreft zowel de reductie van symptomen als het verbeteren van het sociaal en persoonlijkheidsfunctioneren. Met name voor ambulante individuele psychotherapie geldt, dat deze volgens de hoogste wetenschappelijke normen (Evidence-Based Medicine Working Group, 1992) kan worden aangemerkt als bewezen effectief voor verschillende typen persoonlijkheidsstoornissen.

Een kritische kanttekening bij de behandelstudies is, dat deze zich voornamelijk toespitsen op de borderline, ontwijkende, afhankelijke en niet-anderszins-omschreven persoonlijkheidsstoornis en in mindere mate op de paranoïde, obsessieve-compulsieve en schizotypische persoonlijkheidsstoornis. In de studies behoorden patiënten met een schizoïde, antisociale, narcistische en theatrale persoonlijkheidsstoornis tot de uitzonderingen, zodat de gunstige uitkomsten niet representatief zijn voor deze groepen. Het is dus mogelijk dat niet iedereen in de wieg gelegd is voor persoonlijkheidsverandering op latere leeftijd. Tegelijkertijd kan worden geconstateerd dat deze mogelijkheid lange tijd óók van toepassing werd geacht op persoonlijkheidsstoornissen die later wél behandelbaar bleken, zoals de borderline persoonlijkheidsstoornis. De enige juiste implicatie is derhalve dat de zoektocht naar effectieve en doelmatige behandelingen voor persoonlijkheidsstoornissen nog niet ten einde is. In dit kader stemmen de eerste resultaten van dialectische gedragstherapie bij de antisociale persoonlijkheidsstoornis tot optimisme (McCann e.a., 2000).

Dynamische systeemtheorie als integratief theoretisch kader

Een theorie die de veranderingen en ontwikkelingen van de persoonlijkheid en het herstel van persoonlijkheidsstoornissen kan verklaren is de dynamische systeemtheorie (Thelen & Smith, 1994). Volgens deze theorie is de mens op te vatten als een dynamisch en adaptief systeem, bestaande uit interactieve componenten die zich in de tijd aanpassen aan veranderingen in de externe en interne omgeving. Dit systeem tracht voortdurend een dynamische balans te behouden tussen de tegengestelde processen van stabiliteit en variabiliteit. Stabiliserende krachten dragen bij aan de coherentie en integriteit van het systeem, terwijl variabiliteit voorziet in de benodigde flexibiliteit ten behoeve van groei en aanpassing.
Een dynamisch systeem organiseert zichzelf bij voorkeur in bepaalde configuraties, zogeheten voorkeurstoestanden. In een voorkeurstoestand werken de componenten van het systeem op een vaste, vertrouwde manier samen. Een voorbeeld is het hanteren van nieuwe sociale situaties. Stel: u bent een verlegen en enigszins afhankelijke vrouw. Als u op een feestje komt, drinkt u eerst een paar glazen wijn om wat te ontspannen. Daarna zoekt u zo snel mogelijk een bekende op. Eenmaal gevonden claimt u deze persoon de hele avond, ondanks het feit dat u haar misschien niet geweldig mag. Gaat zij naar de dansvloer, dan bent u daar ook te vinden. Gaat zij vervolgens wat drinken, dan heeft u ook dorst. En ga zo maar door.
Voorkeurstoestanden die in het verleden vaak zijn ingenomen zijn betrekkelijk stabiel, worden in tal van omstandigheden geactiveerd en vragen relatief veel energie om los te laten. De geschiedenis van het systeem bepaalt dus de huidige dynamiek en de mogelijkheden voor verandering (Thelen & Smith, 1994). Dit verklaart dan ook waarom de

behandeling van persoonlijkheidsstoornissen dikwijls meer tijd in beslag neemt dan de behandeling van As-I-stoornissen.

Verschillende auteurs hebben de dynamische systeemtheorie toegepast op veranderingsprocessen bij psychische stoornissen (Schippers, 2000) en in psychotherapie (Mahoney, 1991). Een psychische stoornis is een dynamisch evenwicht waarbij de ingenomen voorkeurstoestand interfereert met het welzijn en functioneren van een individu. Omdat deze toestand voor structuur en veiligheid zorgt, wordt de voorkeurstoestand gehandhaafd, ondanks dat het systeem niet optimaal functioneert. In het voorbeeld van daarnet zorgt de drank voor ontspanning en de nabijheid van de ander biedt veiligheid. Door risico's te vermijden vergooit u echter uw kansen op meer betekenisvolle relaties.

Destabilisatie van het systeem geldt als een noodzakelijke voorwaarde voor groei en verandering. Tenzij het systeem wordt uitgedaagd, behoudt het zijn ingenomen voorkeurstoestand. Wanneer slechts een geringe verandering wordt nagestreefd, kan men volstaan met kleine aanpassingen binnen de bestaande voorkeurstoestand of het aanleren van vaardigheden om te switchen tussen verschillende bestaande voorkeurstoestanden (Schiepek e.a., 1992). Voor een grotere reorganisatie van het systeem dienen oude patronen te worden gedestabiliseerd, voordat nieuwe configuraties kunnen ontstaan of ontdekt worden. Hiertoe dienen de op het systeem inwerkende krachten en informatiestromen toe te nemen tot een punt waarop ze niet langer kunnen worden verwerkt binnen de bestaande configuratie (Thelen & Smith, 1994). Om bestaande disfunctionele patronen te destabiliseren, staat de therapeut een aantal technieken ter beschikking, zoals het exploreren van de geschiedenis van het systeem, het confronteren met de huidige status van het systeem, de patiënt aanmoedigen zijn eigen gedrag te monitoren, en het opvoeren van de emotionele druk op de bestaande configuratie (Hayes & Strauss, 1998). Deze technieken worden doorgaans aangemerkt als de specifiek werkzame factoren van psychotherapie. Weliswaar liggen in diverse theoretische referentiekaders, zoals de cognitieve gedragstherapie en de psychoanalytische psychotherapie, de accenten verschillend en gebruikt men uiteenlopende begrippenkaders, maar de doelstelling is in essentie steeds dezelfde, namelijk destabilisering van bestaande configuraties en het activeren van nieuwe, meer adaptieve voorkeurstoestanden. Dit verklaart mogelijk waarom psychotherapieën vanuit verschillende theoretische invalshoeken vergelijkbare resultaten opleveren (Leichsenring & Leibing, 2003).

We weten uit tal van studies dat zelfbeschermende mechanismen – in de klinische literatuur vaak aangeduid met 'weerstand' of 'afweer' – een gunstig behandelresultaat in de weg staan. Voorbeelden zijn: rationaliseren, ontkennen of devalueren. Deze mechanismen beschermen het systeem tegen destabilisatie en moeten worden overwonnen. Hiertoe staat de therapeut wederom een aantal technieken ter beschikking, zoals het creëren van een gevoel van hoop op een betere toekomst, het scheppen van een veilige en vertrouwde omgeving waarin de patiënt destabilisatie van zijn voorkeurstoestanden toelaat, en het bekrachtigen van het sociale netwerk en de sterke eigenschappen van de patiënt. Omdat vrijwel alle theoretische referentiekaders deze technieken expliciet onderschrijven, worden zij gerekend tot de universeel werkzame factoren van psychotherapie.

Semantische discussie

We hebben gezien dat de persoonlijkheid tot op hoge leeftijd blijft veranderen, dat persoonlijkheidsstoornissen worden gekenmerkt door een grote mate van natuurlijk herstel en dat psychotherapeutische behandeling dit natuurlijk herstel in aanzienlijke mate kan versnellen. Het is daarom onbegrijpelijk dat invloedrijke auteurs blijven vasthouden aan de idee dat je niet kunt genezen van je persoonlijkheidsstoornis, maar dat je alleen kunt leren ermee om te gaan. Vermoedelijk wordt dit standpunt vooral gedeeld door experts die werkzaam zijn in Noord-Amerika, waar de mogelijkheden tot (intensieve) behandeling van persoonlijkheidsstoornissen veel beperkter zijn dan in verschillende Europese landen. Dit pessimisme is echter deels ook te wijten aan een semantische discussie over de betekenis van genezing. Is het voor genezing of volledig herstel voldoende om duurzaam symptoomvrij te zijn of is het nodig dat daarnaast de kwetsbaarheid voor de ziekte is verdwenen?
In de oncologie is het gebruikelijk om bij kanker te spreken van genezing wanneer er gedurende vijf opeenvolgende jaren geen kankercellen meer worden geconstateerd. Een vergelijkbare definitie is bij persoonlijkheidsstoornissen ook mogelijk: als een patiënt gedurende vijf opeenvolgende jaren symptoomvrij c.q. vrij is van de maladaptieve (gedragsmatige) manifestatie van de onderliggende kwetsbaarheid, dan kunnen we spreken van genezing. Immers, vrijwel elke persoonlijkheid draagt kwetsbare elementen in zich, die onder invloed van de omgeving kunnen leiden tot forse ontregeling, maar we dichten niet iedereen een persoonlijkheidsstoornis toe. Het lijkt verstandiger om nadrukkelijk te onderkennen dat een persoonlijkheidsstoornis iets is

wat je kunt krijgen, bijvoorbeeld onder invloed van langdurige en extreme stress, maar waar je ook weer vanaf kunt komen, bijvoorbeeld door een effectieve psychotherapeutische behandeling. Bij iemand met een borderline persoonlijkheidsstoornis kunnen de symptomen duurzaam verdwijnen, terwijl de sensitiviteit en emotionaliteit blijven. Deze staan echter een genezingverklaring niet in de weg, mits recidive uitblijft natuurlijk.
Ik hoor veel patiënten met een borderline persoonlijkheidsstoornis tegenwoordig zeggen dat zij lijden aan een ongeneeslijke ziekte of in therapie slechts kunnen leren omgaan met hun handicap. Het is niet ondenkbaar dat zij dit geloof hebben overgenomen van hun behandelaar. Realistischer en meer in overeenstemming met de huidige stand van de wetenschap zou echter de volgende boodschap zijn: 'U lijdt aan een ernstige psychische stoornis waarvoor adequate behandelingen bestaan. Deze leiden vaak tot opmerkelijke verbeteringen, soms zelfs tot volledig herstel.' Een dergelijke boodschap zal naar verwachting – via de motiverende werking die ervan uitgaat – in veel gevallen het veranderings- en genezingsproces ten goede komen.

Tot besluit

De idee dat de persoonlijkheid onveranderlijk is, is een hardnekkig geloof. In het verleden, toen er nog geen harde empirische gegevens bestonden, had dit geloof een tautologisch karakter: de persoonlijkheid was onveranderlijk, omdat het als zodanig was gedefinieerd. Tegenwoordig is dit geloof niet langer houdbaar, zo is in dit hoofdstuk aangetoond. Dat is overigens niet hetzelfde als te zeggen dat de persoonlijkheid gemakkelijk, snel en spontaan kan veranderen. Dat is zelden het geval. Persoonlijkheidsgroei en adaptatie zijn weliswaar mogelijk, maar nemen doorgaans veel tijd in beslag. In intensieve psychotherapie kan in veel gevallen binnen drie tot achttien maanden structurele verbetering in de persoonlijkheid en het functioneren worden gerealiseerd. Volledig herstel vergt echter in veel gevallen enkele jaren en in de meest ernstige gevallen zelfs vijf tot tien jaar. Verder is therapeutisch ingrijpen waarschijnlijk niet bij alle persoonlijkheidskenmerken even effectief. De ervaring leert dat sommige persoonlijkheidsstoornissen, zoals ernstige varianten van de antisociale en schizotypische persoonlijkheidsstoornis, betrekkelijk resistent zijn tegen verandering. Voor deze geldt wellicht dat voorkomen gemakkelijker is dan genezen.
Inmiddels is er enige evidentie dat preventie effectief is. In een recente studie werd een groep kinderen van hun derde tot vijfde levensjaar

aan een stimuleringsprogramma onderworpen met een nadruk op betere scholing, voeding en lichaamsbeweging en vergeleken met niet-deelnemers, die waren geselecteerd op basis van tal van relevante variabelen. De experimentele groep vertoonde significant minder schizotypische kenmerken en antisociaal gedrag op 18-jarige leeftijd en minder crimineel gedrag op 23-jarige leeftijd (Raine e.a., 2003). Verder laat onderzoek eenduidig zien dat multisysteemtherapie voor jeugdigen met antisociale persoonlijkheidsproblemen een grote reductie van het aantal gepleegde delicten teweegbrengt, zelfs tot ruim tien jaar na de interventie (Schaeffer & Borduin, 2005). Deze voorbeelden van primaire preventie respectievelijk vroeginterventie stemmen optimistisch over de mogelijkheden om door vroeg ingrijpen latere persoonlijkheidsproblemen te voorkomen.

Literatuur

Allport, G.W. (1961). *Pattern and growth in personality*. New York: Holt.

American Psychiatric Association (APA) (2000). *Diagnostic and Statistical Manual-IV-Text Revision*. Washington, DC: American Psychiatric Press.

Bouchard, T.J. (1997). The genetics of personality. In: K. Blum & E.P. Noble (red.), *Handbook of psychiatric genetics* (pp. 273-296). Boca Raton, FL: CRC Press.

Caspi, A., McClay, J., Moffit, T.E., Mill, J., Martin, J., Craig, I.W., Taylor, A. & Poulton, R. (2002). Role of genotype in the cycle of violence in maltreated children. *Science* 297, 851-854.

Cohen, P. & Cohen, J. (1984). The clinician's illusion. *Archives of General Psychiatry* 41, 1178-1182.

Cohen, P., Crawford, T.N., Johnson, J.G. & Kasen, S. (2005). The Children in the Community Study of developmental course of personality disorders. *Journal of Personality Disorders* 19, 466-486.

Evidence-Based Medicine Working Group (1992). Evidence-based medicine: a new approach to teaching the practice of medicine. *JAMA* 268, 2420-2425.

Hayes, A.M. & Strauss, J.L. (1998). Dynamic systems theory as a paradigm for the study of change in psychotherapy: an application to cognitive therapy for depression. *Journal of Clinical and Consulting Psychology* 66, 939-947.

James, W. (1890). *Principles of psychology* (p. 124). New York, NY: Holt.

Kandel, E.R. (1998). A new intellectual framework for psychiatry. *American Journal of Psychiatry* 155, 457-469.

Leichsenring, F. & Leibing, E. (2003). The effectiveness of psychodynamic therapy and cognitive behavior therapy in the treatment of personality disorders: a meta-analysis. *American Journal of Psychiatry* 160, 1223-1232.

Lewis, G. & Appleby, L. (1988). Personality disorder: the patients psychiatrists dislike. *British Journal of Psychiatry* 153, 44-49.

Lilienfeld, S.O. (2005). Longitudinal studies of personality disorders: four lessons from personality pathology. *Journal of Personality Disorders* 19, 547-556.

Mahoney, M.J. (1991). *Human change processes: the scientific foundations of psychotherapy*. New York, NY: Basic Books.

McCann, R.A., Ball, E.M. & Ivanoff, A. (2000). DBT with an inpatient forensic population: The CMHIP forensic model. *Cognitive and Behavioural Practice* 7, 447-456.

McCrae, R.R. & Costa, P.T. (1999). A five-factor theory of personality. In: L.A. Pervin & O.P. John (red.), *Handbook of personality: theory and research* (pp. 139-153). 2nd ed. New York, NY: Guilford Press.

McCrae, R.R., Costa, P.T., Ostendorf, F., Angleiter, A., Hrebickova, M. & Avia, M.D. (2000). Nature over nurture: temperament, personality, and life span development. *Journal of Personality and Social Psychology* 78, 173-186.

Mischel, W. (1968). *Personality and assessment*. New York: Wiley.

Paris, J. (1998). *Working with traits*. Northdale, NJ: Jason Aronson.

Perry, J.C. (1993). Longitudinal studies of personality disorders. *Journal of Personality Disorders (Supplement)*, 63-85.

Perry, J.C., Banon, E. & Ianni, F. (1999). Effectiveness of psychotherapy for personality disorders. *American Journal of Psychiatry* 156, 1312-1321.

Raine, A., Mellingen, K., Liu, J., Venables, P. & Mednick, S.A. (2003). Effects of environmental enrichment at ages 3-5 on schizotypal and antisocial behavior at ages 17 and 23 years. *Amercian Journal of Psychiatry* 160, 1627-1635.

Roberts, B.W. & Caspi, A. (2001). Personality development and the person-situation debate: it's déjà vu all over again. *Psychological Inquiry* 12, 104-109.

Roberts, B.W. & DelVecchio, W.F. (2000). The rank-order consistency of personality traits from childhood to old age: a quantitative review of longitudinal studies. *Psychological Bulletin* 126, 3-25.

Roberts, B.W., Walton, K.E. & Viechtbauer, W. (2006). Patterns of mean-level change in personality traits across the life course: a meta-analysis of longitudinal studies. *Psychological Bulletin* 132, 1-25.

Rutter, M. & Silberg, J. (2002). Gene-environment interplay in relation to emotional and behavioral disturbance. *Annual Review of Psychology* 53, 463-490.

Schaeffer, C.M. & Borduin, C.M. (2005). Long-term follow-up to a randomized clinical trial of multisystemic therapy with serious and violent juvenile offenders. *Journal of Consulting and Clinical Psychology* 73, 445-453.

Schiepek, G., Fricke, B. & Kaimer, P. (1992). Synergetics of psychotherapy. In: W. Tschacher, G. Schiepek & E.J. Brunner (red.), *Self-organization and clinical psychology* (pp. 239-267). Berlin: Springer-Verlag.

Schippers, G.M. (2000). *De dynamiek in verslaving*. Amsterdam: Vossiuspers AUP.

Thelen, E. & Smith, L.B. (1994). *A dynamic systems approach to the development of cognition and action*. Cambridge, MA: MIT Press.

Torgersen, S.T., Lygren, S., Øien, P.A., Skre, I., Onstad, S., Edvardsen, J., Tambs, K. & Kringlen, E. (2000). A twin study of personality disorders. *Comprehensive Psychiatry* 41, 416-425.

Velden, K. van der (1992). Het moeilijke-mensen project. *Directieve therapie* 4. Houten: Bohn Stafleu Van Loghum.

8 Persoonlijkheidsstoornissen en het internet

Alfred Lange en Rinke Scheijde

Inleiding

In het afgelopen decennium is de aandacht voor behandelingen via het internet sterk toegenomen. Diverse publicaties hebben gerapporteerd over internetbehandelingen van As-1-stoornissen als depressie (Andersson e.a., 2005; Christensen e.a., 2004; Clarke e.a., 2005; Lange, Vermeulen e.a., 2005), paniek (Carlbring, Nilsson-Ihrfelt e.a., 2005; Carlbring e.a., 2001; Schneider e.a., 2005), sociale fobie (Andersson e.a., in druk; Carlbring, Furmark e.a., 2006), posttraumatische stress (Knaevelsrud & Lange e.a., 2005; Lange, Rietdijk e.a., 2003), dagelijkse stress (Lange, Van de Ven e.a., 2004; Zetterqvist e.a., 2003), eetstoornissen (Carrard e.a., 2006; Zablinsky e.a., 2004) en slaapstoornissen (Ström e.a., 2004). Wantland e.a. (2005) komen op basis van een meta-analyse tot de conclusie dat de overall effectiviteit alleszins redelijk is. In de meeste van deze studies gaat het om milde aandoeningen, waarbij de behandeleffecten minstens zo goed zijn als die van face-to-face behandelingen.
Behandelingen die als internetbehandeling worden aangeduid verschillen onderling in de mate van structuur die in de behandeling is aangebracht en in de wijze waarop internet als medium voor communicatie tussen cliënt en behandelaar wordt ingezet. Soms wordt internet alleen benut voor psycho-educatie en informatie bij zelfhulp, al dan niet ondersteund met contact via telefoon, e-mail of face-to-face (Brandon e.a., 2004; Carrard e.a., 2006; Carlbring, Westling e.a., 2001; Ström e.a., 2004; Zablinsky e.a., 2004). De meeste van deze studies geven geen inzicht in de aard van het behandelprotocol. Soms gaat het om e-mailcontacten die helemaal niet volgens een protocol

verlopen. Over de effectiviteit daarvan is weinig bekend. Datzelfde geldt voor de combinaties van zelfhulpinstructies en forumdiscussies (Van der Zanden e.a., 2005).

Inmiddels zijn er ook studies verschenen naar sterk gestandaardiseerde, geprotocolleerde internetbehandelingen voor duidelijk omschreven klachtgebieden. Meest hoopgevend lijken de behandelingen die bestaan uit elementen die ook in de cognitieve gedragstherapie de basis vormen. Deze elementen worden in standaardvolgorde aangeboden en de cliënten doorlopen de behandeling samen met hun begeleider/therapeut. Lange, Schrieken e.a. (2005) geven een gedetailleerde beschrijving hoe dit voor verschillende klachtgebieden in zijn werk kan gaan. De conclusie is dat dergelijke behandelingen effectief kunnen zijn. De grootte van de effect sizes lijkt mede afhankelijk te zijn van de mate en manier van begeleiding.

In dit hoofdstuk gaan we in op de vraag in hoeverre het internet op deze manier ook bruikbaar is voor de behandeling van persoonlijkheidsstoornissen. Aangezien er nagenoeg niets bekend is over internetbehandelingen van cliënten die zich voor persoonlijkheidsstoornissen aanmelden, zullen we ons voornamelijk richten op de vraag in hoeverre behandeling van As-I-stoornissen via het internet mogelijk is als de patiënten comorbide persoonlijkheidsstoornissen hebben. Ook hierover zijn geen directe studies. Indirect komen sommige persoonlijkheidsstoornissen wel degelijk aan bod in de internetprotocollen van As-I-stoornissen. In dat opzicht verschilt internet niet van face-to-face. Dit hoofdstuk heeft dan ook voornamelijk daarop betrekking, waarbij we extrapolerend te werk zullen gaan.

Reduceren persoonlijkheidsstoornissen de effecten van As-I face-to-face behandelingen?

Om de vraag te beantwoorden of persoonlijkheidsstoornissen de effecten van As-I face-to-face behandelingen reduceren, vatten we enkele onderzoekslijnen heel kort samen:

a Veel studies tonen aan dat er een positief verband bestaat tussen de werkrelatie van therapeut en cliënt enerzijds en de mate van effect van de behandeling anderzijds (Norcross, 2002; Karver e.a., 2006; Moyers e.a., 2005; Trijsburg, 2003).

b Er zijn studies die aantonen dat de relatie van de therapeut met de cliënten over het algemeen minder positief is als het gaat om persoonlijkheidsproblematiek dan wanneer het uitsluitend om As-I-problematiek gaat (Reich, 2003; Verheul, 2003).

c Op grond van a en b zou men kunnen verwachten dat de effecten van As-I-behandelingen geringer zijn bij cliënten met comorbide persoonlijkheidsstoornissen. Er zijn onderzoekers die deze conclusie inderdaad trekken (Newton-Howes e.a., 2006). Er zijn echter diverse studies die aantonen dat de effecten nagenoeg gelijk zijn als men controleert voor de verhoogde As-I-stoornis bij de cliënten met een persoonlijkheidsstoornis. Met andere woorden, de cliënten met een persoonlijkheidsstoornis profiteren evenveel van de behandeling. Stel, het gaat om depressie. Dan hebben de cliënten met een comorbide persoonlijkheidsstoornis bij aanvang gemiddeld ook een hogere depressiescore dan andere cliënten. Zij verbeteren echter evenveel en hebben dus achteraf nog steeds een hogere score dan de anderen (Arntz, 2006; Van den Hout e.a., 2005; Mulder, 2002 en 2006; Verheul e.a., 2000).

De hiervoor genoemde literatuur is met elkaar te rijmen, wanneer men in aanmerking neemt dat behandelaars bij mensen met persoonlijkheidsproblemen, zoals narcisme, theatraliteit en borderlinetrekken, extra veel aandacht besteden aan de motiveringstechnieken die nodig zijn om een goede therapeut-cliëntrelatie te bewerkstelligen (vgl. Van der Velden, 1992). Blatt en Zuroff (2005) komen op grond van een uitgebreide literatuurreview tot een vergelijkbare conclusie. Volgens hen doen de strak geprotocolleerde behandelingen veelal geen recht aan de extra eisen die moeilijke mensen stellen aan de bejegening (motiveringstechnieken) door de therapeut. Zij pleiten dan ook voor meer flexibiliteit in deze protocollen.

Wat kan men via het internet bereiken wanneer er comorbide persoonlijkheidsstoornissen zijn?

Evenals bij face-to-face geprotocolleerde studies wordt bij internetstudies een aantal comorbide stoornissen uitgesloten. Dit geldt bijvoorbeeld voor schizofrenie en dissociatieve stoornissen. De protocollen zijn er meestal niet op ingericht om hierop afdoende in te spelen. Het wordt niet verstandig geacht om uitsluitend via het internet contact te hebben, wanneer de kans op psychosen aantoonbaar is, cliënten regelmatig dissociëren, zichzelf beschadigen of concrete suïcidegedachten hebben. Door op deze klachten te screenen, worden er sommige cliënten met een persoonlijkheidsstoornis uitgesloten, maar er blijft genoeg persoonlijkheidsproblematiek over waarop niet wordt gescreend, zoals narcisme, theatraliteit, achterdocht, borderline, angstige, afhankelijke, ontwijkende en obsessieve persoonlijkheidstrekken. Hierna beschrijven wij de internetbehandeling van een man volgens een protocol dat dusdanig is ingericht – net als in een vergelijkbare face-to-face behandeling – dat zijn speciale trekken gebruikt konden worden om hem voor de behandelingselementen te motiveren. Persoonlijkheidsproblematiek – mits niet al te extreem – hoeft dan geen beletsel te zijn voor positieve behandelresultaten.

Chronische stress bij een man die zeer met zichzelf is ingenomen

De heer Valk is 42 jaar als hij zich aanmeldt voor een behandeling via het internet. Hij werkt als systeembeheerder bij een groot bedrijf. In de afgelopen vijf jaar heeft hij, zoals hij het verwoordt, vier keer een burn-out gehad. Hij heeft dan ook al verschillende therapieën en begeleidingstrajecten doorlopen. Hij is oververmoeid en heeft last van extreme hoofdpijnaanvallen die zeer regelmatig opkomen, vooral op de rustmomenten na stress. Hij heeft moeite zich te concentreren, is prikkelbaar, wordt vaak 's nachts wakker en kan dan niet meer inslapen. Dit laatste wijst eerder op depressie, maar dat blijkt niet het geval te zijn. Als oorzaak van zijn klachten noemt hij een te hoge werkdruk, reorganisatie en problemen met collega's. Hij geeft aan dat collega's zich niet aanpassen aan de nieuwe manier van werken, waardoor alle taken waar haast bij is op zijn bord terechtkomen.

De internetbehandeling ('Interapy', Lange, Van de Ven e.a., 2004) begint met psycho-educatie, gevolgd door vragenlijsten. De heer Valk scoort hoog (totaalscore 48) op de Oldenburg Burnout Inventory (OLBI, Demerouti e.a., 2001). Dit geldt zowel voor *Uitputting* (spanning met fysieke, affectieve en cognitieve gevolgen, score 27) als *Vervreemding* (distantie en negatieve attituden ten opzichte van het werk, score 21). Bij aanvang van de behandeling is hij met gedeeltelijk ziekteverlof. Hij werkt tien uur per week (zijn aanstelling is voor 21 uur per week).
Het Interapy protocol voor burn-outklachten bevat de volgende modules: bewustwording met behulp van schrijfopdrachten en registratie → omgaan met anderen / het stellen van grenzen (gedragsexperiment) → eerste module cognitieve herstructurering (concentreren op positieve punten) → tweede module cognitieve herstructurering (uitdagen disfunctionele gedachten / piekerkwartier) → timemanage-

ment met aandacht voor ontspanning en slaaphygiëne → (re-integratie) tips en terugvalpreventie (vgl. Lange, Van de Ven e.a., 2004).

In de eerste module werkt de heer Valk goed mee. Hij inventariseert zijn spanningen en problemen op zijn werk. Hij doet veel vrijwilligerswerk. Dat vindt hij niet alleen maar een feest. Er wordt op de meest vreemde momenten een beroep op hem gedaan. Het geeft hem veel stress, maar hij vindt dat hij er niet onderuit kan. Hij beschrijft zichzelf als iemand die zich erg opwindt over onrechtvaardigheid. De behandelaar complimenteert hem met zijn inzet om de wereld te verbeteren, maar suggereert dat hij nu zichzelf mag toestaan een beetje te minderen.

De schrijfopdrachten in dezelfde module ervaart hij als zwaar. Hij geeft aan dat hij niet overtuigd is dat het schrijven nuttig is. Het maakt hem somber, negatief en het put hem uit. In de loop van de behandeling vertoont hij een aantal reacties die een simpele As-I-behandeling in de weg staan, de reacties van een 'moeilijk mens' (Van der Velden, 1992). In de module 'anders omgaan met je omgeving' is het moeilijk hem ertoe te brengen zichzelf een beetje anders (positiever) tegenover zijn collega's en familieleden te gaan gedragen. Hiervoor is hij moeilijk te motiveren. Zelfs al zou dat alleen om tactische redenen zijn. De instructies van de behandelaar volgt hij niet op. De problemen worden immers nooit door hem veroorzaakt! Sterker nog: hij is van een superieure morele kwaliteit. Het stellen van grenzen op een positieve manier (ook een onderdeel van deze module) beheerst hij ook al jaren.

Uitleg en gedragsexperimenten zijn uit den boze. Datzelfde geldt als het gaat om oefenen met grenzen stellen. No-way. Hij heeft verduiveld goed in de gaten hoe het zit, en het probleem zit niet bij hem! Het ligt aan de anderen, aan de bedrijfscultuur. Zelfs de visie dat dit ongetwijfeld zal kloppen, maar dat het wel zijn stress zou kunnen verlagen als hij strategischer zou opereren spreekt hem aanvankelijk niet aan. Uitdagen van niet-functionele gedachten stuit op flink tegengas. Bijvoorbeeld: 'Voor anderen denken doe ik inderdaad, maar dan heb ik ook altijd gelijk.'

Zelfs bij timemanagement, een module die de meeste burn-outcliënten sterk aanspreekt, had hij aanvankelijk veel bezwaren. Hij had immers geen problemen op dat terrein. Hij deed het al zo goed, hij bewaakte zijn grenzen ook prima. Pas toen de therapeute zich bediende van de bekende judotechniek ('waarschijnlijk is het voor jou inderdaad niet nodig, maar bij bijna alle mensen is het dat wel en heeft het

heel goede effecten'), kwam hij terug op zijn weerbarstigheid (vgl. Lange, 2006, par. 3.9). Misschien moesten ze er toch maar wat aan gaan doen.
De enige module die hij moeiteloos doorliep was die van de positieve zelfverbalisatie. Zonder tegenwerpingen en met duidelijk genoegen produceerde hij fraaie opstellen waarin zijn 'sterke' eigenschappen stonden beschreven. De laatste module, het preventieplan, leek hem eigenlijk overbodig, maar toen een appel werd gedaan op zijn grote creativiteit, maakte hij een vijfjarenplan dat er mocht zijn.
Er waren geen vragenlijsten nodig en ook geen gestructureerd interview om te kunnen constateren dat de heer Valk weliswaar gestresst was maar ook behoorlijk narcistisch. Toch verliep de behandeling uiteindelijk positief. Dit blijkt ook uit de scores op de OLBI. De totaalscore is afgenomen tot 38 (*Uitputting* 17, *Vervreemding* 21). Hij geeft aan veel vermindering van klachten te ervaren. Hij voelt zich minder uitgeput en gestresst. Ook werkt hij inmiddels weer alle uren waarvoor hij is aangesteld. In de eindevaluatievragenlijst geeft hij aan tevreden te zijn over de behandeling en over het contact met zijn therapeute. Ook beoordeelt hij alle modules van het protocol als nuttig. Aan zijn therapeute laat hij weten, dat hij meer heeft verteld en besproken dan hij in face-to-face contact zou hebben gedaan.
Waardoor is het effect van de behandeling positief? Doordat het behandelprotocol vrij vriendelijk is voor narcistische cliënten, met de vele complimenten, met de positieve etiketteringen en de vele keuzemomenten. En omdat de therapeuten een helpfile ter beschikking staat die zij kunnen activeren wanneer het gaat om 'moeilijke' cliënten. Een aantal voorbeelden bij de heer Valk: 'Je bent niet lastig, maar je wilt het heel goed doen', 'Je bent zo gevoelig en empathisch dat je jezelf problemen bezorgt'. Dit komt in de plaats van confrontaties, maar wordt wel gevolgd door hem uit te dagen te experimenteren met nieuw gedrag: 'Juist omdat je zo'n perfectionist bent.'

Wat illustreert deze casus?

De Interapy behandeling van de heer Valk onderstreept de volgende aspecten:

- Er is geen principieel verschil in motiveringstechnieken voor moeilijke mensen tussen face-to-face behandelingen en internetbehandelingen. In beide gevallen dient de behandelaar elke zweem van defensiviteit te vermijden; complimenten te geven; positief te etiketteren; veel gebruik te maken van judo (Lange, 2006, par. 3.9);

eventueel in combinatie met 'horror'technieken (laten zien wat er voor verschrikkelijks staat te gebeuren wanneer de cliënt op de oude weg voortgaat).

- Het is mogelijk het protocol te verrijken met vaste, slimme motiveringstechnieken. Bijvoorbeeld waardering uitspreken voor wat cliënten aan huiswerk hebben gedaan, zelfs als dat nog vrij minimaal is. In een pre-pilot van de burn-outbehandeling was er een jonge, eveneens moeilijke en overmatig kritische cliënt. In het interview achteraf vertelde hij dat hij aanvankelijk zijn reserves had: 'Dit kon toch niks wezen.' Maar toen hij merkte dat hij na elke rapportage zijnerzijds binnen een dag positief commentaar kreeg met adviezen hoe hij het nog beter kon doen, was hij gewonnen.
- In face-to-face behandelingen reageren behandelaars over het algemeen meteen op wat cliënten inbrengen. Alleen zeer ervaren behandelaars vragen cliënten wel eens om een time-out om met zichzelf of anderen te overleggen. De minder ervarenen zijn vaak bang voor gezichtsverlies en reageren snel, waardoor zij – in schaaktermen – niet altijd kiezen voor de beste voortzetting. Dit geldt zowel voor de inhoud van de interventie als voor de precieze formulering. Juist bij moeilijke mensen is de optimale voortzetting, die nodig is om cliënten te motiveren, niet altijd gemakkelijk te vinden. De behandelaar van de heer Valk hoefde niet meteen te reageren. Zij kon nadenken, haar helpfile raadplegen, en met haar collegae overleggen.

Voor welk soort persoonlijkheidsstoornissen lijkt internetbehandeling meer of minder geschikt?

Verheul (2003) stelt dat het bij zware persoonlijkheidsproblematiek niet zinvol is de As-1-stoornis te behandelen. De persoonlijkheidsstoornis zou dan het onderwerp moeten zijn. Verreweg het grootste gedeelte van de persoonlijkheidsproblematiek speelt zich af in het lichtere spectrum, waar As-1-behandelingen wel mogelijk zijn. De vraag is dan bij welke persoonlijkheidsproblemen een As-1-behandeling via het internet meer of minder geschikt is. Er is ons geen empirisch onderzoek bekend op grond waarvan deze vraag rechtstreeks beantwoord kan worden. Er zijn wel hypothesen te formuleren op basis van klinische impressies.

GESCHIKT

In de eerder besproken casus ging het om een man met sterk *narcistische trekken*. Daarop kan men in face-to-face behandelingen goed inspelen en op de geschetste manier ook in internetbehandelingen. Dit geldt ook voor cliënten met *theatrale trekken*. Aan hun behoefte aan aandacht kan op uitgekiende wijze worden tegemoetgekomen.

WAARSCHIJNLIJK GESCHIKT

We hebben aanwijzingen dat cliënten met *borderlinekenmerken* zich goed lenen voor internettherapie, mits zij zich aanmelden voor As-1-problematiek waardoor zij een serieuze lijdensdruk in ervaren. Internetprotocollen zoals van Interapy (vgl. Lange, Schrieken e.a., 2005) bevatten standaardzelfcontroletechnieken en motiveringstechnieken die bij dergelijke cliënten van toepassing zijn. Daar komt bij dat de internetbehandeling van begin af aan duidelijk is over de grenzen van de behandelaar en over de beschikbaarheid van de therapeut. Aan de ene kant is die minder dan van de face-to-face therapeut (ze zien elkaar niet), aan de andere kant groter (het is gemakkelijker een extra contact in te lassen). Het is ook gunstig dat de afhankelijkheid van de behandelaar geringer wordt door de grotere zelfwerkzaamheid. Juist bij cliënten met borderlineproblematiek is dit een sterk punt. Het verkleint de kans op complicaties. We zagen dit bij een kunstenares met een eetstoornis en flink wat borderlinekenmerken, zoals heftige emotionele wisselingen, geringe impulscontrole op diverse gebieden, extreme gedachten (alles moest 'top', niks mocht saai zijn). De internettherapeute pakte het goed aan. Zij complimenteerde de cliënte met haar energie en liet zien dat deze door zichzelf soms toe te staan saai te zijn juist heel 'top' kon functioneren en presteren. De ruimte die het protocol haar vervolgens bood om in haar eigen tempo en omgeving keuzen te maken beviel haar zeer goed, vooral omdat zij wist dat zij steeds via de website met de therapeute in verbinding stond.

MISSCHIEN GESCHIKT

Ook persoonlijkheidstrekken die men niet snel associeert met internetbehandeling komen voor bij een aanvraag voor As-1-behandeling. Dat geldt voor de *achterdochtige personen*. Ook hier kan men van het nadeel van geen face-to-face contact een voordeel maken. Een voorbeeld geeft een cliënt die zich, jaren nadat zijn vrouw hem had verlaten, voor een internetbehandeling aanmeldde. De scheiding bleef hem achtervolgen. Dat bleek ook uit zijn scores op de SchokVerwerkingsLijst; die lagen midden in de range van de posttraumatische stressstoornis (Kleber & Brom, 1992). Daarbij was hij buitengewoon

achterdochtig. Hij wantrouwde zijn ex-partner en alle instanties die bij de scheiding waren betrokken. Zijn achterdocht verplaatste zich naar de behandelaar. Die zou wel onder één hoedje spelen met justitie en de advocaten van zijn ex. Doordat alle communicatie traceerbaar was, was het mogelijk zijn wantrouwen weg te nemen.
Men gaat er misschien van uit dat internetbehandeling voor *schizoïde personen* met hun afkeer van sociale relaties uit den boze is; het zou hen sterken in het vermijden van contact. De vraag is of deze gedachtegang juist is. Zij kunnen immers op voor hen veilige wijze aan hun As-1-problemen werken en op een voor hen veilige wijze een relatie met de behandelaar opbouwen. Die is inderdaad anders dan bij face-to-face, maar de positieve ervaring kan doorwerken in de toekomst. Datzelfde geldt, waarschijnlijk in nog sterkere mate, voor de *afhankelijke* en ook de *vermijdende sociaalangstige persoonlijkheden*.
Ook de *compulsieve persoonlijkheid* lijkt op het eerste gezicht niet geïndiceerd voor internetbehandeling. Maar ook hier hebben we aanwijzingen dat de eigenaardigheden van deze cliënten juist ten voordele kunnen worden aangewend. We zien dit bijvoorbeeld bij een cliënte met bulimia nervosa. Zelfs in haar symptomen was zij dwangmatig. Zij maakte prachtige lijstjes met op de letter precies wat zij in haar eetbui zou gaan consumeren. Het tijdstip en de plek waren van tevoren steevast exact vastgelegd. Ze was het eens met het idee dat ze gezonder zou moeten gaan eten, maar elke wijziging in haar eetrituelen maakte haar bang. Hoewel het protocol erin voorzag dat zij ondanks de eetbuien in één klap zou overgaan op gezonde maaltijden, 'mocht' zij het van de therapeut in kleine stapjes doen. Vervolgens hielp haar drang naar perfectie haar om de noodzakelijke energie voor het zelfcontroleprogramma en het cognitieve huiswerk uit te voeren.

NIET GESCHIKT

Het minst in aanmerking komen de *antisociale persoonlijkheden* en *schizotypische persoonlijkheden*. De laatsten vanwege de onaanvaardbare risico's die behandeling op afstand voor hen kan hebben. De eerstgenoemden omdat zij over het algemeen de motivatie niet hebben om íets te doen aan hun As-1-klachten (het ligt immers altijd aan de anderen).

Beschouwing

Bij het voorgaande mogen we niet vergeten dat er geen rechtstreeks kwantitatief onderzoek is dat onze conclusies kan bevestigen of ontkrachten. De conclusies zijn gebaseerd op het verbinden van verschil-

lende onderzoekslijnen en op klinische ervaringen. We kunnen echter wel enkele tentatieve conclusies trekken.
De mogelijkheid van behandelen van As-1-klachten bij cliënten met persoonlijkheidsstoornissen is waarschijnlijk groter dan men intuïtief zou denken. We moeten dan wel denken aan internetbehandelingen voor As-1-stoornissen waarin het behandelprotocol duidelijk is gestructureerd en gebaseerd is op bewezen technieken. Hierbij is bovendien van belang dat er in het protocol veel aandacht is voor motivatietechnieken, en er zelfs extra ammunitie is in de vorm van helpfiles met 'tips voor het omgaan met moeilijke mensen'. Deze voorwaarden maken e-mail-, chat- of forumprogramma's ongeschikt als medium.
Geprotocolleerde internetbehandeling kan zelfs voordelen hebben boven face-to-face geprotocolleerde behandelingen. Het is voor de behandelaars gemakkelijker zich aan het protocol te houden. Behandelaars hebben meer tijd om op onverwachte bejegening in te spelen. Zij kunnen zich er ook beter in verdiepen en overleggen over de details van het protocol. Jonge behandelaars kunnen aldus op veilige wijze ervaring opdoen met het moeilijkere spectrum van de patiëntenzorg, met weinig gevaar dat de cliënten niet optimaal worden bejegend.
Het is mogelijk en het verdient aanbeveling om in een rechtstreekse studie te onderzoeken in hoeverre de hiervoor beschreven gedachtegang steun vindt. Bij cliënten die zich voor internetbehandeling van een As-1-stoornis hebben aangemeld en de screening met goed gevolg hebben doorlopen, zou voorafgaand en na de behandeling een diagnostisch interview met betrekking tot kenmerken van persoonlijkheidsstoornissen kunnen worden afgenomen. Dit kan telefonisch (vgl. Carlbring, Forslin e.a., 2002). De vooraf-scores kunnen worden gebruikt als predictoren voor het succes van de As-1-behandeling. Er kan ook worden nagegaan in hoeverre de As-1-behandeling effect heeft op de aard en ernst van de persoonlijkheidsstoornis. Dat kan voor elke As-1-stoornis afzonderlijk worden uitgevoerd, en eventueel voor elke persoonlijkheidsstoornis apart. De data kunnen echter ook 'gepooled' worden.
Het zou ook aanbeveling verdienen voor bepaalde persoonlijkheidsstoornissen dimensionele vragenlijsten te construeren die uitmonden in een score in plaats van een classificatie. Onderzoek naar het predictieve belang van persoonlijkheidsstoornissen bij behandeling van As-1-klachten zou daarmee effectiever kunnen worden uitgevoerd. Bij Interapy (www.interapy.nl) wordt momenteel nagedacht over de manier waarop een dergelijk onderzoek kan worden verwezenlijkt.

Bij dit alles moeten we niet vergeten dat we steeds hebben gesproken over de mildere kant van de persoonlijkheidsstoornis, de 'moeilijke' mensen die zich wel willen laten bereiken. Die komen voor de As-1-klachten. Cliënten bij wie de As-1-klacht in het niet verdwijnt bij de persoonlijkheidsproblemen komen in dit verhaal voorlopig nog niet voor.
Ten slotte: twintig jaar geleden was het begrip 'persoonlijkheidsstoornis' beladen. Nu zijn er weinig behandelaars die er niet af en toe gebruik van maken. Cliënten vinden het zelf ook al een prima term. Over internetbehandeling was men vijf jaar geleden nog in veel therapeutische kringen sceptisch. Over nog eens vijftien jaar zal het scepticisme bij de meesten verdwenen zijn en zal het een beproefde vorm zijn waarin psychische behandelingen worden gegoten. Ook voor moeilijke mensen.

Literatuur

Andersson, G., Bergström, J., Holländare, F., Carlbring, P., Kaldo-Sandström, V. & Ekselius, L. (2005). Internet-based self-help for depression: a randomised controlled trial. *British Journal of Psychiatry* 187, 456-461.

Andersson, G., Carlbring, P., Holström, A., Sparthan, L., Furmark, T., Nilsson-Ihrfelt, E., Buhrman, M. & Ekselius, L. (in druk). Internet-based self-help with therapist feedback and in-vivo group exposure for social phobia: a randomised controlled trial. *Journal of Consulting and Clinical Psychology.*

Arntz, A. (2006). Is depressie met comorbide persoonlijkheidsstoornissen moeilijker te behandelen? *Maandblad Geestelijke Volksgezondheid* 61(7/8), 647-649.

Blatt, S.J. & Zuroff, D.C. (2005). Empirical evaluation of the assumptions in identifying evidence based treatments in mental health. *Clinical Psychology Review* 25(4), 459-486.

Brandon, Th.H., Meade, C.D., Herzog, Th.D., Chirikos, Th.N., Webb, M.S. & Cantor, A.B. (2004). *Journal of Consulting and Clinical Psychology* 72(5), 797-808.

Carlbring, P., Forslin, P., Ljungstrand, P., Willebrand, M., Strandlund, C., Ekselius, L. & Andersson, G. (2002). *Cognitive Behaviour Therapy* 31(4), 183-189.

Carlbring, P., Furmark, T., Steczkó, J., Ekselius, L. & Andersson, G. (2006). An open study of internet-based bibliotherapy with minimal therapist contact via email for social phobia. *Clinical Psychologist* 10, 30-38.

Carlbring, P., Nilsson-Ihrfelt, E., Waara, J., Kollenstam, C., Buhrman, M., Kaldo, V., Söderberg, M., Ekselius, L. & Andersson, G. (2005). Treatment of panic disorder: live therapy vs. self-help via the internet. *Behaviour Research and Therapy* 43, 1321-1333.

Carlbring, P., Westling, B.E., Ljungstrand, P., Ekselius, L. & Andersson, G. (2001). Treatment of panic disorder via the internet: A randomised trial of a self-help program. *Behavior Therapy* 32, 751-764.

Carrard, I., Rouget, P., Fernández-Aranda, F., Volkart, A-C., Damoiseau, M. & Lam, T. (2006). Evaluation and deployment of evidence based patient self-

management support program for bulimia nervosa. *International Journal of Medical Informatics* 75, 101-109.
Christensen, H., Griffiths, K.M. & Jorm, A.F. (2004). Delivering interventions for depression by using the internet: randomised controlled trial. *BMJ* doi:10.1136/bmj.37945.566632.EE.
Clarke, G., Eubanks, D., Reid, E., Kelleher, C., O'Connor, E., DeBar, L.L., Lynch, F., Nunley, S. & Gullion, C. (2005). Overcoming depression on the internet (ODIN) (2): A randomised trial of a self-help depression skills program with reminders. *J Med Internet Res* 7(2): e16. <URL: http://www.jmir.org/2005/2/e16/>.
Demerouti, E., Bakker, A.B., Nachreiner, F. & Schaufeli, W.B. (2001). The job demands-resources model of burnout. *Journal of Applied Psychology* 86, 499-512.
Hout, M. van den, Brouwers, Ch. & Oomen, J. (2005). Gedragstherapie doet wat zij moet, de NVP niet. De *Psycholoog* 40, 129-135.
Karver, M.S., Handelsman, J.B., Fields, Sh. & Bickman, L. (2006). Meta-analysis of therapeutic relationship variables in youth and family therapy: the evidence for different relationship variables in the child and adolescent treatment outcome literature. *Clinical Psychology Review* 26, 50-65.
Kleber, R.J. & Brom, D. (1992). *Traumatische ervaringen, gevolgen en verwerking*. Amsterdam: Swets & Zeitlinger.
Knaevelsrud, Chr. & Lange, A. (2005). Interapy – eine internetbasierte Behandlung posttraumatischer Belastungsstörung (PTB). In: A. Maercker & R. Rosner (red.), *PT der posttraumatischer Belastungsstörungen*. Stuttgart: Thieme Verlag.
Lange, A. (2006). *Gedragsverandering in gezinnen; cognitieve gedrags- en systeemtherapie*. Groningen: Wolters-Noordhoff.
Lange, A., Rietdijk, D., Hudcovicova, M., Ven, J.-P. van de, Schrieken, B. & Emmelkamp, P.M.G. (2003). Interapy: A controlled randomized trial of the standarized treatment of posttraumatic stress through the internet. *Journal of Consulting and Clinical Psychology* 71, 901-909.
Lange A., Schrieken B., Scheijde, R., Broeksteeg, J., Ruwaard, J., Schrijver, M., Mehra, S., Ven, J.-P. van de & Emmelkamp, P.M.G. (2005). Interapy: Diagnostiek en geprotocolleerde behandeling via het internet van welomschreven stoornissen. *Tijdschrift voor Psychotherapie* 31, 355-376.
Lange A., Ven J.P. van de, Schrieken B. & Smit M. (2004). 'Interapy' Burn-out: Prävention und Behandlung von Burn-out über das Internet. *Verhaltenstherapie* 14, 190-199.
Lange, A., Vermeulen, H., Renckens, C.H., Schrijver, M., Ven, J.-P. van de, Schrieken, B. & Dekker, J. (2005). De geprotocolleerde Interapy-behandeling van depressie via het internet; resultaten van een gerandomiseerde trial. *Directieve Therapie* 25, 27-50.
Moyers, Th.B., Miller, W.R. & Hendrickson, S.M.L. (2005). How does motivational interviewing work? Therapist interpersonal skill predicts client involvement within motivation interviewing sessions. *Journal of Consulting and Clinical Psychology* 7, 590-598.
Mulder, R.T. (2002). Personality pathology and treatment outcome in major depression: A review. *American Journal of Psychiatry* 159, 359-371.
Mulder, R.T. (2006). Personality disorder and outcome in depression. *British Journal of Psychiatry* 189, 186-187.

Newton-Howes, G., Tyrer, P. & Johnson, T. (2006). Personality disorder and the outcome of depression: Meta-analysis of published studies. *British Journal of Psychiatry* 188, 13-20.
Norcross, J.C. (red.) (2002). *Psychotherapeutic relationships that work*. New York: Norton.
Reich, J. (2003). The effects of Axis II disorders on the outcome of treatment of anxiety and unipolar depressive disorders: A review. *Journal of Personality Disorders* 17, 387-405.
Schneider, A.J., Mataix-Cols, D., Marks, I.M. & Bachofen, M. (2005). Internet-guided self-help with or without exposure therapy for phobic and panic disorders: a randomised controlled trial. *Psychotherapy and Psychosomatics* 74, 154-164.
Ström, L., Petterson, R. & Andersson, G. (2004). Internet-based treatment for insomnia: a controlled evaluation. *Journal of Consulting and Clinical Psychology* 72, 113-120.
Trijsburg, R.W. (2003). De therapeutische relatie en de werkalliantie. In: S. Colijn, J.A. Snijders & R.W. Trijsburg (red.), *Leerboek Integratieve Psychotherapie* (pp. 133-155). Utrecht: De Tijdstroom.
Velden, K. van der (1992). Het 'moeilijke mensen'-project. In: K. van der Velden (red.), *Directieve therapie, vol 4*. Houten: Bohn Stafleu Van Loghum.
Verheul, R. (2003). De behandeling van persoonlijkheidsstoornissen: Wetenschappelijke bevindingen en praktische richtlijnen. *Psychopraxis* 5, 65-72.
Verheul, R., Brink, W. van den & Velden, K. van den (2000). Persoonlijkheidsstoornissen. In: W. Vandereycken, C.A.L. Hoogduin & P.M.G. Emmelkamp (red.), *Handboek Psychopathologie, vol. 1*. 3e druk. Houten: Bohn Stafleu Van Loghum.
Wantland, D.J., Portillo, C.J., Holzemer, W.L., Slaughter, R. & McGhee, E.M.M. (2005). The effectiveness of web-based vs. non-web-based interventions: a meta-analysis of behavioral change outcomes. *Journal of Medical Internet Research* 6(4), article e40.
Zablinsky, M.F., Wilfley, D.E., Calflas, K.J., Winzelberg, A.J. & Talyor, C.B. (2004). An interactive psychoeducational intervention for women at risk of developing an eating disorder. *Journal of Consulting and Clinical Psychology* 72, 914-919.
Zanden, R. van der, Conijn, B., Visscher, R. & Gerrits, R. (2005). Grip op je dip on line; Een preventieve groepsinterventie via internet. *Maandblad Geestelijke Volksgezondheid* 60, 515-526.
Zetterqvist, K., Maanmies, J., Ström, L. & Andersson, G. (2003). Randomized controlled trail of internet-based stress management. *Cognitive Behaviour Therapy* 32, 151-160.

Mythes, dwalingen en ontwikkelingen in de farmacologische behandeling van ernstige persoonlijkheidsstoornissen

9

Theo Ingenhoven en Thomas Rinne

Tegenstellingen en perspectieven

Het is slechts enkele decennia geleden dat er in de behandeling van persoonlijkheidspathologie nauwelijks plaats was voor farmacotherapie. Pillen van de dokter werden door psychotherapeuten met argwaan bekeken. Ze zouden angsten en verlatingsdepressies onderdrukken, die juist als onmisbaar ingrediënt van een dynamisch psychotherapeutisch proces werden beschreven. Bovendien leek de hiërarchische arts-patiëntrelatie haaks te staan op de noodzakelijke wederkerigheid in de therapeutische relatie met de psychotherapeut. Pillen werden te pas en te onpas beleefd als verslavend of een zinloze bevrediging van passieve behoeften. Staken van alle medicatie werd als een genadeloze voorwaarde gesteld bij aanvang van behandeling, of in het beste geval stapsgewijs afbouwen. Als dit leidde tot het opleven van psychiatrische symptomen, werd dit gezien als een bewijs dat de patiënt nog niet toe was aan de behandeling van zijn wezenlijke innerlijke conflicten en niet zelden werd de therapie afgebroken.
Gescheiden door een kloof van scholenstrijd floreerde anderzijds de 'biologische psychiatrie', waar, in navolging van de toenemende behandelingsmogelijkheden van de grote psychiatrische ziektebeelden zoals schizofrenie en de affectieve stoornissen, meer oog ontstond voor de beïnvloeding van onderliggende psychobiologische dimensies van menselijk gedrag zoals angst, affectieve instabiliteit en impulsiviteit.
Mede door de opkomst van de gedragstherapie, met haar no-nonsense benadering en haar empirische onderzoekstraditie, en door het opleven van de fenomenologische psychiatrie die leidde tot de komst van de DSM-III, begon de kloof zich te dichten. Op grond van oude

tegenstellingen werden nieuwe perspectieven geboren. Een meer integratieve benadering trad op de voorgrond. De komst van de persoonlijkheidsstoornissen op As II van de DSM-III zette 'nature' op de psychotherapeutische agenda en bracht 'nurture' terug in de biologisch-psychiatrische schijnwerpers.

Een nieuw biologisch optimisme

Vooralsnog ziet het er echter niet naar uit dat persoonlijkheidspathologie te behandelen is met behulp van medicatie, althans niet op korte termijn. Deze conclusie geldt ondanks het feit dat op basis van wetenschappelijk onderzoek steeds meer stukjes van de puzzel verschijnen die de biologische aspecten van persoonlijkheidspathologie in beeld brengen. Voorbeelden hiervan zijn tweelingonderzoek, provocatietests van neurotransmittersystemen, functionele MRI's en andere beeldvormende technieken. Enkele voorbeelden: uit tweelingonderzoek blijkt 40 tot 60 procent van onze 'normale' persoonlijkheidstrekken erfelijk te worden bepaald. Ten aanzien van persoonlijkheidsstoornissen liggen die percentages niet anders. PET-scans wijzen op een verminderde perfusie en een verminderde glucose-uptake in het anterieure-temporale deel van de prefrontale cortex gerelateerd aan het impulsief-agressieve gedrag van patiënten met een borderline persoonlijkheidsstoornis (BPS). Het volume van de hippocampus, de amygdala en mediale-temporale lobus lijkt verminderd, indien er tevens sprake is van traumatisering in de voorgeschiedenis (Soloff e.a., 2006). Bohus (2006) meldt dat met beeldvormende technieken inmiddels duidelijk is geworden dat automutilatie bij borderlinepatiënten direct leidt tot vermindering van hyperarousal van de amygdala en andere hersengebieden.

Bij belastingtests met fenfluramine of m-cpp is een vervlakking van de prolactinerespons aangetoond, wat indicatief wordt geacht voor het disfunctioneren van het serotonerge systeem bij patiënten met BPS. Bij persoonlijkheidsgestoorde mannen blijkt deze bevinding samen te hangen met impulsief agressief gedrag, terwijl diezelfde bevinding bij vrouwelijke patiënten met een BPS correleert met chronische traumatische ervaringen in de jeugd en niet zozeer met impulsief agressief gedrag (Coccarro e.a., 1989; Soloff e.a., 2003; Rinne e.a., 2000; Steiger e.a., 2001; Paris e.a., 2006).

De resultaten van dergelijk onderzoek voeden het opmerkelijke optimisme dat de afgelopen decennia is ontstaan ten aanzien van de behandelbaarheid van persoonlijkheidsstoornissen door middel van biologische interventies. De toekomst moet nog leren of dit optimisme gerechtvaardigd is gebleken (Ingenhoven & Rinne, 2006). In de tussentijd bekrachtigen deze onderzoeksresultaten de speculatieve hypothesen rond de vermeende disbalans van één of meerdere neurotransmittersystemen in de hersenen van mensen met een persoonlijkheidsstoornis, met alle consequenties van dien: een disbalans zou immers door middel van medicatie weer in evenwicht kunnen worden gebracht en als er meerdere neurotransmittersystemen bij betrokken zijn, valt zelfs een combinatie van meerdere psychofarmaca te overwegen. In de jaren tachtig werden de licht psychotische symptomen van de schizotypische persoonlijkheidsstoornis en de micropsychotische ervaringen van borderlinepatiënten op analoge wijze in verband gebracht met een verstoring van de dopaminehuishouding. Op grond daarvan werd het klinische gebruik van neuroleptica bij BPS gerechtvaardigd (Ingenhoven, 1990). De impulsieve agressie van cluster-B-persoonlijkheidsstoornissen werd gerelateerd aan een serotoninetekort, wat sinds de jaren negentig leidde tot een explosieve toename van het aantal prescripties van SSRI's aan borderlinepatiënten. De affectieve instabiliteit, gerelateerd aan het noradrenerge en cholinerge systeem, gaf een impuls aan de hedendaagse, maar naar ons idee onterechte speculaties dat BPS het beste op te vatten zou zijn als een stoornis binnen het bipolaire spectrum (Akiskal, 2006) en dat het gebruik van stemmingsstabilisatoren te rechtvaardigen valt, zelfs in afwezigheid van goed gerepliceerde placebogecontroleerde RCT's die de effectiviteit van deze middelen zouden moeten onderbouwen.

Richtlijnen en aanbevelingen

In navolging van ontwikkelingen in de behandeling van de 'grote' psychiatrische ziektebeelden werd eind jaren negentig de eerste 'evidence-based medicine' behandelrichtlijn voor farmacotherapie bij persoonlijkheidsstoornissen opgesteld (Soloff, 1998). Deze werd vervolgens geïncorporeerd in de Practice guideline for the treatment of patients with borderline personality disorder van de American Psychiatric Association (Soloff, 2000; APA, 2001). Ondanks kritiek op deze richtlijn is het tot op de dag van vandaag de meest toonaangevende mondiale richtlijn gebleven over dit onderwerp. Soloff's behandelalgoritmes zijn gebaseerd op een mengeling van resultaten uit empirisch onderzoek (van voor 2000) en klinische ervaringen. De behandelalgoritmes zijn bedoeld om de clinicus practicus handvatten te bieden bij de keuze van medicatie bij drie omschreven symptoomclusters: cognitief-perceptuele symptomen, affectieve disregulatie en symptomen van impulsieve gedragsontregeling. Deze neurobiologische dimensies overstijgen de gebruikelijke As-I- en As-II-classificaties van de DSM-IV (zie voor een overzicht Rinne & Ingenhoven, in druk).

De behandelalgoritmes van Soloff (2000) en de APA-richtlijn voor de borderline persoonlijkheidsstoornis (2001): een samenvatting

1 *Behandeling van affectieve disregulatie.* Onder de noemer 'affectieve disregulatie' worden uiteenlopende symptomen samengebracht, zoals stemmingswisselingen, overgevoeligheid voor afwijzing, buitenproportionele intense boosheid, depressieve *mood crashes* en woede-uitbarstingen. Volgens de APA-richtlijn dienen deze symptomen behandeld te worden met een SSRI of aanverwant (niet-tricyclisch) antidepressivum, als behandeling van eerste keuze. In geval van aanhoudende angstklachten kan een toevoeging van een benzodiazepine worden overwogen, ondanks de potentiële risico's hiervan. Voor patiënten met ernstige gedragsproblemen kan als tweede stap een lage dosis van een antipsychoticum worden toegevoegd aan de SSRI.
Ondanks hun empirisch aangetoonde effectiviteit, dienen MAO-remmers niet beschouwd te worden als een eerst-keuze-middel, in verband met de bijbehorende noodzakelijke dieetbeperkingen en de potentiële ernstige bijwerkingen (bloeddrukproblemen). Stemmingsstabilisatoren (lithium, valproaat, carbamazapine) worden in deze richtlijn aanbevolen als derde stap in het algoritme, ofwel als monotherapie, ofwel als aanvulling.

2 *Behandeling van impulsieve gedragingen.* Hieronder worden gedragingen verstaan zoals impulsieve agressie, suïcidaal en zelfverwondend gedrag, promiscuïteit, middelenmisbruik, roekeloos geld uitgeven. Ook bij deze symptomatische gedragingen vormen de SSRI's de behandeling van eerste keuze. Indien er een serieus dreigend gevaar bestaat, kan toevoeging van een lage dosis van een antipsychoticum noodzakelijk zijn. Indien SSRI's niet effectief blijken, kan worden overgeschakeld op een MAO-remmer, op het gebruik van valproaat of carbamazepine, of kan een atypisch antipsychoticum worden overwogen.

3 *Behandeling van cognitief-perceptuele symptomen.* Hierbij valt te denken aan achterdocht, betrekkingsideeën, paranoïde idea-

tie, illusoire belevingen, derealisatie, depersonalisatie en (pseudo)hallucinatoire belevingen. Een lage dosis van een klassiek antipsychoticum vormt hier de behandeling van eerste keuze. Indien effectief, kan het ook andere symptomen verbeteren, zoals een depressieve stemming, impulsiviteit, boosheid en vijandigheid. Indien de respons niet optimaal is, kan de dosering worden verhoogd. Overschakelen naar een atypisch antipsychoticum wordt beschreven als de derde stap in dit algoritme van de APA-richtlijn.

Bron: Ingenhoven en Rinne (in druk)

Kritiek op deze richtlijn lijkt gerechtvaardigd: de aanbevelingen zijn slechts ten dele gebaseerd op studies naar de effectiviteit door middel van RCT's en de richtlijn zou te veel uitnodigen tot polyfarmacie waarvoor nauwelijks wetenschappelijke evidentie bestaat (Ingenhoven & Rinne, 2006). Er zijn zelfs aanwijzingen dat het gebruik van meerdere medicamenten bij borderlinepatiënten kan leiden tot een paradoxale toename van symptomen en gedragsontregeling op alle drie de genoemde symptoomgebieden en tot een verslechtering van het algeheel functioneren. Bij afwezigheid van een duidelijke As-I-stoornis is menige borderlinepatiënt wellicht zelfs beter uit zonder farmacotherapie. Het probleem is dat we het gewoonweg nog niet weten.

Inmiddels is er een aantal nieuwe placebogecontroleerde RCT's gepubliceerd op grond waarvan voorzichtig nieuwe aanbevelingen kunnen worden geformuleerd voor de behandeling van patiënten met een BPS (naar de respons op psychofarmaca bij andere persoonlijkheidsstoornissen blijkt nog nagenoeg geen goed empirisch onderzoek gepubliceerd).

Met betrekking tot de cognitief-perceptuele symptomen kan worden gesteld dat op grond van de RCT's met olanzapine duidelijk is geworden, dat klassieke en atypische antipsychotica niet voor elkaar onderdoen wat betreft effectiviteit. Wel is er een duidelijk verschil ten aanzien van bijwerkingen. Bij dissociatieve klachten, zoals derealisatie en depersonalisatie, lijken antipsychotica echter weinig effect te sorteren, terwijl andere psychofarmaca vooralsnog niet beter naar voren komen uit het beschikbare onderzoek.

Uit de meer recente RCT's blijkt dat de SSRI's de hen toegedichte dominante rol in de behandeling van impulsieve gedragingen niet

kunnen waarmaken, zeker niet bij vrouwelijke borderlinepatiënten. Bij mannelijke patiënten met een persoonlijkheidsstoornis lijken ze in dit opzicht wel enig effect te kunnen sorteren (Coccaro & Kavoussi, 1997). De anti-epileptica (c.q. stemmingsstabilisatoren) valproaat, topiramaat en lamotrigine lijken daarentegen meer geschikt voor dit doel.
Ook ten aanzien van de verschillende symptomen binnen het domein van de affectieve disregulatie lijken de SSRI's veel minder effectief dan voorheen werd gedacht. Slechts één studie heeft een gunstig effect bij affectieve labiliteit aangetoond (Rinne e.a., 2002).
Op grond van recent onderzoek blijkt inmiddels een nadere differentiatie mogelijk binnen het domein van de affectieve disregulatie, waarbij separaat kan worden gekeken naar respectievelijk affectieve labiliteit, een depressieve stemming (zonder depressie IEZ), boosheid/vijandigheid (zonder impulsieve gedragingen) en angstklachten. Een overzicht van onze aanbevelingen zijn samengevat in tabel 9.1 (Ingenhoven & Rinne, 2006). Deze aanbevelingen zijn gebaseerd op de in 2006 beschikbare placebogecontroleerde RCT's bij borderlinepatiënten, zonder dat deze studies zich primair richtten op de behandeling van een op de voorgrond staande As-I-stoornis. In onze aanbevelingen, in tegenstelling tot de APA-richtlijn, zijn de drie symptoomdomeinen hiërarchisch geordend, waarbij respectievelijk prioriteit gegeven dient te worden aan: 1. cognitief-perceptuele symptomen, 2. impulsieve gedragingen en 3. affectieve disregulatie.

Ook bij deze nieuwe aanbevelingen dient men zich echter te realiseren dat een aantal van de genoemde middelen slechts onderzocht is in één RCT of door enkele RCT's van één en dezelfde onderzoeksgroep, en bovendien slechts met betrekking tot één of enkele van de genoemde relevante symptoomgebieden. Middelen die niet zijn onderzocht, maar wellicht even werkzaam of nog werkzamer, zijn derhalve niet in de analyse en het overzicht opgenomen. Dat betekent dat in de nabije toekomst op grond van enkele nieuwe trials andere conclusies zouden kunnen worden getrokken. Van de meeste psychofarmaca is het aantal trials nog te beperkt om door middel van een meta-analyse de uiteindelijke effectiviteit te bepalen (Binks e.a., 2006; Nose e.a., 2006) en deze op verantwoorde wijze af te wegen tegen de bijwerkingen en de kosteneffectiviteit.

Tabel 9.1 Farmacotherapeutische interventies bij ernstige persoonlijkheidsstoornissen.

		algoritmes Soloff (1998, 2000); APA-richtlijn BPS (2001)	aanbevelingen Ingenhoven en Rinne (2006)
1	cognitief perceptuele symptomen	· klassiek antipsychoticum, lage dosis[a] · klasiek antipsychoticum, verhoog dosis[b] · atypisch antipsychoticum	*(pseudo)psychotische symptomen* · klassiek antipsychoticum of atypisch antipsychoticum, lage dosis[a] · verhoog dosering[b] *dissociatie* · geen aanbevelingen (vermijd benzodiazepinen, tricyclische antidepressiva en polyfarmacie)
2	impulsieve gedragingen	· SSRI's · additie klassiek antipsychoticum · lithiumadditie of overschakelen op MAO-remmer · carbamazepine, valproaat of lithium · atypisch antipsychoticum	· topiramaat · mannelijke patiënt: SSRI vrouwelijke patiënt: valproaat of SSRI · additie van klassiek of atypisch antipsychoticum (lage dosis[a]) of overschakelen op lithium (vermijd benzodiazepinen, tricyclische antidepressiva en polyfarmacie)
3	affectieve disregulatie	· SSRI's of daaraan gerelateerd antidepressivum (2×) · *angst*: voeg benzodiazepine (clonazepam) toe *boosheid*: voeg antipsychoticum toe, lage dosis[a] · MAO-remmer · lithium, carbamazepine of valproaat	*affectieve labiliteit* · SSRI (fluvoxamine) · valproaat *depressieve stemming (zonder depressie IEZ of affectieve labiliteit)* · atypisch antipsychoticum (olanzapine) · MAO-remmer (tranylcypromine) (vermijd tricyclische antidepressiva of carbamazepine) *boosheid, vijandigheid, prikkelbaarheid (zonder verlies impulscontrole)* · topiramaat of valproaat · klassiek of atypisch antipsychoticum (lage dosis[a]) *angst* · klassiek of atypisch antipsychoticum (lage dosis[a]) · geen medicatie?; lage dosis benzodiazepine? · MAO-remmer (tranylcypromine)

a Klassiek antipsychoticum, lage dosis = equivalent Haloperidol 1-4 mg.
b Klassiek antipsychoticum, verhoogde dosis = tot equivalent Haloperidol 4-6 mg.

Welke nieuwe trials zijn op korte termijn gewenst?

COGNITIEF-PERCEPTUELE SYMPTOMEN

De effectiviteit van klassieke antipsychotica bij persoonlijkheidsstoornissen is het afgelopen decennium niet meer onderzocht. Met betrekking tot de atypische antipsychotica is vooral de effectiviteit van olanzapine bij BPS aangetoond, maar ook hier leidde gerepliceerd onderzoek tot tegenstrijdige resultaten. Een goed onderzoek, waarbij klassieke en atypische (ook andere dan olanzapine, bijvoorbeeld quetiapine) antipsychotica met elkaar worden vergeleken, ten aanzien van alle drie de symptoomclusters lijkt aangewezen, zeker met het oog op de kosteneffectiviteit (klassieke antipsychotica zijn goedkoper) en het voorkomen van bijwerkingen, zoals bewegingsstoornissen, gewichtstoename/hypercholesterolemie en seksuele functiestoornissen.

IMPULSIEVE GEDRAGINGEN

Bij nieuwe trials lijkt het van groot belang seksespecifieke effecten van de SSRI's en stemmingsstabilisatoren nader te exploreren. Klopt het dat juist mannen in dit opzicht meer blijken te kunnen profiteren van een SSRI en, zo ja, in welke dosering? Blijft bij vrouwen dit effect juist achterwege, en welke stemmingsstabilisator sorteert bij hen het grootste effect?

Met betrekking tot zelfverwondend gedrag dat gepaard gaat met analgesie lijkt mogelijk een plaats weggelegd voor de opiaatantagonist naltrexon. Dit effect werd beschreven in open studies (Roth e.a., 1996; Sonne e.a., 1996; Bohus e.a., 1999), maar is nooit in een placebogecontroleerde RCT onderzocht.
In een open studie wordt gesuggereerd dat ook clonidine effect zou kunnen hebben op de afname van innerlijk oplopende spanning die leidt tot dissociatieve klachten en de neiging zichzelf te beschadigen (Philipsen e.a., 2004). Maar ook hier lijkt eerst een placebogecontroleerde RCT aangewezen om voorbarige conclusies te voorkómen.

AFFECTIEVE DISREGULATIE

Om differentiatie naar verschillende affectieve symptoomgebieden verder mogelijk te maken, lijkt het gebruik van meer gespecificeerde uitkomstmaten bij effectmetingen aangewezen. De mogelijkheden en beperkingen van antipsychotica, moderne antidepressiva waaronder NSRI's en de reversibele selectieve MAO-remmer moclobemide, stemmingsstabilisatoren (waaronder lamotrigine en GABA-peptide) kunnen dan nader in kaart worden gebracht. Ook het effect van lithium is slechts in één RCT onderzocht (Links e.a., 1990), hetgeen inmiddels navolging had verdiend.
Het is verder opmerkelijk dat er nog nooit goed onderzoek heeft plaatsgevonden naar het gebruik van benzodiazepinen bij persoonlijkheidsstoornissen, terwijl op grond van een kleine trial met alprazolam wordt gesuggereerd dat benzodiazepinen relatief gecontra-

indiceerd zouden zijn bij BPS met het oog op een paradoxale gedragsontremming. Mogelijk wordt daarmee het gebruik van benzodiazepinen (in lage dosering en van korte duur) voor angstklachten ten onrechte in een kwaad daglicht gesteld.
Ook het gebruik van Omega-3-vetzuren (visolie) blijkt in een RCT bij borderlinepatiënten agressieve gevoelens te kunnen verminderen, bovendien werkt het stemmingsverbeterend (Zanarini en Frankenburg, 2003). Ook deze studie verdient replicatie alvorens verdergaande conclusies kunnen worden getrokken.

Comorbiditeit

De komst van de DSM-III had het voordeel dat persoonlijkheidsstoornissen onder de klinische en wetenschappelijke aandacht werden gebracht. De verdere inburgering van de DSM-IV doet ons echter zelfs geloven dat het toedichten van twee, drie of meer diagnostische labels een waarheidsgetrouwe en zinvolle activiteit is die de patiënt en ons vak ten goede komt: onze patiënt heeft BPS, een depressieve episode en bovendien ADHD en een posttraumatische stressstoornis, wellicht ook nog een bipolaire III-stoornis in het DSM-V-tijdperk. Is naast Ritalin en een SSRI dus een stemmingsstabilisator of atypisch antipsychoticum gewenst? Het ordenen binnen een classificatiesysteem dreigt het individuele diagnostische maatpak verder te verdringen, zeker nu via DBC's onze diagnostische en therapeutische inspanningen aan een bijpassend vergoedingensysteem worden gekoppeld. Nu onze eigen waan maatschappelijke werkelijkheid is geworden, dienen we daar vooralsnog mee te leven, of we dat zinvol vinden of niet.
Toch zijn er ook voordelen aan het DSM-IV-model dat coclassificatie tot kunst heeft verheven. Het brengt verschillende wetenschappelijke werelden met elkaar in contact. Het hedendaagse adagium luidt: behandel eerst de stoornis op As I. Daar valt wel wat voor te zeggen, maar ook op af te dingen. Het is duidelijk geworden dat in voorkomende gevallen een As-I-stoornis, bijvoorbeeld een depressieve episode, belevingen en gedragingen kan versterken die, al dan niet ten onrechte, toegeschreven zouden kunnen worden aan een persoonlijkheidsstoornis. Bij een adequate behandeling van de depressie verbleekt dan soms de 'persoonlijkheidsstoornis' als sneeuw voor de zon. Maar er zijn ook legio voorbeelden waarin door een exclusief focus op As I een goed behandelbare comorbide persoonlijkheidsstoornis buiten de therapeutische aandacht wordt gehouden en de patiënt niet krijgt wat hij nodig heeft. Wetenschappelijk onderzoek toont aan dat het samen voorkomen van een depressieve stoornis en

een persoonlijkheidsstoornis effectiever te behandelen is met een combinatie van farmacotherapie en psychotherapie (Kool e.a., 2003). Houd dus oog voor beide perspectieven!

Met betrekking tot farmacotherapie lijkt het volgen van de gangbare behandelrichtlijnen (APA; NVvP; multidisciplinaire richtlijnen) voor een aanwezige As-I-stoornis aangewezen, ook indien er tevens sprake is van een persoonlijkheidsstoornis. Indien er sprake is van comorbide psychotische stoornis, is er geen reden om af te wijken van de richtlijn die het gebruik van antipsychotica aanbeveelt. Als onderhoudsdosering lijken patiënten met een BPS echter klassieke antipsychotica slecht te verdragen en meestal stoppen ze binnen enkele maanden met het gebruik ervan (Cornelius e.a., 1993).

Het onderzoek naar farmacotherapierespons van uiteenlopende As-I-stoornissen bij patiënten met een BPS heeft duidelijk gemaakt dat op sommige punten echter juist wel van bepaalde stappen in een richtlijn dient te worden afgeweken. Hierna volgen enkele voorbeelden.

DEPRESSIEVE EPISODE

SSRI's en aanverwante moderne antidepressiva lijken bij patiënten met een BPS en een comorbide depressieve episode effectiever dan de klassieke tricyclische antidepressiva (Joyce e.a., 2003). Bovendien kunnen tricyclische antidepressiva bij de BPS leiden tot een toename van paranoïdie en gedragsontregeling. Nog los van de bijwerkingen lijken ze dus zelfs gecontra-indiceerd.

Indien er sprake is van atypische depressieve symptomen (moeheid, toegenomen eet- of slaapbehoefte, omgekeerde dagschommeling) lijkt een MAO-remmer een meer vooraanstaande plaats te verdienen dan in de richtlijnen wordt beschreven (Liebowitz e.a., 1988; Parsons e.e., 1989).

Hoewel elektroconvulsieve therapie (ECT) voor een therapieresistente depressie minder effectief blijkt bij patiënten met BPS, is er geen reden om aan te nemen dat we hen deze behandelmethode zouden moeten onthouden, indien andere behandelmethoden onvoldoende soelaas bieden (Sareen e.a., 2000; Feske e.a., 2004).

BIPOLAIRE I- EN II-STOORNIS

De recente generatie stemmingsstabilisatoren (valproaat, lamotrigine, topiramaat) lijkt naast het stabiliseren van de bipolaire stoornis een gunstig effect te hebben op symptomen van boosheid, vijandigheid en impulsief-agressief gedrag bij patiënten met een comorbide BPS (Frankenburg & Zanarini, 2002). Of ze ook de stemmingswisselingen passend bij de BPS (zonder bipolaire stoornis) stabiliseren is echter nog maar de vraag. Carbamazepine kan juist bij deze patiënten een depressieve episode luxeren en lijkt derhalve juist niet aangewezen (Gardner & Cowdry, 1986).

ANGSTSTOORNISSEN

De aanbevelingen in richtlijnen voor hogere doseringen van benzodiazepinen zijn vermoedelijk bij patiënten met een BPS niet op hun plaats in verband met het gevaar van een paradoxale reactie, gewenning, afhankelijkheid en misbruik.

ADHD EN ADD

Er is nog geen onderzoek gepubliceerd waaruit blijkt dat stimulantia met dezelfde effectiviteit en beperkte risico's ook kunnen worden voorgeschreven bij patiënten met een (borderline) persoonlijkheidsstoornis. Dit lijkt van belang, omdat uit een gevalsstudie blijkt dat patiënten met een BPS en ADHD zowel kunnen profiteren van een behandeling met methylfenidaat (Hooberman & Stern, 1984; Van Reekum & Links, 1994) als daardoor ernstig kunnen ontregelen (Lucas e.a., 1987).

Welke ontwikkelingen vallen op langere termijn te verwachten?

De plaats van farmacotherapie binnen de behandeling van patiënten met een BPS is nog geenszins uitgekristalliseerd, bepaalde aspecten worden wellicht onderschat, specifieke mogelijkheden worden wellicht overschat. Te verwachten valt dat voor sommige symptomen of symptoomclusters winst te boeken is, terwijl dat bij andere klachten beperkt zal blijven. Het is vooralsnog twijfelachtig of farmacotherapie veel zal toevoegen aan een productief verlopend psychotherapeutisch proces (Teusch e.a., 2001). Zo bleek fluoxetine geen extra effect te sorteren tijdens een lopend programma met dialectische gedragstherapie (DGT) (Simpson e.a., 2004). Ook olanzepine lijkt geen wezenlijke bijdrage te leveren aan de afname van parasuïcidaal gedrag tijdens DGT (Soler e.a., 2005).

Bij subgroepen met veel symptomen, een gecompliceerd beloop, een slechtere prognose en met een geringe ontvankelijkheid voor psychotherapie, blijven farmacotherapeutische interventies mogelijk een grotere plaats innemen binnen het behandelaanbod. RCT's in combinatie met meer praktijkgericht effectiviteitsonderzoek moeten verder duidelijk maken welke farmacotherapeutische interventies geïndiceerd zijn voor specifieke symptomatische gedragingen (automutilatie, suïcidaal gedrag), specifieke symptoomclusters en bijkomende

psychiatrische stoornissen. Hierbij kunnen geleidelijk ook verschillen in farmacotherapierespons duidelijk worden met betrekking tot sekse, leeftijd en specifieke persoonlijkheidstrekken.
Ten aanzien van de overige persoonlijkheidsstoornissen valt te verwachten dat farmacotherapeutisch onderzoek geleidelijk verder op gang zal komen, althans voor een aantal daarvan, zoals de paranoïde, schizotypische, antisociale, ontwijkende en obsessieve-compulsieve persoonlijkheidsstoornis. Bij de schizoïde, narcistische, theatrale en afhankelijke persoonlijkheidsstoornis zijn minder initiatieven en ontwikkelingen te verwachten.
Ook andere 'biologische' technieken zoals die worden ontwikkeld bij As-I-stoornissen zullen bij persoonlijkheidsstoornissen wellicht worden aangeboden en onderzocht. Te denken valt hierbij bijvoorbeeld aan Eye Movement Desensitization and reprocessing (EMDR) en Transcraniële Magnetische Stimulatie (TMS).

Literatuur

American Psychiatric Association (2001). Practice guideline for the treatment of patients with borderline personality disorder. *American Journal of Psychiatry* 158, 1-52.

Akiskal, H.S. (2006). *Major depression: Clues to bipolarity*. Presented at the American Psychiatric Association 159th Annual Meeting, Toronto.

Binks, C.A., Fenton, M., McCarthy, L., Lee, T., Adams, C.E. & Duggan, C. (2006). Pharmacological interventions for people with borderline personality disorder. *The Cochrane Collaboration* Volume 3.

Bohus, M. (2006). Update on neurobiology and neuroimaging in BPD and related personality disorders. *Presented at the American Psychiatric Association 159th Annual Meeting, Toronto.*

Bohus, M.J., Landwehrmeyer, G.B., Stilgmayr, C.E., Limberger, M.F., Böhme, R. & Schmahl, C.G. (1999). Naltrexone in the treatment of dissociative symptoms in patients with borderline personality disorder: An open label trial. *Journal of Clinical Psychiatry* 60, 598-603.

Coccaro, E.F. & Kavoussi, R.J. (1997). Fluoxetine and impulsive aggressive behavior in personality-disordered subjects. *Archives of General Psychiatry* 54, 1081-1088.

Coccaro, E.F., Siever, L., Klar, H.M. & Maurer, G. (1989). Serotonergic studies in patients with affective and personality disorders. *Archives of General Psychiatry* 46, 587-599.

Cornelius, J.R., Soloff, P.H., Perel, J.M. & Ulrich, R.F. (1993). Continuation pharmacotherapy of borderline personality disorder with haloperidol and phenelzine. *American Journal of Psychiatry* 150, 1843-1848.

Feske, U., Mulsant, B.H., Pilkonis, P.A., Soloff, P., Dolata, D., Sackeim, H.A. & Haskett, R.F. (2004). Clinical outcome of ECT in patients with major depression and comorbid borderline personality disorder. *American Journal of Psychiatry* 161, 2073-2080.

Frankenburg, F.R. & Zanarini, M.C. (2002). Divalproex sodium treatment of women with borderline personality disorder and bipolar II disorder: a double-blind placebo-controlled pilot study. *Journal of Clinical Psychiatry 63*, 442-446.

Gardner, D.L. & Cowdry, R.W. (1986). Development of melancholia during carbamazepine treatment in borderline personality disorder. *Journal of Clinical Psychopharmacology 6*, 236-239.

Hooberman, D. & Stern, T.A. (1984). Treatment of attention deficit and borderline personality disorders with psychostimulants: case report. *Journal of Clinical Psychiatry 45*, 441-442.

Ingenhoven, T. & Rinne, T. (2006). Drug treatment of personality disorder: A critical review. *Presented at the American Psychiatric Association 159th Annual Meeting, Toronto.*

Ingenhoven, T. & Rinne, T. (in druk). Medicamenteuze behandeling. In: E.M.H. Eurelings-Bontekoe, W.M. Snellen & R. Verheul (red), *Handboek persoonlijkheidspathologie*. Houten: Bohn Stafleu van Loghum.

Ingenhoven, T. (1990). *De lotgevallen van het borderline-syndroom als DSM-III diagnose. 1980-1990: 10 jaar empirisch onderzoek naar de validiteit van een persoonlijkheidsstoornis*. Utrecht: uitgave in eigen beheer.

Joyce, P.R., Mulder, R.T., Luty, S.E., McKenzie, J.M., Sullivan, P.F. & Cloninger, R.C. (2003). Borderline personality disorder in major depression: Symptomatology, temperament, character, differential drug response, and 6-month outcome. *Comprehensive Psychiatry*, 44, 35-43.

Kool, S., Dekker, J., Duijsens, I.J., Jonghe, J. de & Puite, B. (2003). Efficacy of combined therapy or pharmacotherapy for depressed patients with or without personality disorders. *Harvard Review of Psychiatry* 11, 133-141.

Liebowitz, M.R., Quitkin, F.M., Steward, J.W., McGrath, P.J., Harrison, W.M., Markowitz, J.S., Rabkin, J.G., Tricamo, E., Goetz, D.M. & Klein, D.F. (1988). Antidepressant specificity in atypical depression. *Archives of General Psychiatry* 45, 129-137.

Links, P.S., Steiner, M., Boiago, I. & Irwin, D. (1990). Lithium therapy for borderline patients: preliminary findings. *Journal of Personality Disorders* 4, 173-181.

Lucas, P.B., Gardner, D.L., Wolkowitz, O.M. & Cowdry, R.W. (1987). Dysphoria associated with methylphenidate infusion in borderline personality disorder. *American Journal of Psychiatry* 144, 1577-1579.

Nose, M., Cipriani, A., Biancosino, B., Grassi, L. & Barbui, C. (2006). Efficacy of pharmacotherapy against core traits of borderline personality disorder: meta-analysis of randomized controlled trails. *International Clinical Psychopharmacology* 21, 345-353.

Paris, J.F., Zweig-Frank, H., Ying Kin, M.N. Schwartz, G., Steiger, H. & Nair, V.N. (2006). *Neurobiological correlates of diagnosis and underlying traits in patients with BPD compared with normal controls.* Presented at the American Psychiatric Association 159th Annual Meeting, Toronto.

Parsons, B., Quitkin, F.M., McGrath, P.J., Stewart, J.W., Tricamo, E., Ocepek-Welikson, K., Harrison, W., Rabkin, J.G., Wager, S.G. & Nunes, E. (1989). Phenelzine, imipramine, and placebo in borderline patients meeting criteria for atypical depression. *Psychopharmacological Bulletin* 25, 524-534.

Philipsen, A., Schmahl, C. & Lieb, K. (2004). Naltrexone in the treatment of acute dissociative states in female patients with borderline personality disorder. *Pharmacopsychiatry 37*, 196-199.

Reekum, R. van & Links, P.S. (1994). N of 1 study: methylphenidate in a patient with borderline personality disorder and attention deficit hyperactivity disorder. *Canadian Journal of Psychiatry 39*, 186-187.

Rinne, T., Brink, W. van den, Wouters, L. & Dyck, R. van (2002). SSRI treatment of borderline personality disorder: A randomized, placebo-controlled clinical trial for female patients with borderline personality disorder. *American Journal of Psychiatry*, 159, 2048-2054.

Rinne, T. & Ingenhoven, T. (in press). The medicine. Pharmacotherapy: what it can and cannot do. In: B. van Luyn, S. Akhtar & J. Livesley (eds.), *Severe personality disorders, major issues in everyday practice.* The Cambridge Press.

Rinne, T., Westenberg, H.G.M., Boer, J.A. den & Brink, W. van den (2000). Serotonergic blunting to meta-chlorophenylpiperazine (m-CCP) highly correlates with sustained childhood abuse in impulsive and autoaggressive female borderline patients. *Biological Psychiatry 47*, 548-556.

Roth, A.S., Ostroff, R.B. & Hoffman, R.E. (1996). Naltrexone as a treatment for repetitive self-injurious behavior: an open-label trial. *Journal of Clinical Psychiatry 57*, 233-237.

Sareen, J., Enns, M. & Guertin, J. (2000). The impact of clinical diagnosed personality disorders on acute and one-year outcomes of electroconvulsive therapy. *The Journal of ECT 16*, 43-51.

Simpson, E.B., Yen, S., Costello, E., Rosen, K., Begin, A., Pistorello, J. & Pearlstein, T. (2004). Combined dialectical behavior therapy and fluoxitine in the treatment of borderline personality disorder. *Journal of Clinical Psychiatry 65*, 379-385.

Soler, J., Pascual, J.C., Campins, M.J., Barrachina, J., Puigdemont, D., Alvarez, E. & Perez, V. (2005). Double-blind, placebo-controlled study of dialectical behavior therapy plus olanzapine for borderline personality disorder. *American Journal of Psychiatry 162*, 1221-1224.

Soloff, P.H. (1998). Symptom-specific treatments for cognitive-perceptual, affective, and impulsive-behavioral dysregulation. *Bulletin of the Menninger Clinic 62*, 195-214.

Soloff, P.H. (2000). Psychopharmacology of borderline personality disorder. *Psychiatric Clinics of North America 23*, 169-192.

Soloff, P.H., Kelly, T.M., Strotmeyer, S.J., Malone, K.M. & Mann, J.J. (2003). Impulsivity, gender, and response to fenfluramine challenge in borderline personality disorder. *Psychiatry Research 119*, 11-14.

Soloff, P.H., Nutche, J. & Diwadkar, V. (2006). *Structural brain abnormalities in BPD.* Presented at the American Psychiatric Association 159th Annual Meeting, Toronto.

Sonne, S., Rubey, R., Brady, K., Malcolm, R. & Morris, T. (1996). Naltrexone treatment of self-injurious thoughts and behaviours. *Journal of Nervous and Mental Disease 184*, 192-195.

Steiger, H., Gauvin, L., Israel, M., Koerner, N., Ng Ying Kin, N.M., Paris, J. & Young, S.N. (2001). Association of serotonin and cortisol indices with childhood abuse in bulimia nervosa. *Archives of General Psychiatry 58*, 837-843.

Teusch, L., Böhme, H., Finke, J. & Gastpar, M. (2001). Effects of client-centered psychotherapy for personality disorders alone and in combination with psychopharmacological treatment. *Psychotherapy and Psychosomatics*, 70, 328-336.
Zanarini, M.C. & Frankenburg, F.R. (2003). Omega-3 fatty acid treatment of women with borderline personality disorder: a double-blind, placebo-controlled pilot study. *American Journal of Psychiatry* 160, 167-169.

10 Neurowetenschappen en de toekomst van de psychotherapeutische behandeling van de borderline persoonlijkheidsstoornis

Ariëtte van Reekum en Marcel Schmeets

Inleiding

De laatste tijd boet de veronderstelling dat persoonlijkheidsstoornissen eigenlijk onbehandelbaar zijn aan overtuigingkracht in. Ondanks dat het onderzoek naar de effectiviteit van behandelen nog steeds bescheiden te noemen is, althans in vergelijking met As-I-studies, wijst het beschikbare onderzoek consequent uit dat psychotherapie een effectieve vorm van behandeling is voor deze groep patiënten (Bateman & Fonagy, 2000 en 2004; Clarkin & Levy, 2006; Daenen & Van Reekum, 2006; Fonagy & Bateman, 2006; Leichsenring & Leibing, 2003; Roth & Fonagy, 2006; Livesly, 2005; Paris, 2005). Zowel psychodynamische als cognitief-gedragstherapeutische behandelvormen komen positief naar voren (Leichsenring & Leibing, 2003). Verschillende therapeutische scholen ontwikkelden het afgelopen decennium referentiekader-specifieke 'manuals' die vervolgens met elkaar of met 'treatment as usual' werden vergeleken. Ondanks dat de meeste auteurs claimen dat hun behandeling toe te passen is voor de gehele groep van borderlinepatiënten, blijkt bij nadere analyse (Clarkin & Levy, 2006) dat elke therapie de focus richt op een specifiek aspect van de pathologie, in overeenstemming met het gehanteerde borderlineconcept. Zo richt de Schema Focused Therapie (SFT) zich op maladaptieve schema's (Kellogg & Young, 2006), de dialectische gedragstherapie (DGT) (Lynch e.a., 2006) neemt vooral het (para)suïcidale gedrag van borderlinepatiënten tot focus, terwijl de meer analytische vormen zoals de Mentalization Based Treatment (MBT) (Fonagy & Bateman, 2006a) en de Transference Focussed Psychotherapie (TFP) (Levy e.a., 2006) zich richten op het onvermogen te kunnen mentaliseren (denken over denken) en op de affectdisregulatie.

Laatstgenoemde behandelvormen plaatsen de pathologie en de behandeling binnen het domein van de gehechtheidsrelatie. Alle onderzochte behandelvormen komen beter naar voren in een vergelijking met de standaardbehandeling. Er lijken wel verschillen in behandelresultaat, wat mogelijk te maken heeft met het verschil in behandelfocus. De vraag is echter of we op termijn veel verder komen met het blijven vergelijken van verschillende behandelvormen (zie ook Lauteslager, 2006).
Hoewel Livesley (2005) vanuit praktische overwegingen een integratieve benadering voorstelt, waarbij zowel cognitieve als psychodynamische technieken worden ingezet, blijft onduidelijk langs welke mechanismen verandering wordt verkregen (Clarkin & Levy, 2006). In ieder geval kan gezegd worden dat de verschillende behandelvormen naar elkaar toe groeien. Speckens (2006) spreekt over aandachtgerichte cognitieve therapie, waarin de focus in de gedragstherapie komt te liggen bij 'aandacht op de ervaring in het hier en nu', maar ze heeft het tegelijkertijd eigenlijk ook over de hedendaagse psychoanalytische behandelvormen.
We hebben er behoefte aan beter te leren begrijpen waarom bepaalde therapieën effectief zijn en vooral welke elementen uit een behandeling bijdragen aan de veranderingsprocessen. Daarnaast is van belang te weten welke basale neurobiologische processen hiervoor verantwoordelijk zijn. Wij zijn van mening dat de recente ontdekkingen vanuit de neurowetenschappen een bijdrage kunnen leveren aan de beantwoording van deze vragen. Mogelijk kunnen in de toekomst behandelstrategieën worden ontwikkeld die gebaseerd zijn op de onderliggende psychobiologische tekorten.
In dit hoofdstuk wordt een samenvatting gegeven van de stand van zaken van de neurowetenschappen, voor zover dit relevant is voor de (toekomstige) behandeling van borderlinepatiënten. Op basis hiervan wordt een pleidooi gehouden voor vernieuwing van behandelstrategieën op grond van integratie met andere wetenschapsterreinen. We beginnen bij het begin: het ontstaan van de persoonlijkheid vanuit het intrigerende en complexe spel tussen genen en omgeving.

Pathogenese: genen en/of omgeving?

Omgevingsinvloeden zijn, via het proces van de activiteitsafhankelijke plasticiteit van het brein, continu in interactie met een zich ontvouwende genetische blauwdruk. De wisselwerking tussen omgeving en genetische opmaak leidt via de expressie van de genen uiteindelijk tot een stabiel, individueel fenotype. Persoonlijkheid kan worden opgevat als een relatief stabiel patroon van persoonlijkheidskenmerken of fenotypen, waarvan een unieke combinatie van deze trekken de kleur van de persoonlijkheid bepalen. De moderne wetenschap is er steeds meer van doordrongen dat nature en nurture beide nodig zijn voor de structurele ontwikkeling van het brein, en dus ook voor gedrag en persoonlijkheid. Onze kennis over de invloed van de omgeving op genen en vice versa neemt toe. Toch heeft het onderzoek op het gebied van persoonlijkheidsstoornissen de afgelopen decennia last gehad van de dichotomie in ons denken over de rol van genen versus omgevingsfactoren in het ontstaan van psychopathologie. Voor de jaren negentig van de vorige eeuw lag de nadruk vrijwel exclusief op het belang van omgevingsfactoren voor de ontstaanswijze van persoonlijkheidsstoornissen. Het afgelopen decennium werd er echter een te eenzijdige nadruk gelegd op de genetische basis van de verschillende persoonlijkheidstypen en werd vaak verzuimd de invloed van het genoom op het gedrag als bi-directioneel (Gottlieb, 1997; Schmeets & Van Reekum, in druk) te zien.

INTERACTIES TUSSEN GENEN EN OMGEVING

Eric Kandel (1998 en 1999) heeft met zijn fundamenteel wetenschappelijk onderzoek naar de werking van het geheugen bij de Aplysia Californica (zeeslak), waarvoor hij terecht de Nobelprijs kreeg, een enorme invloed gehad op ons denken over de relatie tussen genen en omgeving.

Steeds duidelijker wordt dat nature en nurture niet elkaar uitsluitende categorieën zijn, maar dat nature tot expressie komt onder invloed van nurture. En dat anderzijds de ervaring haar invloed kan uitoefenen door de enorme veelzijdigheid van de genencomplexen.

Van psychiatrische stoornissen, en dat geldt zeker ook voor de ontwikkeling van de persoonlijkheidsstoornissen, weten we inmiddels dat er meerdere genen, maar ook meerdere omgevingsinvloeden, bij betrokken zijn. Psychiatrische aandoeningen zijn polygenetisch en multifactorieel en vormen in de meeste gevallen een extreme variant binnen een continuüm. Bovendien zijn de genetische effecten op gedrag probabilistisch en niet deterministisch (Plomin & Rutter, 1998). Er is dus niet één gen voor depressie of één gen voor schizofrenie. Het blijven zoeken naar kandidaat-genen, zonder de gen-omgevingsinteracties hierbij mee te nemen, lijkt dan ook een doodlopende weg (Meaney, 2001 en 2004). Rutter (2005) formuleert dat als volgt: 'Genetic influences, as they apply to individual differences in the liability to show particular behaviors, are strong and pervasive, but rarely determinative.' En datzelfde geldt voor de impact van omgevingsfactoren. Ook psychosociale stressfactoren, zoals allerlei vormen van vroege traumatisering, oefenen door tussenkomst van genen hun effect uit op de hersenen. Gen-omgevingsstudies, zowel van antisociaal gedrag (Moffit, 2005) als van depressies (Kaufman e.a., 2004), laten zien dat de impact van louter de genen of louter de omgeving bescheiden is, maar dat de invloed van G × E-interacties groot kan zijn op het ontstaan van psychopathologie.

Kaufman e.a. (2005) tonen aan dat mishandelde kinderen bij wie zowel sprake is van een bepaald genotype van het serotonine-transportergen (5-HTTLPR) als van een gebrek aan sociale steun, een veel grotere kans hebben op het ontwikkelen van depressies dan niet mishandelde kinderen met hetzelfde genotype. Ook blijkt dat bij de kinderen met verhoogde genetische lading het risico op depressie afneemt, indien er wel voldoende sociale steun is. Deze bevindingen komen overeen met ander onderzoek dat aantoont dat de effecten van vroege stress op het brein niet helemaal irreversibel hoeven te zijn. Een gunstige omgeving kan de negatieve effecten dus (gedeeltelijk) tenietdoen.

Spekend over de omgeving is het van belang een onderscheid te maken tussen de 'shared' (gedeelde) en de 'non-shared' (niet-gedeelde) omgeving. De laatste jaren staat die non-shared omgeving weer meer in de wetenschappelijke belangstelling, omdat gebleken is dat deze in bepaalde gevallen een grotere rol speelt dan de gedeelde omgeving met broertjes en zusjes.

GENETISCH ONDERZOEK BIJ PERSOONLIJKHEIDSSTOORNISSEN

Ook bij persoonlijkheidsstoornissen staan de laatste decennia genetische studies steeds meer in de belangstelling. Familiestudies, waarbij moeilijker een onderscheid te maken is tussen de invloed van genetische versus omgevingfactoren, hebben plaatsgemaakt voor tweelingonderzoek. Het Noorse tweelingonderzoek van Torgerson e.a. (2000) laat bijvoorbeeld zien dat ongeveer 50 procent van de variantie van de gemeten persoonlijkheidsstoornisdimensies aan genetische factoren moet worden toegeschreven. De genetische lading verschilt echter vrij sterk tussen de verschillende persoonlijkheidsstoornissen.

De omgeving speelt dus bij de ontwikkeling van persoonlijkheidsstoornissen een even grote rol, maar ook hier geldt dat G + E groter is dan 100; met andere woorden, de omgeving oefent altijd haar invloed uit op de genetische expressie. Dus in de genetische lading zit al een deel van de invloed van de omgeving verdisconteerd. En andersom geldt dat ook. Het is van belang meer te weten te komen over de 'non-

shared' environment factoren die een rol spelen. Ervan uitgaande dat de omgeving in staat is genen uit en aan te zetten, to turn genes on and off (Pray, 2004), dringt de vraag zich op welke omgeving beschermend werkt bij genetisch kwetsbare individuen en welke omgevingsfactoren het risico op de ontwikkeling van psychopathologie juist groter maken. Uit dieronderzoek is gebleken dat de kwaliteit van de moederlijke/ouderlijke zorg een belangrijke beschermende invloed kan uitoefenen en zelfs in staat is de genetische predispositie om te keren. We verwijzen naar onderzoek van de groepen van Meaney (2001 en 2004) en van Suomi (2002).
Moffit (2005) zegt hierover het volgende:

> ***'de aanname dat de genfunctie een uitkomstvariabele is, en dus niet een vaststaand gegeven, betekent een paradigmawijziging in de manier waarop we als gedragswetenschappers tegen genen aankijken. Deze wijziging van paradigma biedt tegelijkertijd een mogelijkheid voor toekomstig onderzoek naar gen-omgevingsinteracties.'***

Voor persoonlijkheidsstoornissen, complex als ze zijn, geldt eens temeer dat het geïsoleerd blijven onderzoeken van alleen genetische of omgevingsfactoren weinig zinvol is. Zelfs bij schizofrenie wordt dit pad steeds vaker verlaten en begint het onderzoek zich meer te richten op gen-omgevingsinteracties.

GEN-OMGEVINGSSTUDIES BIJ PERSOONLIJKHEIDSSTOORNISSEN

Hier volgen enkele relevante onderzoeken waarbij die gen-omgevingsinvloeden object van onderzoek zijn. Allereerst een adoptiestudie uitgevoerd door Ge e.a. (1996) bij antisociale kinderen. Kinderen van ouders met drugsproblemen of met een antisociale persoonlijkheidsstoornis vertonen, wanneer geplaatst bij adoptiefouders, meer vijandigheid en antisociaal gedrag dan adoptiefkinderen van biologische ouders zonder deze problemen. Op hun beurt vertonen adoptiefouders ten opzichte van kinderen met antisociaal gedrag veel negatiever opvoedingsgedrag. Dit onderzoek laat zien dat een bepaalde genetische dispositie een complementaire reactie kan oproepen bij de omgeving van dat kind: genes select environments.
In een Scandinavische adoptiestudie (Bohman, 1996) worden drie groepen onderscheiden. Kinderen bij wie geen sprake is van genetisch risico of psychosociale stress, hadden een risico van 3 procent op het ontwikkelen van crimineel gedrag. Wanneer er één risicofactor

was, steeg dit risico naar 6-12 procent, terwijl de kans dat kinderen met zowel een genetisch risico (gekenmerkt door crimineel gedrag en alcoholisme bij een of beide biologische ouders) als een omgevingsrisico (ernstige opvoedingsproblemen) op volwassen leeftijd crimineel gedrag gaan vertonen, 40 procent bedroeg! Uit dit onderzoek blijkt dat ook voor persoonlijkheidsstoornissen geldt dat gen × omgeving een veel beter inzicht geeft in het ontstaan van psychopathologie dan de factor genetische lading of omgeving alleen.

BIOLOGIE EN PSYCHOLOGIE

De voorgaande geïntegreerde wijze van denken met betrekking tot genen en omgeving heeft ook gevolgen voor de wijze waarop we de relatie tussen psychologie en biologie beschouwen. Wanneer ervaringen worden opgeslagen door middel van verandering van de structuur in het brein, en de synaptische verbindingskracht tussen neuronen verandert door tussenkomst van genetisch materiaal (Kandel, 2001), dan wordt het handhaven van het verschil tussen functie en structuur moeilijk. Psychologie (functie) wordt dan de uitingsvorm van de structuur (biologie), terwijl wijzigingen in de biologische opmaak (structuur) aanleiding zijn voor veranderingen in de functie (psychologie).

Een en ander leidt tot toegenomen aandacht voor elkaars vakgebieden. Niet alleen neemt de academische psychologie meer neurobiologie in haar curriculum op, maar ook – en misschien wel belangrijker – komt de neurobiologie tot het besef dat het brein in zijn ontwikkeling direct afhankelijk is van de invloed van andere breinen. Neurobiologen spreken momenteel over intersubjectiviteit (Gallese, 2006), een tot voor kort louter psychologisch begrip. Zij ontkomen echter niet aan het opnemen van een dergelijk begrip in hun theoretische en empirische concepten. Het brein blijkt namelijk toegerust met systemen waarmee emoties en intenties zelf beleefd worden, opdat de intenties en emoties van andere breinen begrepen worden. Deze plaatsvervangende detectiesystemen worden spiegelneuronsytemen genoemd (Gallese, 2003 en 2006; Iacoboni e.a., 2005). Deze ontwikkelingen brengen het biologische en het psychologische denken weer dichter bij elkaar. Het zou Freud deugd doen te zien dat het door hem gestarte 'project', een neurologische basis te vinden voor de psychologische processen, langzaamaan vorm krijgt (Freud, 1895).

Wanneer structuur en functie in wezen niet van elkaar te onderscheiden zijn, lijkt het zinvol op zoek te gaan naar specifieke factoren in de structuur (de biologie) die mogelijk een relatie hebben met de functie

(psychologie). Vooral bij vermeende psychopathologie is getracht hierin een basis te vinden voor behandelinterventies.
In de volgende paragrafen worden respectievelijk algemene neurobiologische parameters en specifieke aspecten als impulsiviteit, effortfull control en affectregulatie besproken, vooral in relatie met persoonlijkheidsstoornissen.

Neurobiologische parameters

De laatste jaren begint de toenemende kennis over het functioneren van het brein en mentale processen ook zijn vruchten af te werpen met betrekking tot kennis over de pathogenese van persoonlijkheidsstoornissen, in het bijzonder de antisociale persoonlijkheidsstoornis (ASP) en borderline persoonlijkheidsstoornis (BPS). Deze laatste stoornis heeft zowel bij clinici als bij onderzoekers altijd veel belangstelling gewekt. Dit heeft mogelijk mede te maken met de ernst en grilligheid van het beeld. Borderlinepatiënten laten een scala aan emotionele, cognitieve en interpersoonlijke tekorten zien. Steeds duidelijker wordt dat het hier een psychobiologische aandoening betreft die specifieke behandelstrategieën behoeft. Onderzoekers raken geïnteresseerd in het zoeken naar (onderliggende) neurocognitieve afwijkingen van deze stoornis. Wie de literatuur erop naslaat komt termen tegen als zelfbeheersing, affectieve instabiliteit, negatieve affectiviteit, en onvermogen tot mentaliseren (Clarkin & Levy, 2006; Clarkin & Posner, 2005). Blijkbaar is er bij borderlinepatiënten op het niveau van informatieverwerking en de regulering van (negatieve) emoties en gedrag, het een en ander aan de hand en krijgen we heel geleidelijk aan meer zicht op de onderliggende betrokken hersenstructuren en hersenfuncties. De problemen van borderlinepatiënten worden vooral duidelijk in de (gehechtheids)relatie met een ander (Fonagy & Bateman, 2006b; Levy e.a., 2005). Genoemde (sociaal-emotionele) vaardigheden ontwikkelen zich bij uitstek in de vroege relatie met een significante ander. De resultaten vanuit neurobiologisch onderzoek geven ook aan welke interferenties mogelijk in de vroege gehechtheidsrelatie een rol spelen bij het ontstaan van onderzochte neurocognitieve en andere emotionele disfuncties.
Het probleem tot nu toe met betrekking tot het kunnen traceren van neurobiologische markers bij persoonlijkheidsstoornissen is dat onze huidige DSM-IV-TR criteria veel te grof zijn. De BPS is een grote en heterogene groep. Iemand krijgt de diagnose BPS wanneer voldaan wordt aan vijf of meer van de negen diagnostische criteria. Dit levert heel wat verschillende fenotypische mogelijkheden op. Als we betere

neurobiologische parameters willen ontwikkelen, dan biedt een functionele indeling van persoonlijkheidsstoornissen meer kansen, omdat op deze wijze waarschijnlijk specifiekere biologische markers te koppelen zijn aan fenotypische parameters.
Skodol e.a. (2002) deelt de problemen van de BPS op basis van clusteranalyse in drie clusters in: identiteitsproblemen, affectieve/zelfdisregulatie en impulsiviteit. Impulsiviteit en emotionele disregulatie kunnen gezien worden als twee van de kernpersoonlijkheids- of temperamentkenmerken. Deze zijn grotendeels verantwoordelijk voor de verschillen in fenotypische variatie bij de BPS (Gurvits e.a., 2000; Paris, 2005; Siever & Davis, 1991; Silk, 2000). Het is nog niet duidelijk hoe deze dimensies zich precies verhouden ten opzichte van de ontwikkeling van de persoonlijkheid en hoe de relatie tussen genetische kwetsbaarheid en omgevingsvariabelen in dit kader kan worden beschouwd (Clarkin & Posner, 2005). De gedachte is echter dat impulsiviteit en affectieve disregulatie kunnen worden gezien als twee veelbelovende endofenotypische markers voor de BPS (Fertuck e.a., 2005).
De verwachting is dat bevindingen vanuit neurobiologisch onderzoek steeds meer gegevens gaan opleveren die relevant kunnen zijn voor de behandeling van patiënten met een borderlinestoornis. Hierop wordt later in dit hoofdstuk ingegaan.

Impulsiviteit en persoonlijkheidsstoornissen

Impulsiviteit kan opgevat worden als een belangrijk criterium bij vooral de cluster-B-stoornissen, en dan vooral de BPS en ASP. Uit tweeling- en adoptiestudies komt naar voren dat impulsiviteit een familiair patroon kent (Coccaro, 1993) en dat de serotonerge huishouding een belangrijke rol speelt. Er is sprake van een verlaagde serotonerge activiteit, te meten aan een vermindering van 5-HIAA in de liquor (CSF).
Beeldvormende studies tonen een correlatie tussen pathologische agressie en een verminderde serotonerge gevoeligheid van frontale corticale gebieden die een belangrijke inhiberende rol spelen, en wel omdat ze de agressie die vanuit de limbische gebieden ontstaat, indammen (Siever e.a., 1999). Bij de patiënt met BPS of ASP, bij wie tevens sprake is van ongecontroleerde agressie remt de prefrontale cortex dus in onvoldoende mate, omdat serotonine, een belangrijke neurotransmitter bij dit limbische-orbitofrontale circuit, minder activiteit vertoont. Er wordt gezocht naar genen die te maken zouden kunnen hebben met deze verminderde serotonerge activiteit en enkele kandidaten zijn al aangemerkt. Zo zouden het TPH-(tryptofaan)

allel en het serotonine-transporter-allel beide een rol spelen bij impulsiviteit en neuroticisme. Deze veelbelovende bevindingen kunnen in de richting wijzen van een genetische gevoeligheid voor impulsieve agressie, maar ook hiermee is de rol van omgevingsfactoren nog niet uitgespeeld. Verwezen wordt naar het onderzoek van Olds e.a. (1999). Een ander aspect waarin de impulsiviteit van borderlinepatiënten zich manifesteert is het maken van keuzen. Borderlinepatiënten zijn vaak slecht in staat langetermijnkeuzen te maken. Ze zoeken kortetermijnbevrediging, wat zich uit in zaken als gokken, verslaving, eetbuien, en wisselende seksuele contacten. Patiënten met BPS 'kiezen' dus eerder voor kortetermijnbeloningen dan voor uitstel van beloning ten gunste van langetermijndoelen, zoals veiligheid en geborgenheid. Fonagy en Bateman (2006b) zien deze impulsiviteit als symptoom van een disfunctioneel gehechtheidssysteem en postuleren, op basis van neurobiologisch onderzoek, dat het mesencefale dopaminerge beloningssysteem (waarbij onder andere de nucleus accumbens betrokken is) hierbij een belangrijke rol speelt.

Zelfbeheersing en persoonlijkheidsstoornissen

Clarkin en Posner (2005) postuleren dat de interactie tussen temperament en omgeving verantwoordelijk is voor de ontwikkeling van zelfcontrole, emotionele controle, empathie en sociaal gedrag en dat de uitkomst van deze interactie leidt tot persoonlijkheid en persoonlijkheidspathologie. De pathologie van borderlinepatiënten wordt gekenmerkt door een overwegend negatief affect (snel boos, snel geprikkeld), een lage zelfbeheersing (impulsiviteit, wisselende affecten) en een afwezigheid van een coherent gevoel over zichzelf en de ander. Zelfbeheersing heeft te maken met het kunnen onderdrukken van primaire reacties en is dus op te vatten als een belangrijk zelfregulerend mechanisme. Zelfbeheersing ontwikkelt zich tijdens de eerste jaren van het leven in de eerste gehechtheidsrelatie met de moeder/verzorger (Clarkin & Posner, 2005). In de band met de moeder leert het kind zichzelf tot rust te brengen en onder (emotionele) controle te krijgen. Op het niveau van het brein blijkt de gyrus cingulus anterior een belangrijke rol te spelen (Hoerman e.a., 2005). Meerdere onderzoekers (Clarkin & Posner, 2005; Fertuck e.a., 2005; Hoerman e.a., 2005) hebben laten zien dat borderlinepatiënten lager scoren op de (neurocognitieve) taak zelfbeheersing, wat zoveel wil zeggen dat zij dus minder goed in staat bleken tot conflictoplossing. Andere cognitieve taken, zoals reactietijd en oriëntatie, bleken ongestoord. Fertuck e.a. (2005) vonden bovendien een relatie tussen deze neurocognitieve taken en klinische symptomen: het bleek dat hoe lager de score op zelfbeheersing, hoe groter de angst, het psychoticisme, en gevoelens van vervreemding en identiteitsdiffusie. De mate van zelfbeheersing is dus gerelateerd aan het interpersoonlijk functioneren en de expressie van negatieve emoties, zoals agressie. Gepostuleerd wordt dat de gevonden neurocognitieve afwijkingen van invloed zijn op het effect van een (As-I-)behandeling. Wanneer de informatieverwerking en het besluitvormingsproces aberrant verlopen, is denkbaar dat leren, en dus gedragsverandering, meer tijd neemt. Zeker wanneer bedacht wordt dat een therapeutische relatie toch al stressvol is vanwege de snel oplopende affecten en negatief geactiveerde object- en zelfbeelden. Het is dus heel goed denkbaar dat bepaalde therapieën die wel heel effectief zijn bij sommige borderlinepatiënten, bij andere iatrogene affecten teweegbrengen, al is het maar omdat de behandelaar te weinig oog heeft voor en kennis heeft van de 'psychobiologische' defecten van de patiënt. Zo stellen Fonagy en Bateman (2006) dat het feit dat recent gebleken is (Zanarini e.a., 2003) dat de prognose van de BPS beter is dan lange tijd werd gedacht, mogelijk samenhangt met verbeterde behandelmethoden. Laten we het hopen.

Affectregulatie, hechting en persoonlijkheidsstoornissen

De regulatie van onze affecten is van eminent belang voor een gezond psychisch en interpersoonlijk functioneren. Gevoelsreacties vormen een van de belangrijke psychologische mechanismen waarmee we reageren op de wereld om ons heen. Zowel een teveel aan stress als te weinig emotionele arousal is ongunstig voor het individu en voor de ontwikkeling van het jonge brein. Met name limbo-corticale systemen zijn hierbij van belang (Schmeets & Van Reekum, in druk). Affectregulatie is dus bij uitstek een product van de interactie tussen genetische opmaak en de vroege sociaal-emotionele omgeving. Vooral studies uit de infantresearch (Schore, 1994, 1996, 2001a en b, 2003) laten zien dat een gezonde affectregulatie mede het resultaat is van een veilig hechtingsproces.

Een gezonde affectregulatie blijkt uit een goede balans tussen enerzijds toegenomen aandacht en alertheid, wat ten dienste staat van de informatieverwerking, en anderzijds het kunnen terugkeren naar een toestand van rust en stabiliteit. Meerdere hersenprocessen spelen hierbij een rol. Zoals gezegd is vooral een goede afstemming tussen limbische activiteit en corticale controle van belang.

Borderlinepatiënten zijn meestal niet goed in staat tot een goede regulatie van hun affecten, reageren heftig op vermeende verlatingen, laten een instabiel stemmingspatroon zien en vertonen een onvermogen om zichzelf in tijden van stress tot rust te brengen. Tot nu toe is er weinig onderzoek gedaan naar het traceren van neurofunctionele correlaten van affectdisregulatie.

Een van de uitzonderingen vormt Herpertz en haar groep (Herpertz, 2003 en 2005; Herpertz e.a., 2000a en b, 2001). Zij ontwierp een experimentele studie waarbij de reactie op negatieve emoties op meerdere wijzen werd gemeten, waaronder veranderingen in de huidgeleiding, cardiovasculaire reacties en ook de schrikreactie. Daarnaast werd simultaan op cerebraal niveau gezocht naar die hersenstructuren die ten grondslag liggen aan de abnormale emotionele reactie bij borderlinepatiënten. Dit werd onderzocht met behulp van fMRI-techniek. Emotionele reacties van borderlinepatiënten werden vergeleken met die van patiënten met een ontwijkende persoonlijkheidsstoornis en met een controlegroep. Het betrof in deze studie vrouwelijke patiënten.

Voordat we de resultaten van deze studie bespreken, is het goed stil te staan bij enkele hersenstructuren, zoals de amygdalae of amandelkernen en delen van de prefrontale cortex, die een rol spelen in de regulatie van ons emotionele leven (Pally, 2000). Het amygdala speelt een cruciale rol bij de verwerking van negatieve emoties en is een belangrijke schakel bij de 'flight' en 'fight' reactie van het individu. Geconfronteerd met aversieve visuele stimuli, reageren controlepersonen met een bilaterale activering van de amandelkernen. Het amygdala ontvangt visuele informatie vanuit de visuele cortex, maar er is ook een rechtstreekse verbinding met de thalamus. Na een visuele prikkel is er eerst een korte, automatische emotionele (angst)reactie die verloopt via de thalamus. Deze reactie is onbewust. Als we bijvoorbeeld in het donker een slang denken te zien, schrikken we in eerste instantie. Bij een tweede blik, wanneer deze slang een 'onschuldige' tuinslang blijkt te zijn, neemt onze schrikreactie vrijwel meteen af. Dit komt omdat er betekenisverlening aan de stimulus heeft plaatsgevonden. Bij dit proces van betekenisverlening aan emotionele stimuli is de mediale prefrontale cortex van belang. Dit proces gaat gepaard met bewuste waarneming. Ook spelen de ventrolaterale en de orbitofrontale prefrontale cortex een rol bij de inhibitie van emotionele reacties. Behalve de verwachte betrokkenheid van subcorticale structuren, zoals het amygdala, blijken dus ook mediale-prefrontale corticale structuren betrokken te zijn. Ze spelen zoals gezegd een belangrijke rol bij de betekenisverlening of meer algemeen bij het bewust ervaren van de emotie en bij de remming van deze emotionele reactie.

Terug naar het onderzoek van Herpertz. Tegen de verwachting in bleek dat de borderlinepatiënten uit de onderzoeksgroep, geen algehele hyperresponsiviteit vertoonden, gemeten aan de huidgeleidingsreactie en de schrikreflex. Wel was er bij borderlinepatiënten sprake van een verminderde autonome reactie op negatieve stimuli en vertoonden zij een minder positieve reactie op prettige stimuli. Dit staat mogelijk in verband met de dysfore grondstemming van deze patiënten. De verminderde autonome reactie op negatieve stimuli zou een teken kunnen zijn van een dissociatief mechanisme: op negatieve stimuli reageren borderlinepatiënten immers veelal met dissociatie, met niet-voelen dus. Dissociatie is meestal een reactie op te veel stress (Schore, 2003). Bij de controlegroep was er geen reactie te zien van het amygdala op negatieve stimuli; dit was wel het geval bij de borderlinegroep. Wat betreft de prefrontale cortex waren er bij de borderlinegroep twee gebieden geactiveerd: een gebied in de gyrus inferior rechts en één in de mediale gyrus links. Bij beide groepen was sprake van activering van temporo-occipitale gebieden (visuele prikkelverwerking). Bij de borderlinegroep werd er een sterke reactie van de fusiforme gyrus gezien. Dit gebied is van belang bij de complexe visuele patroonherkenning en bij het herkennen van gelaatsuitdrukkingen. De fusiforme gyrus heeft een directe verbinding met het amygdala. De verhoogde reactie van de fusiforme gyrus kan een verklaring zijn voor het feit dat er bij de borderlinegroep sprake is van een te sterke waarneming van visueel-emotionele stimuli. Clinici zullen herkennen dat de behandeling van borderlinepatiënten vaak wordt gekenmerkt door snel optredende negatieve reacties ten opzichte van de behandelaar. Zelfs wanneer we denken dat we als behandelaar een neutrale houding aannemen, ervaart de patiënt ons vaak als afkeurend en afwijzend. Mogelijk dat een verhoogde reactie van de fusiforme gyrus hiermee te maken heeft. Met andere woorden, de borderlinepatiënt is ook biologisch ingesteld (geraakt) op het opdoen van negatieve ervaringen.

Het onderzoek van Herpertz laat zien dat er bij borderlinepatiënten mogelijk sprake is van een abnormale verwerking van emotionele stimuli door het limbische systeem. Soortgelijke functionele veranderingen van het amygdala worden ook gevonden bij de posttraumatische stressstoornis en bij patiënten met een obsessieve-compulsieve stoornis en zijn dus niet specifiek voor de borderlinepatiënt. Activering van het amygdala kan gezien worden als een neurobiologische reactie op angst. Ook bij depressieve patiënten is er sprake van een toegenomen activiteit in het limbische-thalamocorticale gebied, waarvan ook de amandelkern deel uitmaakt. Hyperresponsiviteit van het amygdala kan dus opgevat worden als een overreactie op negatieve emotionele stimuli. Het amygdala vormt een belangrijke schakel in het subcorticale circuit dat verantwoordelijk is voor de snelle reactie op emotioneel relevante stimuli. Normaal gesproken treedt na deze snelle, instinctieve reactie een terugkeer op naar de uitgangspositie. Wanneer sprake is van chronische stimulering van het amygdala, zoals bij (sommige vormen van) borderlinepathologie het geval zou kunnen zijn, treedt deze terugkeer naar de basislijn onvoldoende op en vindt er met andere woorden geen of onvoldoende habituatie plaats van de stimulus. Deze patiënten blijven dus, na een negatieve ervaring, langer in een toestand van angstig en negatief affect. Daarnaast kan de toegenomen activiteit in de prefrontale cortex, die gevonden is bij de onderzoeksgroep, wijzen op een toename van de topdownregulatie. De prefrontale cortex heeft immers een inhiberende, ofwel remmende werking op de limbische banen, en dus op de subcorticale emoties. Bij borderlinepatiënten is volgens Herpertz sprake van een neuronale disfunctie van het amygdala. Over de mogelijke oorzaak hiervan geeft zij aan dat dit te maken kan hebben zowel met een primaire kwetsbaarheid als het feit dat de kwetsbaarheid het gevolg is van te veel emotionele stress vroeg in het leven. Het limbische systeem ontwikkelt zich eerder dan de cortex. Zo is het amygdala al vanaf de geboorte aangelegd. (Chronische) traumatisering vroeg in het leven kan dus leiden tot blijvende veranderingen, vooral in deze subcorticale systemen. Een overstimulering van het amygdala kan via het mechanisme van de langetermijnpotentiatie (Kandel, 1998 en 2001) leiden tot (blijvende) veranderingen in synaptische verbindingen, waardoor veranderingen optreden in neuronale netwerken. Wat betreft de affectregulatie zijn hierbij dus vooral de mesolimbischemesocorticale banen in het geding.

Mentaliseren, hechting en persoonlijkheidsstoornissen

Voor het goed verlopen van de groei van eerdergenoemde emotieregulerende systemen is een veilige hechtingssituatie van eminent belang. De veerkracht van een kind dat veilig gehecht is, ligt in het vermogen van dit kind de overgang te maken naar positief affect en weer terug. Vanuit neurobiologisch perspectief kan gezegd worden dat overgangen van stimulerende, sympathische, dopaminerge stimulatie (opwinding) naar inhiberende, parasympathische noradrenerge stimulatie (ontspanning) groeibevorderend zijn voor de mesolimbischemesocorticale circuits en dus voor de regulering van affecten en stress.

Een veilig verlopende hechting biedt het kind de mogelijkheid een gezonde interne representatie van zichzelf te ontwikkelen en anderen te zien als betrouwbaar en steunend (Tronick, 1989). Complexe, stabiel verankerde representaties kunnen gezien worden als interne werkmodellen die als gids dienen bij volgende ervaringen. Wanneer er sprake is van een optimaal verlopende ontwikkeling, neemt de orbitofrontale cortex de meer instinctieve functie van het amygdala over, waardoor er een betere coördinatie en integratie kan plaatsvinden van sociaal-emotionele stimuli. Vanuit ontwikkelingsperspectief gezien behelst psychologische groei, rijping van circuits tussen de corticale en subcorticale systemen. Deze circuits tussen de orbitofrontale cortex en het amygdala zijn biologisch van groot belang. Ze stellen het individu bijvoorbeeld in staat om gedrag, dat in eerdere situaties heeft geleid tot een negatieve uitkomst, te vermijden. Ten gevolge van de rijping van deze circuits zijn we steeds beter in staat te reflecteren op onze emoties, onze gedachten en op ons gedrag. We ontwikkelen als het ware een mentale wereld van onszelf en van de ander. Dit doen we in eerste instantie in relatie tot onze ouder(s) of andere belangrijke gehechtheidsfiguren (Fonagy e.a., 2002). Mentaliseren is een psychologisch proces dat ontstaat in de context van een veilige band met de ouder, waarbij de ouder het kind helpt bij het ontwikkelen van interne werkmodellen over zichzelf en de wereld (Gabbard, 2005). Borderlinepatiënten kenmerken zich door een onveilig (ambivalent) gehechtheidspatroon en het vermogen te mentaliseren bij borderlinepatiënten schiet dan ook vooral tekort wanneer het gehechtheidsysteem wordt geactiveerd, zoals dat gebeurt in de affectief beladen band met een ander. Zowel de prefrontale cortex als temporale gebieden spelen hierbij een rol (Gallager & Frith, 2003). Meerdere onderzoekers hebben laten zien dat bepaalde sociaal-emotionele taken, bijvoorbeeld het kunnen inschatten van sociale relaties, morele beslissingen nemen en de betekenis van gelaatsuitdrukkingen kunnen inschatten bij borderlinepatiënten tekorten vertoont en dat dit overeenkomt met afwijkingen in bepaalde hersengebieden (Critchley e.a., 2000; Green & Haidt, 2002). Te veel stress, zoals bij borderlinepatiënten wordt gezien wanneer de relatie met de ander onder druk komt te staan, ondermijnt het functioneren van de prefrontale cortex en dus het toch al kwetsbare vermogen te mentaliseren dat deze mensen hebben, met alle interpersoonlijke negatieve consequenties van dien.

Neurowetenschappen en de toekomst van interventies voor persoonlijkheidsstoornissen

De gen-omgevingsinteractie laat duidelijk zien hoe belangrijk factoren in de omgeving zijn voor het tot expressie brengen van de genen. In deze notie schuilt een principiële en fundamentele mogelijkheid tot gedragsverandering.

DE TOEKOMST VAN PREVENTIE

Uit genoemde studies van Kaufman e.a. (2004) en Caspi e.a. (2002 en 2003) komt naar voren, dat het negatieve effect van een genetische risicofactor vooral tot uiting komt in bepaalde risicovolle omgevingen en andersom: ongunstige omgevingsfactoren hebben vooral bij genetische risicogroepen een negatief effect. Het is dus in het bijzonder van belang deze risicogroepen op te sporen en het wetenschappelijk onderzoek meer hierop te richten. Beter weten welke omgevingsfactoren beschermend kunnen zijn, kan grote implicaties hebben. We weten immers dat het brein (ook op latere leeftijd nog) mogelijkheden tot herstel kent (Kandel, 1998 en 1999). Zo liet onderzoek van Olds e.a. (1999) zien dat huisbezoeken door speciaal opgeleide verpleegkundigen bij risico(aankomende)moeders vijftien jaar later leidde tot significant lagere percentages antisociaal gedrag bij hun kinderen, in vergelijking met de kinderen van risicomoeders die geen huisbezoeken hadden ontvangen tijdens de eerste twee jaar van hun leven. De resultaten van dit onderzoek zouden volgens Gabbard (2005) kunnen wijzen in de richting van een positief effect van een vroege psychotherapeutische interventie op de expressie van genen die (mede)-verantwoordelijk zijn voor de ontwikkeling van antisociaal gedrag. Dergelijk onderzoek zou, gezien de huidige problemen met jeugd en criminaliteit, op veel grotere schaal moeten worden uitgevoerd. Wanneer zulke eenvoudige interventies standaard uitgevoerd zouden worden bij risicomoeders, kan dat leiden tot enorme besparingen in zorgconsumptie later in het leven. En minder volle gevangenissen wellicht!
Voor het ontstaan van pathologie is dus meestal meer nodig dan alleen 'bad genes' of een verwaarlozende omgeving. Het ene kind is gevoeliger voor de negatieve effecten van deprivatie dan het andere. Wat betreft vroege omgevingsinvloeden is het effect van trauma vroeg in het leven op de ontwikkeling van psychopathologie later in het leven het best onderzocht. Op basis van meerdere studies (Pine & Cohen, 2002) kan geconcludeerd worden, dat een groot aantal kinderen, ondanks traumatische ervaringen, het later in het leven toch

goed doet. Gelukkig zijn kinderen over het algemeen veerkrachtig. Anderzijds geeft vroege traumatisering een tweemaal zo grote kans op psychopathologie later in het leven, en dan hebben we het over angststoornissen, depressies, maar ook gedrags- en persoonlijkheidsproblemen. Het wel of niet aanwezig zijn van sociale steun, maar vooral ook goede 'bemoedering', blijkt een belangrijke beschermende factor. De eerdergenoemde studie van Kaufman (2005), het dierexperimenteel onderzoek van de groep rond Meaney (Francis e.a., 1999; Weaver e.a., 2004) en Suomi (2002 en 2003), maar ook resultaten vanuit het infantresearch (Schmeets & Van Reekum, in druk) wijzen in deze richting.
De toegenomen kennis op dit gebied heeft een forse sprong voorwaarts betekend voor de manier van denken over de relatie tussen genen en omgeving en biedt perspectieven voor vroege (psychotherapeutische) interventies.

DE TOEKOMST VAN PSYCHOTHERAPIE

De neurobiologische noties over affectregulatie hebben belangrijke implicaties voor de behandeling van borderlinepatiënten. De neurobioloog Freeman (2003) meent dat het tot ontwikkeling komen van nieuwe persoonlijkheidsstructuren kan ontstaan door de 'chaotische ontbinding van bestaande structuren'. Deze ontbinding van bestaande structuren treedt op gedurende een crisissituatie door terugval naar vroegere stadia van ontwikkeling. Er ontstaat in het centrum van de crisis een toestand waarin toegewijde anderen door hun liefde tot ander gedrag kunnen uitnodigen. Gezamenlijke ervaringen ondersteunen de groei van een nieuwe leefstijl die gebaseerd is op vertrouwen (Freeman, 2003). Dergelijke ideeën nodigen uit kritisch te kijken naar ons therapeutisch handelen. Zonder affectieve elementen lijkt geen echte verandering te kunnen optreden. Maar louter ontregeling zonder affectieve inbedding geeft ook niet de gewenste verandering. Patiënten met BPS kunnen zich moeilijk inleven in de 'pretend mode' van denken. Wat de therapeut doet of zegt wordt vaak concreet en als enige waarheid opgevat. Als de therapeut tijdens de zitting even op zijn horloge kijkt bijvoorbeeld, wordt dit al heel snel opgevat als 'hij moet mij niet en hij wil dat ik wegga'. Borderlinepatiënten kunnen dus heel moeilijk overdracht herkennen, het verkeerd begrijpen van de therapeut is een gevolg van activering van traumagerelateerde interne objectrelaties en gaat gepaard met een activering van het amygdala (Herpertz e.a., 2001; Herpertz, 2005), wat op zijn beurt het vermogen te mentaliseren verder ondermijnt. Tekortschietende affectregulatie en gebrekkig vermogen tot mentaliseren gaan samen. Ener-

zijds kan er niet gementaliseerd worden waneer de affecten te hoog oplopen, anderzijds kan het mentaliseren sterk bijdragen aan het doen verminderen van te heftige affecten.
Het feit dat de drop-out bij deze patiënten zo groot is, heeft waarschijnlijk te maken met dit soort psychobiologische mechanismen. Behandelingen zoals MBT, maar deels ook DGT, die uitgaat van het begrip 'mindfulness', sluiten aan bij deze neurobiologische noties. Het doel van MBT is het op gang brengen van mentaliseren in de context van een gehechtheidsrelatie met een therapeut(systeem). Twee processen zijn hierbij van belang: ten eerste het activeren van negatief beladen emoties en ten tweede het stimuleren van affectief beladen herinneringen. Hierbij wordt de patiënt gestimuleerd om zijn normale patronen van niet-mentaliseren van negatieve emoties tegen te gaan (Fonagy & Bateman, 2006). De onderliggende hypothese is dat zich door het versterken van het mentaliseren veilige gehechtheidspatronen kunnen ontwikkelen. Een andere vorm van behandeling, zoals TFP, verschilt in therapeutische techniek weliswaar enigszins van MBT, maar lijkt hier wat betreft het psychopathologisch concept sterk op. Levy e.a. (2006) tonen aan dat de reflectieve functie, een concept vergelijkbaar met mentaliseren, duidelijk verbetert door TFP en niet bij DGT of supportieve behandeling. Tijdens deze behandelstudie wordt eveneens, met behulp van fMRI-onderzoek gekeken naar het functioneren van het amygdala, vanuit de veronderstelling dat de hyperresponsiviteit van het amygdala ten gevolge van de behandeling is afgenomen. Hierbij is natuurlijk interessant of er verschillen zijn tussen de therapievormen wat betreft het aanspreken van het amygdala.

Epiloog

Bij het denken over persoonlijkheid en persoonlijkheidsstoornissen ontkomen we er niet meer aan om ons bezig te houden met zowel de rol van de omgeving als de invloed van genen. Dit geldt zowel voor het wetenschappelijk onderzoek op dit terrein als voor de behandeling. In het klinische werk met mensen met een persoonlijkheidsstoornis dienen professionals te beschikken over (basale) kennis over zowel de werking van het brein als over de intra- en interpsychische processen die zich vanuit datzelfde brein aan ons manifesteren in het contact met de patiënt. 'Mind' en 'brain' zijn onlosmakelijk met elkaar verbonden en de bevindingen uit onder andere de neurowetenschappen hebben ons laten zien dat biologische interventies hun effect sorteren op mentale processen, maar ook dat interventies gericht op manipulatie van de omgeving, zoals psychotherapie dat doet, ver-

anderingen in structuur en functie van het brein teweegbrengen (Gabbard, 2005; Schmeets & Van Reekum, in druk).
Het neurobiologisch onderzoek bij (de behandeling van) borderlinepatiënten is bescheiden, maar gestaag groeiende Het beste onderzocht is affectregulatie en de impulsieve agressie, die echter niet los van elkaar gezien kunnen worden. Het beschikbare onderzoek wijst in de richting van functiestoornissen in de limbische en prefrontale hersengebieden, waarbij met name de neuronale circuits tussen deze beide systemen defecten vertonen. Orbitofrontale gebieden en prefrontale-mesolimbische circuits zijn van eminent belang bij het reguleren van emotionele stress en verschaffen ons de mogelijkheid onze impulsen en onze emoties af te stemmen op de eisen vanuit de buitenwereld, maar ook op die van onze interne werkmodellen. Inhibitie is noodzakelijk voor de (interne en externe) aanpassing.
Voor wetenschappelijk onderzoek, maar ook voor de keuze van een therapeutische interventie bij borderlinepatiënten biedt de DSM-IV-TR classificatie onvoldoende aanknopingspunten. Het huidige wetenschappelijk onderzoek gaat echter nog steeds uit van één grote groep van borderlinepatiënten, die vervolgens gerandomiseerd wordt naar enkele specifieke behandelingen, die op hun beurt met elkaar worden vergeleken. Neurobiologisch onderzoek heeft echter laten zien dat borderlinepatiënten onderling verschillen in hun vermogen te mentaliseren, hun gehechtheidsstijl en andere temperamentfactoren, zoals affectregulatie, zelfbeheersing en impulsiviteit. Zoals in het voorgaande beschreven, kunnen neurobiologische bevindingen, bijvoorbeeld het feit dat borderlinepatiënten minder goed in staat zijn tot het inschatten van gelaatsuitdrukkingen en/of sociale relaties, zeer goed vertaald worden naar therapeutische concepten en technieken.
En ondanks het feit dat we nog veel niet weten, ontstaat er meer kennis over onderliggende disfunctionele breinstructuren en neuronale netwerken. Deze toegenomen kennis kan ertoe leiden dat we meer gaan begrijpen van de (therapeutische) processen die uiteindelijk leiden tot een verandering bij de borderlinepatiënt. Meer kennis over de onderliggende psychopathologische processen bij borderlinepatiënten zal dan ook leiden tot noodzakelijke vernieuwingen in behandelstrategieën. Onze verwachting is dat integratie van kennis uit meerdere wetenschapsgebieden tot gevolg zal hebben dat therapeutische stromingen naar elkaar toe gaan groeien, waardoor een discussie over welke therapeutische stroming nu het beste werkt hopelijk tot het verleden gaat behoren.

Literatuur

Bateman, M.A. & Fonagy, P. (2000). Effectiveness of psychotherapeutic treatment of personality disorder. *British Journal of Psychiatry* 177, 138-143.

Bateman, M.A. & Fonagy, P. (2004). *Psychotherapy for borderline personality disorder.* New York, NY: Oxford University Press.

Bohman, M. (1996). Predisposition to criminality: Swedish adoption studies in retrospect. In: G.R. Bock & J.A. Goode, *Genetics of criminal and antisocial behavior.* Wiley: Chisester.

Caspi, A., McClay, J., Moffitt, T.E., Mill, J., Martin, J., Craig, I.W., Taylor, A. & Poulton, R. (2002). Role of genotype in the cycle of violence in maltreated children. *Science* 297, 851-854.

Caspi, A., Sugden, K., Moffitt, T.E., Taylor, A., Craig, I.W., Harrington, H., McClay, J., Mill, J., Martin, J., Braithwaite, A. & Poulton, R. (2003). Influence of life stress on depression: moderation by a polymorphism in the 5-htt gene. *Science* 301, 386-389.

Clarkin, J.F, Levy, K.N., Lenzenweger, M.F. & Kernberg, O.F. (2004). The personality disorders institute/borderline personality disorder research foundation randomized control trial for borderline personality disorder: rationale, methods, and patient characteristics. *Journal of Personality Disorders* 18, 52-72.

Clarkin, J.F. & Posner, M. (2005). Defining the mechanisms of borderline personality disorder. *Psychopathology* 38, 56-63.

Clarkin, J.F. & Levy, K.N. (2006). Psychotherapy for patients with borderline personality disorder: focusing on the mechanisms of change. *Journal of Clinical Psychology* 62, 405-410.

Coccaro, E.F. (1993). Biological and treatment correlates. In W.J. Livesley, *Handbook of personality disorders.* New York/London: The Guilford Press.

Critchley, H., Daly, E., Phillips, M., Brammer, M., Bullmore, E., Williams, S. e.a. (2000). Explicit and implicit neural mechanisms for processing of social information from facial expressions: A functional magnetic resonance imaging study. *Human Brain Mapping*, 9, 93-105.

Daenen, L. & Reekum, A.C. van (2006). Ambulante langerdurende psychotherapie bij patiënten met een persoonlijkheidstoornis. *Tijdschrift voor Psychotherapie* 32, 21-32.

Fertuck, E.A., Lenzenweger, M.F. & Clarkin, F. (2005). The association between attentional and executive controls in the expression of borderline personality disorder features: A preliminary study. *Psychopathology* 38, 75-81.

Fonagy, P. & Bateman, M.A. (2006a). Progress in the treatment of borderline personality disorder. *British Journal of Psychiatry*, 188, 1-3.

Fonagy, P. & Bateman, M.A. (2006b). Mechanism of change in mentalisation-based treatment of BPD. *Journal of Clinical Psychology*, 62, 411-430.

Fonagy, P., Gergely, G., Jurist, E.L. & Target, M. (2002). *Affect regulation, mentalization, and the development of the self.* New York: Other Press.

Francis, D., Diorio, J., Liu., D. & Meaney, M.J. (1999). Nongenomic transmission across generations of maternal behavior and stress responses in the rat. *Science* 286, 1155-1158.

Freeman, W.J. (2003). Neurodynamic models of the brain in psychiatry. *Neuropsychopharmacology* 28(Suppl 1), 54-63

Freud, S. (1895/1954). Project for a scientific psychology. In: M. Bonaparte, A.

Freud & E. Kris (eds), *The origins of psychoanalysis* (vertaald door E. Mosbacher & J. Strachey). Londen: Imago.

Gabbard, G.O. (2001). Psychodynamic psychotherapy of borderline personality disorders: A contemporary approach. *Bulletin of the Menninger Clinic* 65, 41-57.

Gabbard, G.O. (2005). Mind, brain, and personality disorders. *American Journal of Psychiatry* 162, 648-655.

Gallager, H.L. & Frith, C.D. (2003). Functional imaging of 'theory of mind'. *Trends in Cognitive Science*, 7, 77-83.

Gallese, V. (2003). The manifold nature of interpersonal relations: the quest for a common mechanism. *Phil. Trans. R. Soc. Lond.* 358, 517-528.

Gallese, V. (2006). Mirror neurons and intentional attunement: commentary on Olds. *Journal of the American Psychoanalytic Association* 54, 47-57.

Ge, X., Conger, R.D., Cadoret, R.J., Neiderhiser, J.M., Yates, X.R., Troughton, E. & Steward, M.E. (1996). The developmental interface between nature and nurture: a mutual influence model of child antisocial behavior and parent behaviors. *Developmental Psychopathology* 32, 574-589.

Gottlieb, G. (1997). *Synthesizing nature and nurture.* Mahwah, New Jersey: Lawrence Erlbaum Associates Publishers.

Green, J. & Haidt, J. (2002). How (and where) does moral judgment work? *Trends in Cognitive Science*, 6, 517-523.

Gurvits, I.G., Koenigsberg, H.W. & Siever, L.J. (2000). Neurotransmitter dysfunction in patients with borderline personality disorder. *Psychiatric Clinics of North America*, 23, 27-40.

Herpertz, S.C., Kunert, H.J., Schuerkens, A., Steinmeyer, E.M., Sass, H., Freese, R., Flesch, M., Mueller-Isbender, R. & Osterheider, M. (2000a). Impulse control and affect regulation in personality disorders. *Psychotherapy and Psychosomatics* 50, 435-442.

Herpertz, S.C., Schwenger, U.B., Kunert, H.J., Lukas, G., Gretzer, U., Nutzmann, J., Schuerkens, A. & Sass, H. (2000b). Emotional responses in patients with borderline as compared with avoidant personality disorder. *Journal of Personality Disorders* 14, 339-351.

Herpertz, S.C., Dietrich, T.M., Wenning, B., Krings, T., Erberich, S.G., Willmes, K., Thron, A. & Sass, H. (2001). Evidence of abnormal amygdale functioning in borderline personality disorder: a functional MRI study. *Biological Psychiatry* 50, 292-298.

Herpertz, S.C. (2003). Emotional processing in personality disorder. *Current Psychiatry Reports* 5, 23-27.

Herpertz, S.C. (2005). A temperamental model of borderline personality disorder and its implications for psychotherapy. *Psychopathology* 38, 53-55.

Hoermann, S., Clarkin, J.F., Hull, J.W. & Levy, K.N. (2005). The construct of effortful control: An approach to borderline personality disorder heterogeneity. *Psychopathology* 38, 82-86.

Iacoboni, M., Molnar-Szakacs, I., Gallese, V., Buccino, G., Mazziotta, J.C. & Rizzolatti, G. (2005). Grasping the intentions of others with one's own mirror neuron system. *PLoS Biology* 3, 529-535.

Kandel, E.R. (1998). A new intellectual future of psychoanalysis: a new intellectual framework for psychiatry revisited. *American Journal of Psychiatry* 155, 457-469.

Kandel, E.R. (1999). Biology and the future of psychoanalysis: a new intellectual

framework for psychiatry revisited. *American Journal of Psychiatry* 156, 505-525.
Kandel, E.R. (2001). The molecular biology of memory storage: a dialogue between genes and synapses. *Science* 295, 1030-1038.
Kaufman, J., Yang, B-Z., Douglas-Palumberi, H., Houshyar, S., Lipschitz, D., Krystal, J.H. & Gelernter, J. (2004). Social supports and serotonin transporter gene moderate depression in maltreated children. *PNAS* 101, 17316-17321.
Kellogg, S.H. & Young, J.E. (2006). Schema therapy for borderline personality disorder. *Journal of Clinical Psychology* 62, 445-458.
Lauteslager, M. (2006). Het evidence-beest heeft kuren. Gebruik en misbruik van EBP, RCT en EST methodologie. *Tijdschrift voor Psychotherapie* 32, 347-366.
Leichsenring, F. & Leibing, E. (2003). The effectiveness of psychodynamic therapy and cognitive behavior therapy in the treatment of personality disorders: A meta-analysis. *American Journal of Psychiatry* 160, 1223-1232.
Levy, K.N, Meehan, K.B., Weber, M., Reynoso, J. & Clarkin, J.F. (2005). Attachment and borderline personality disorder: implications for psychotherapy. *Psychopathology* 38, 64-74.
Levy, K.N., Clarkin, J.F., Yeomans, F.E., Scott, L.N., Wasserman, R.H. & Kernberg, O.F. (2006). The mechanisms of change in the treatment of borderline personality disorder with transference focused psychotherapy. *Journal of Clinical Psychology* 62, 481-501.
Livesley, W.J. (2005). Principles and strategies for treating personality disorder. *Canadian Journal of Psychiatry* 50, 442-450.
Livesley, W.J. (2006). Progress in the treatment of borderline personality disorder. *Canadian Journal of Psychiatry* 50, 433-434.
Lynch, T.R., Chapman, A.L., Rosenthal, M.Z., Kuo, J. & Linehan, M.M. (2006). Mechanisms of change in dialectical behavior therapy: theoretical and empirical observations. *Journal of Clinical Psychology* 62, 459-480.
Meaney, M.J. (2001). Maternal care, gene expression, and the transmission of individual differences in stress reactivity across generations. *Annual Review of Neuroscience* 24, 1161-1192.
Meaney, M.J. (2004). The nature of nurture: maternal affects and chromatine remodeling. In: J.T. Cacioppo & G.G. Berntson, *Essays in social neuroscience*. Londen, England: The MIT Press.
Moffitt, T.E. (2005). The new look of behavioral genetics in development psychopathology: gene-environment interplay in antisocial behaviours. *Psychological Bulletin* 1313, 533-554.
Olds, D.L., Henderson Jr, C.R., Kitzman, H., Eckenrode, R.E., Cole, R.E. & Tatelbaum, R.C. (1999). Prenatal and infancy home visitation by nurses: recent findings. *The future of children home visiting: recent program evaluations* 9, 44-65.
Paris, J. (2005). Recent advances in the treatment of borderline personality disorder. *Canadian Journal of Psychiatry* 50, 435-441.
Pally, R. (2000). *The mind-brain relationship*. Londen & New York: Karnac.
Pine, D.S. & Cohen, J.A. (2002). Trauma in children and adolescents: Risk and treatment of psychiatric sequelae. *Biol Psychiatry*, 51, 519-531.
Plomin, R. & Rutter, M. (1998). Child development, molecular genetics, and what to do with genes once they are found. *Child Development* 69, 1223-1243.
Pray, L.A. (2004). Epigenetics: Genome, meet your environment. *The Scientist*, 5, 14-20.

Roth, A. & Fonagy, P. (2006). *What works for whom? A critical review of psychotherapy research.* New York, Londen: The Guilford Press.

Rutter, M. (2005). Environmentally mediated risks for psychopathology: research strategies and findings: *Journal of the American Academy of Child and Adolescent Psychiatry* 44, 3-18.

Rutter, M. (2005). How the environment affects mental health. *British Journal of Psychiatry* 186, 4-6.

Schmeets, M.G.J. & Reekum, A.C. van (2000). De psychotherapie en haar toekomst binnen de psychiatrie. Een poging tot integratie van nieuwe inzichten. *Tijdschrift voor Psychiatrie* 42, 459-467.

Schmeets, M.G.J. & Reekum, A.C. van (in druk). *Infantonderzoek en neurowetenschappen.* In: E.H.M. Eurelings-Bontekoe, R. Verheul & W. Snellen, *Leerboek persoonlijkheidspathologie.* Houten/Diegem: Bohn Stafleu van Loghum.

Schore, A.N. (1994). *Affect regulation and the origin of the self: The neurobiology of emotional development.* Hillsdale, NJ: Lawrence Erlbaum.

Schore, A.N. (1996). The experience dependent maturation of a regulatory system in the orbital prefrontal cortex and the origin of developmental psychopathology. *Development and Psychopathology* 8, 59-87.

Schore, A.N. (2001a). Effects of a secure attachment relationship on right brain development, affect regulation, and infant mental health. *Infant Mental Health Journal* 22, 7-67.

Schore, A.N. (2001b). Minds in the making: Attachment the self-organizing brain, and developmentally oriented psychoanalytic psychotherapy. *British Journal of Psychiatry* 17, 299-328.

Schore, A.N. (2003). *Affect dysregulation and disorders of the self.* Londen: W.W. Norton & Company.

Siever, L.J., Buchsbaum, M.S., New, A.S., Spiegel-Cohen, J., Wei, T., Hazlett, E.A., Sevin, E., Nunn, M. & Mitropoulou, V. (1999). d,l-fenfluramine respons in impulsive personality disorder assessed with [^{18}F]Fluorodoxyglucose Positron Emission Tomografy. *Neuropsychopharmacology* 20, 413-423.

Siever, L.J. & Davis, K.L. (1991). A psychobiological perspective on the personality disorders. *American Journal of Psychiatry* 148, 1647-1658.

Silk, K.R. (2000). Borderline personality disorder. Overview of biologic factors. *Psychiatric Clinics of North America* 23, 61-75.

Skodol, A.E, Gunderson, J.G., McGlashan, T.H., Dyck, I.R., Stout, R.L., Bender, D.S., Grilo, C.M., Shea, M.T., Zanarini, M.C., Morey, L.C., Sanislow, C.A. & Oldham, J.M. (2002). Functional impairment in patients with schizotypal, borderline, avoidant, or obsessive-compulsive personality disorder. *American Journal of Psychiatry* 159, 276-283.

Skodol, A.E., Gunderson, J.G., Pfohl, B., Widiger, T.A., Livesley, W.J. & Siever, L.J. (2002). The borderline diagnosis: 1. Psychopathology, comorbidity and personality and personality structure. *Biological Psychiatry*, 51, 936-950.

Speckens, A.E.M. (2006). Wider than the sky, deeper than the sea. *Maandblad Geestelijke Volksgezondheid* 61, 711-723.

Suomi, S.J. (2002). How gene-environment interactions can shape the development of socioemotional regulation in rhesus monkeys. In: B.S. Zuckerman, A.F. Lieberman & N.A. Fox (Eds.), *Emotional regulation and developmental health.* Johnson & Johnson Pediatric Institute.

Suomi, S.J. (2003). Gene-environment interactions and the neurobiology of so-

cial conflict. *Annuals of the New York Academy of Sciences* 1008, 132-139.
Torgenson, S., Lygren, S., Oien, P.A., Skre., Onstad, S., Edvardsen, J. et al. (2000). A twin study of personality disorders. *Comprehensive Psychiatry*, 41, 416-425.
Tronick, E.Z. (1989). Emotions and emotional communication in infants. *American Psychologist* 44, 112-119.
Weaver, I.C.G., Cervoni, N., Champagne, F.A., Alessio, A.C.D., Sharma, S., Seckl, J.R., Dymov, S., Szyf, M. & Meaney, M.J. (2004). Epigenetic programming by maternal behaviour. *Nature Neuroscience* 7, 847-854.
Zanarini, M.C., Frankenburg, F.R., Hennen, J. & Silk, K.R. (2003). The longtitudinal course of borderline psychopathology: 6-year prospective follow-up of the phenomenology of borderline personality disorder. *American Journal of Psychiatry* 160, 274-283.

Zorgtoewijzing bij persoonlijkheidsstoornissen: naar een model voor getrapte diagnostiek?

Giel Hutschemaekers, Wubbo Scholte en Bea Tiemens

Inleiding

Een apart hoofdstuk over de diagnostiek van persoonlijkheidsstoornissen en de daaruit volgende zorgtoewijzing ligt erg voor de hand in een boek als dit. In de klinische praktijk blijkt diagnostisch onderzoek naar persoonlijkheidspathologie een lastige opgave: de symptomen zijn niet eenduidig, laten zich moeilijk opsporen en komen vaak pas na verloop van tijd aan het licht. De meeste hulpverleners zijn daarom terughoudend bij het vaststellen van een persoonlijkheidsstoornis: liever afwachten dan de foute diagnose stellen. Ze zijn dit eens temeer, omdat er aan het etiket persoonlijkheidsstoornissen vaak negatieve connotaties zijn verbonden, bijvoorbeeld dat een persoon met een persoonlijkheidsstoornis onbehandelbaar zou zijn (Verheul, 2004).

Tegelijkertijd wordt goede diagnostiek gezien als een noodzakelijke voorwaarde voor het formuleren van een passend behandelplan (zorgtoewijzing). Hoe beter de diagnostiek, des te meer kennis er over de cliënt beschikbaar komt en des te groter de kans dat een passende behandeling wordt ingezet. Die uitspraak geldt zeer zeker ook voor persoonlijkheidsstoornissen. Juist omdat de diagnostiek hier zo complex is, moet hier extra zorgvuldigheid worden betracht, alvorens te komen tot een gepaste behandeling (De Bruyn, 1992).

Toch is het maar de vraag of die opvatting altijd juist is. Sinds Hayes in 1987 de term 'treatment utility of assessment' introduceerde (Hayes e.a., 1987), zijn er de nodige vraagtekens gezet bij de veronderstelling dat de kwaliteit van indicatiestelling samenhangt met de kwaliteit van diagnosestelling. 'Despite progress, for most assessment procedures and devices, the treatment utility question remains' (Nelson-Gray, 2002). Dat komt in belangrijke mate door gebrek aan

onderzoek naar de relatie tussen de diagnose en het behandelresultaat, zeker op het gebied van persoonlijkheidsstoornissen. Het onderzoek naar diagnostiek betreft namelijk meestal de betrouwbaarheid en validiteit van diagnostische meetinstrumenten. Veel minder aandacht krijgt de vraag naar de meerwaarde van die diagnostische kennis voor de indicatiestelling en behandeling. Ten onrechte, aldus Beutler e.a. (2002), want diagnostische kennis wordt pas echt bruikbaar wanneer deze kan worden vertaald in 'principles of change' en ondersteuning biedt voor het kiezen van een behandelfocus.
Dit hoofdstuk gaat over de meerwaarde van de diagnostiek voor de behandeling van persoonlijkheidsstoornissen. Daarbij stellen we de vraag welke diagnostische informatie noodzakelijk is voor een adequate zorgtoewijzing en het formuleren van een passend behandelplan. We richten ons daarbij in eerste instantie op de klinische praktijk van alledag, waarin de opvatting heerst dat uitgebreide diagnostiek noodzakelijk is om te komen tot een behandeling op maat (matched care). Onderzoeksgegevens uit diezelfde zorgpraktijk laten echter zien dat matched care vaak helemaal niet leidt tot zorg-op-maat. Het tweede zorgtoewijzingsmodel dat hier wordt beschreven is dat van managed care. Volgens de aanhangers van de managed care kan de diagnostiek grotendeels beperkt blijven tot een DSM-classificatie. Maar ook die benadering, zo zullen we laten zien, kan de toets der kritiek niet doorstaan. Daarom opteren wij voor een derde benadering van zorgtoewijzing, namelijk die van stepped care ofwel 'getrapte zorg'. We zullen daarbij beargumenteren dat niet alleen de zorg een 'getrapt' karakter kan krijgen maar ook de diagnostiek: de inhoud van de diagnostiek kan heel goed afhankelijk worden gemaakt van het verloop van de problematiek van de cliënt en de focus van de behandeling.

Matched care

Tot voor kort was de dominante opvatting binnen de Geestelijke Gezondheidszorg (GGZ) dat goede diagnostiek identiek was aan uitgebreide en volledige diagnostiek. Dat standpunt werd in 1987 door Schnabel samengevat met het begrip 'inclusie' (Schnabel, 1987). In de algemene somatische gezondheidszorg wordt diagnostiek verricht volgens het beginsel van exclusie, dat wil zeggen net zo lang meer voor de hand liggende alternatieven uitsluiten totdat er nog maar één juiste diagnose overblijft. In de GGZ werkt men echter volgens het beginsel van inclusie: er wordt net zo lang informatie van de cliënt verzameld totdat een volledig beeld van de cliënt in zijn context ontstaat. De gepresenteerde klachten of symptomen leiden tot een classificatie in DSM-termen. Vervolgens moet een inschatting worden gemaakt van de ernst van de stoornis, de ziekte- en behandelgeschiedenis, eventuele comorbiditeit, uitlokkende factoren, kwetsbaarheid en weerbaarheid van de cliënt (premorbide niveau van sociaal en rolfunctioneren), beschikbaarheid van hulpbronnen en kwaliteit van het netwerk, motivatie, verwachtingen en hulpvraag (Willemse e.a., 2000). Idealiter vindt includerende diagnostiek plaats door een multidisciplinair team, waarbij iedere discipline een eigen deskundigheid inbrengt en gezamenlijk een diagnostisch oordeel tot stand komt. Dat vraagt tijd (een aantal diagnostische gesprekken). In de multidimensionele diagnostiek, zoals voorgesteld door Eurelings-Bontekoe en Snellen (2003) en op veel plaatsen toegepast, zien we eveneens een sterke nadruk op uitvoerig psychologisch onderzoek, verdeeld in zes domeinen. Deze moeten een beeld geven van klachten, mogelijkheden, beperkingen en aanwijzingen voor behandelwijze, behandeldoelen en verwachte problemen in de therapierelatie, noodzaak voor medicatie, et cetera.

De includerende werkwijze steunt op de assumptie dat goede diagnostiek en indicatiestelling veel verder gaan dan het vaststellen van het toestandbeeld (DSM). Alleen door de diagnostiek uit te breiden ontstaat zicht op de sterke en zwakke kanten van de cliënt, op diens therapeutische mogelijkheden, maar ook op diens beperkingen, alsmede op diens eigen wensen, voorkeuren en weerstanden. Op basis van al deze informatie en het gesprek daarover met de cliënt, ontstaat zicht op de best passende zorg. Daardoor is het zeer wel mogelijk dat twee cliënten met een identieke DSM-classificatie een heel andere behandeling krijgen voorgesteld. Er is sprake van matched care zodra de voorgestelde behandeling is toegesneden op de maat van de cliënt (Curtis-Breslin e.a., 1997). Matched care oftewel zorg-op-maat is in theorie bij uitstek vraaggestuurd: de cliënt en diens problemen en mogelijkheden zijn leidend voor het aanbod en niet andersom (IOG, 2000).

Zorgtoewijzing volgens het matched care beginsel vraagt van hulpverleners een bijzondere expertise. De hulpverlener moet over de nodige gespreksvaardigheden beschikken, een scherp klinisch oog hebben en in staat zijn afstand te nemen van zijn eigen behandelvoorkeuren. Ook moet hij zijn eigen oordeel kunnen expliciteren, dat leggen naast de diagnostische informatie en het oordeel van medediagnostici, om samen met hen tot een passend behandelvoorstel te komen. Een goede diagnosticus is dus ook onderhandelaar. Alleen professionals

met veel ervaring, gezag en een grote staat van dienst zijn dus in staat te werken volgens de beginselen van zorg-op-maat.
Er is heel wat onderzoek dat laat zien dat specifieke cliëntkenmerken voorspellend zijn voor het resultaat van de behandeling en dus van belang zijn bij zorgtoewijzing volgens het matched care principe. Beutler wijst op de sterke evidentie die bestaat voor prognostische factoren als de behandelgeschiedenis, de effecten van eerdere behandeling, de mate van sociale steun en de mate van al bestaande functionele beperkingen. Deze zijn van groot belang voor een goede match en daarom van belang in de door hem voorgestelde 'systematic treatment selection' (Beutler & Clarkin, 1990). In de literatuur zijn ook enkele voorbeelden beschreven van de positieve effecten van matched care. Zo hebben Timko en Sempel recent aangetoond dat cliënten met een dubbeldiagnose en een lange behandelgeschiedenis beter af zijn met een zware behandeling dan met een lichte behandeling (Timko & Sempel, 2004). Matched care, zorgtoewijzing gekoppeld aan cliëntkenmerken, lijkt op papier althans duidelijk meerwaarde te hebben.
De matched care benadering heeft een tijd lang in de Nederlandse GGZ opgang gemaakt. In bijna alle Riagg's werd volgens dit model gewerkt, zeker binnen de afdelingen Psychotherapie. Maar ook in klinische settingen is deze aanpak lange tijd dominant geweest. Tegenwoordig wordt zorg-op-maat in zijn radicale vorm minder toegepast. Het multidisciplinaire team heeft plaatsgemaakt voor een kleiner en select gezelschap, terwijl ook de intensiteit van het diagnostisch proces fors is afgenomen. Naast overwegingen van financiële en organisatorische aard (multidisciplinaire indicatiestelling is bijna niet meer te organiseren en is bovendien erg duur), spelen meer principiële overwegingen. De belangrijkste daarvan is: de meerwaarde van matched care, in termen van effectiviteit, is empirisch nauwelijks aangetoond en daarnaast blijkt matched care in de praktijk iets heel anders te betekenen dan het matchen van behandelopties aan cliëntkenmerken.
Het meest uitvoerige onderzoek naar matched care is in Nederland uitgevoerd. Het betrof een grootschalig gerandomiseerd pragmatisch experiment uitgevoerd naar het verschil tussen matched en stepped care bij cliënten met een depressie en/of een angststoornis. De studie was pragmatisch, omdat deze werd uitgevoerd in normale Riagg-settings en patiënten met (bijna) alle vormen van comorbiditeit, dus ook persoonlijkheidspathologie, werden geïncludeerd. De cliënten werden gerandomiseerd naar drie condities: matched care, de gebruikelijke werkwijze waarin in het multidisciplinaire team werd bepaald

wat de beste behandeling zou zijn voor die specifieke cliënt; een geprotocolleerde cognitieve gedragstherapie (10-15 sessies); en kortdurende behandeling (5-8 sessies) volgens het model van Rijnders (Rijnders e.a., 1999). Na twaalf en na achttien maanden waren er geen significante verschillen in behandeluitkomst tussen de drie groepen (Van Straten e.a., 2006). Matching bleek dus geen meerwaarde te hebben in een normale voordeurpopulatie.
Matching blijkt in de praktijk niet zo eenvoudig en bovendien ook een wisselende invulling te krijgen. Hierna volgt een samenvatting van enkele eigen studies die de problemen van zorg-op-maat illustreren.
De eerste studie betreft onderzoek uitgevoerd begin jaren negentig binnen een afdeling Psychotherapie van een Riagg (Hutschemaekers, 1996). Leden van het indicatieoverleg kregen cases voorgelegd die ze een jaar eerder ook al hadden beoordeeld. Van de 36 opnieuw geïndiceerde cliënten kregen er 20 dezelfde indicatie (naar therapeutische hoofdstroom), 16 dus niet. Vervolgens werden ook de effecten van het gezamenlijke indicatieberaad in kaart gebracht: vooraf werd aan de deelnemers gevraagd hun voorlopige indicatie op papier te zetten, na afloop werd hun gevraagd dat opnieuw te doen. Wat bleek: vóór het indicatieberaad werd in 50 procent van de gevallen geoordeeld dat de cliënt het beste conform het eigen referentiekader kon worden behandeld. Na afloop van het beraad waren de oordelen fors veranderd: ongeacht de beslissing was de voorkeur voor het eigen referentiekader gestegen tot 70 procent van alle indicaties. Het beraad had dus niet geresulteerd in een gezamenlijk gedragen beslissing, in plaats daarvan raakten de deelnemers steeds meer overtuigd van de meerwaarde van een behandeling conform het eigen referentiekader. Witteman en Koele kwamen tot vergelijkbare conclusies met betrekking tot de indicatiestelling bij een patiënt met depressieve stoornissen: de beste voorspeller voor wat er moet gebeuren in een behandeling blijkt de voorkeur van de hulpverlener (Witteman & Koele, 1999).
Het hiervoor beschreven onderzoek van Lemmens e.a. maakt daarnaast een ander punt duidelijk over matched care: de kans op een switch in het oordeel van de hulpverlener richting het eigen referentiekader neemt toe met de lengte van het overleg over de betreffende cliënt (Hutschemaekers, 1996). Als de lengte van het indicatieoverleg beschouwd mag worden als indicator voor de uitgebreidheid van de diagnostiek, dan zou gelden dat hoe langer het diagnostisch onderzoek des te groter de kans dat de cliënt een indicatie krijgt die direct aansluit bij het eigen referentiekader van de diagnosticus. Zorg-opmaat zou dan het proces zijn waarbij de hulpvraag van de cliënt zo wordt geïnterpreteerd en gevormd dat ze steeds beter aansluit bij de

favoriete behandeling van de diagnosticus. Deze hypothese sluit aan bij de al oudere studies van De Swaan en collegae naar effecten van protoprofessionalisering (De Swaan, 1979). Protoprofessionalisering verwijst naar het fenomeen dat leken hun dagelijkse wederwaardigheden leren bezien in het perspectief van de professionals. De kans op een indicatiestelling psychotherapie bij het Amsterdamse Instituut voor Psychotherapie bleek toe te nemen naarmate cliënten meer effecten van protoprofessionalisering lieten zien. De auteurs concludeerden dan ook dat het spreekuur vooral een 'opgave' voor de cliënt was, die succesvoller werd naarmate het de cliënt beter lukte de taal van de therapeut te spreken. Vergelijkbare resultaten werden vervolgens door De Waal (1987) en De Ridder (1991) gerapporteerd: de kans op behandeling neemt toe naarmate de cliënt erin slaagt meer op de therapeut te lijken.
Een derde type studie dat de beperkingen in de toepassing van matched care laat zien, zijn de zogeheten studies naar vraag en aanbod binnen de Riagg en de PAAZ uit de jaren negentig (De Beer & Hutschemaekers, 1996; Jabaaij & Hutschemaekers, 1998; Van de Sande e.a., 1992; Vermande e.a., 1997). Ook daar bleek de relatie tussen de indicatiestelling en feitelijke behandeling zeer mager. Weliswaar was de lengte van de indicatiefase de beste voorspeller voor de voorgestelde intensiteit van de behandeling, maar niet voor de intensiteit van de feitelijke behandeling. De meeste behandelingen bleken, ongeacht hun indicatie, op te schuiven in de richting van een ondersteunende en structurerende aanpak.
En ten slotte is er nog een praktisch argument tegen matched care: de scheiding tussen de diagnostische en behandelfase blijkt niet te werken. Bijna altijd starten hulpverleners hun behandeling met nader diagnostisch onderzoek. Zo verzamelen ze de informatie die nodig is om tot een behandelovereenkomst te komen en te bepalen welke interventie volgens hen het meest passend is. De behandeldiagnostiek is heel vaak op hoofdpunten een herhaling van de oorspronkelijke diagnostiek in de intake aan de voordeur. Pogingen om deze herhaling te beperken sorteren nauwelijks effect. Het probleem blijkt buitengewoon taai en laat zich niet met strakke afspraken oplossen. Hulpverleners zeggen dat het diagnostisch gesprek bij de start van de behandeling niet alleen noodzakelijk is voor het verkrijgen van de meest actuele informatie over de cliënt, maar ook een interventie is die helpt bij het starten van het therapeutisch proces. Gegeven de hiervoor geformuleerde kritiek op de diagnostische fase, reist de vraag waarom de omgekeerde weg niet wordt bewandeld: beperking

van de diagnostiek bij intake en indicatiestelling en opwaardering van de diagnostiek bij de start van de behandeling.

Voorgaande studies en argumenten maken duidelijk dat matched care op papier weliswaar aantoonbare meerwaarde heeft, maar dat zorgtoewijzing op basis van matched care in de praktijk van alledag niet of onvoldoende werkt. Mogelijk ligt dat aan de wijze waarop matched care in de praktijk vorm en inhoud heeft gekregen, mogelijk wijst het ook op een principiële onvolkomenheid van matched care, namelijk dat het resultaat van behandeling zich helemaal niet zo goed door cliëntenkenmerken laat voorspellen.

Managed care

Geldt de kritiek op matched care ook voor de diagnostiek en behandeling van mensen met een persoonlijkheidsstoornis? Daarover zijn de meningen verdeeld. Op basis van een uitvoerige literatuurstudie concluderen Newton-Howes en collegae dat de standaardbehandeling van depressie in combinatie met een persoonlijkheidsstoornis onvoldoende effect sorteert en daarom meer op maat van de cliënt moet worden aangeboden (Newton-Howes, 2006). Juist bij vermoeden van een persoonlijkheidsstoornis is uitvoerige diagnostiek nodig voor het vaststellen van een adequaat behandelplan (Sprey, 2002). Volgens Artnz en collega's verdwijnt het effect van de aanwezigheid van persoonlijkheidspathologie op de lengte van de behandeling, zodra men zich beperkt tot een analyse van goed uitgevoerde empirische studies (Dreessen & Arntz, 1998; Van den Hout, 2006; Mulders, 2002). Eigenlijk, zo suggereert Arntz, hoeft men geen weet te hebben van het bestaan van een persoonlijkheidsstoornis, wanneer men zich richt op de behandeling van een depressieve of angststoornis (Arntz, 2006).
De conclusies van Arntz sluiten aan bij de nieuwe multidisciplinaire richtlijnen voor de behandeling van angst-, depressieve en eetstoornissen. Weliswaar wordt hier de nodige lippendienst bewezen aan uitvoerige diagnostiek en psychodiagnostische instrumenten, maar bij de aanbevelingen voor specifieke interventies verdwijnt het belang van uitvoerige diagnostiek nagenoeg volledig uit beeld. Wat moet men weten om een cliënt met een sociale fobie optimaal te behandelen? Eigenlijk is het voldoende te weten dat sprake is van een sociale fobie (LSR, 2003). Want 'in de literatuur zijn geen eenduidige factoren bekend die een voorspellende waarde hebben voor het succes van de behandeling' (LSR, 2005). Vanuit dit perspectief zijn de zaken dan

ook helder: de beste zorgtoewijzing geschiedt enkel en alleen op basis van een adequate classificatie in termen van As I van de DSM-IV. Deze opvatting over indicatiestelling, dat slechts met een DSM-classificatie kan worden vastgesteld welke behandeling passend is, kan worden gezien als een vorm van managed care.
De term managed care kent vele betekenissen. Hier verstaan we onder managed care een vorm van zorgtoewijzing waarbij het zorgaanbod, op grond van een aantal nader te bepalen parameters, op voorhand is vastgelegd. De keuze voor een specifieke interventie, geschiedt volgens deze benadering los van de specifieke wensen of verwachtingen, mogelijkheden en behoeften van individuele cliënten. In plaats daarvan wordt het aanbod vastgesteld op basis van 'objectieve' criteria die gekoppeld zijn aan de diagnose, zoals bewezen effectiviteit van interventies, bijwerkingen, en kosten. Managed care is een model waarbij de zorgtoewijzing geschiedt op basis van vooraf vastgestelde criteria, met als doel gepaste zorg aan te bieden, meestal gedefinieerd als meest kosteneffectieve interventie (Hayes e.a., 1999).
In de Nederlandse zorgpraktijk betekent managed care dat zorgtoewijzing geschiedt op basis van evidence-based richtlijnen en de vertaling ervan in zogeheten DBC's (diagnose-behandelcombinaties). Zorgtoewijzing, zo is het uitgangspunt, mag uitsluitend plaatsvinden op basis van harde voorspellers; dat wil zeggen, voorspellers die afgeleid kunnen worden uit studies die voldoen aan de hoogste kwaliteitseisen van wetenschappelijk onderzoek (hoogste 'level of evidence') (Hutschemaekers & Smeets, 2005). Natuurlijk zijn er andere criteria, bijvoorbeeld de eerder beschreven criteria van Beutler, maar die worden binnen de managed care benadering wat gerelativeerd. Managed care is niet alleen populair bij managers, ook de meeste onderzoekers zijn er dol op: wetenschap mag hier namelijk bepalen wat er in de praktijk gebeurt.
In zijn extreme en ideaaltypische variant kan zorgtoewijzing volgens de managed care benadering tot stand komen zonder tussenkomst en bemoeienis van een diagnosticus. Er zijn al computerprogramma's die een adequate classificatie genereren. De onderliggende rationale moge duidelijk zijn: een psychische stoornis, of dat nu een As-I- of As-II-stoornis betreft, heeft een empirische hardheid. Het aantrekkelijke van managed care is vervolgens dat zorgtoewijzing volledig transparant kan worden gemaakt, en dat met de toevoeging van epidemiologische gegevens, het aanbod op voorhand kan worden berekend en vervolgens geprogrammeerd. Een kind kan de was doen.
Hoe simpel en elegant ook, managed care kan de toets de kritiek niet doorstaan. Weliswaar zijn de indicatiecriteria gebaseerd op uitkom-

sten van streng wetenschappelijk onderzoek, daarmee zijn ze echter nog niet per definitie juist. Ten eerste zijn die criteria afgeleid uit trialonderzoek waaraan cliënten vrijwillig hebben deelgenomen. Cliënten die niet konden, wilden of onvoldoende gemotiveerd waren, bleven buiten het onderzoek. De leeftijd, de taal die men spreekt en de motivatie voor deelname aan onderzoek, specifieke comorbiditeit, et cetera zijn daarmee belangrijke impliciete criteria. Of en welke invloed die hebben op het effect van behandeling is onduidelijk. In oudere studies zijn bovendien de (kenmerken van de) cliënten die de behandeling tussentijds staakten niet meegenomen in de analyses van voorspellende criteria. Kortom, omdat criteria vooral gebaseerd worden op trialonderzoek, blijven allerlei impliciete criteria buiten beschouwing. Zodra men de range van studies breder maakt, blijkt al snel, zeker bij psychotherapie, het aantal criteria toe te nemen (Lambert, 2004).
Een tweede probleem betreft de vaak wel erg beperkte effectmaat die in deze onderzoeken wordt gehanteerd, alsof het doel van behandeling uitsluitend klachtenreductie is (Hutschemaekers & Kalmthout, 2006). Misschien is het nog te verdedigen dat er weinig criteria zijn die klachtenreductie kunnen voorspellen, maar of dat ook geldt voor andere behandeldoelstellingen, bijvoorbeeld beter sociaal functioneren, leren leven met de beperkingen, valt nog zeer te bezien. Ten slotte wordt in de managed care benadering volledig voorbijgegaan aan het 'onderhandelingsaspect' van de diagnostiek. Indicatie stellen gaat over het formuleren van passende zorg. En passend zegt in dit verband ook iets over wat de cliënt ervaart en wat moet aansluiten bij diens verwachtingen. Aansluiting bij de verwachtingen lijkt het therapieproces te versnellen en drop-out te verminderen (Van Audenhove, 1995; Vervaeke e.a., 1997).

Stepped care en getrapte diagnostiek

Stepped care is evenals matched en managed care, een principe voor zorgtoewijzing. Volgens Donovan en Marlatt wordt de zorg in de stepped care aanpak gestart met de minst kostbare, minst intensieve en minst restrictieve (in de zin van de minste verandering in levensstijl-vereisende) behandeling. Deze behandeling is als voldoende beoordeeld om aan de behoeften en doelen van de patiënt tegemoet te komen, voordat duurdere en meer restrictieve behandelingen worden geprobeerd (Donavan & Marlatt, 1993). Volgens Sobell en Sobell (2000) betekent dit dat de behandelkeuze 'performance-based' moet zijn, dat wil zeggen: de keuze voor een interventie moet afhankelijk zijn van de respons van de cliënt op die behandeling. Vervolgens moet de behandeling in overeenstemming zijn met de wetenschappelijke stand van zaken, evidence-based dus. Ten derde moet de behandeling zo min mogelijk restrictief zijn voor de cliënt, in de zin van zo min mogelijk fysieke effecten, en zo gering mogelijke impact op de manier van leven, de mogelijkheden van de cliënt, et cetera (Sobell & Sobell, 2000).

FOCUSMODEL

Een voorbeeld van een uitwerking binnen de GGZ is de stepped care heuristiek zoals die binnen de Gelderse Roos is uitgewerkt (Hutschemaekers e.a., 2006; Tiemens e.a., 2004). Stepped care betekent hier ten eerste dat gewerkt wordt volgens het algemeen wetenschappelijk principe van spaarzaamheid (parsimony): eenvoudige verklaringen van een verschijnsel hebben voorrang boven een complexere verklaring (Kazdin, 2003). Samen met de cliënt moet worden gekeken naar wat op het eerste gezicht de meest eenvoudige of meest voor de hand liggende hypothese, verklaring of definitie van het probleem is, gezien de op dat moment aanwezige informatie. Deze meest voor de hand liggende verklaring is vervolgens bepalend voor de behandelfocus. Het tweede heuristische principe betreft de empowerment van de cliënt. Bij vergelijking tussen twee doelstellingen of interventies hebben die doelstellingen en interventies voorrang die het meest gericht zijn op het bevorderen van de gezonde en sterke kanten van de cliënt. Empowerment verwijst naar zowel het proces van ruimte maken voor het zelf (acceptatie), actief omgaan met de problemen (participatie) als handelen in overeenstemming met de eigen mogelijkheden (emancipatie). Het derde principe sluit aan bij de uitgangspunten van de evidence-based mental health benadering: die zorg moet worden geboden die enerzijds aansluit bij de hulpvraag van de cliënt en anderzijds steunt op de meest recente wetenschappelijke inzichten. Als we zo beperkt mogelijk willen ingrijpen in het leven van cliënten, zal bij de keuzen voor interventies en strategieën ook de mate van bewezen effectiviteit moeten worden meegenomen. Het vierde principe is monitoring. Omdat de respons van de cliënt op de behandeling het vervolg bepaalt (Davison, 2000), moet de respons nauwkeurig worden gevolgd. Monitoren betekent meten. Hoeveel ervaring en expertise een professional ook heeft, de nauwkeurigheid van het klinisch oordeel over de respons op de behandeling blijkt toch zijn beperkingen te hebben (Saphita e.a, 2005). Door vanaf het begin van de behandeling te meten en daarna regelmatig opnieuw, wordt het beloop van de klachten of problemen nauwkeurig en specifiek gevolgd en

daarmee leidend gemaakt voor het verloop van de behandeling. Feedback door meten, dus met het resultaat van een of meerdere meetinstrumenten, meestal vragenlijsten, heeft als positief bijeffect dat de uitkomsten van de behandeling verbeteren (Lambert e.a., 2005).
In het focusmodel worden de volgende vijf stappen onderscheiden, waarbij de eerste, tweede en derde zijn gebaseerd op het werk van Howard (Howard e.a., 1993):

- *Stap 1: remoralisatie.* De probleemdefinitie is gefocust op de psychosociale context. De verklaring voor wat er aan de hand is wordt gezocht in veranderende omstandigheden en het doel dat wordt nagestreefd kan het beste worden samengebracht onder de noemer van remoralisatie: het bieden van hoop en het herstel van vertrouwen in het eigen kunnen. Klachten worden gekoppeld aan de wijze waarop de cliënt reageert op externe gebeurtenissen en daarmee genormaliseerd. Vervolgens wordt de probleemdefinitie zo geformuleerd dat eigen probleemoplossende strategieën die in het verleden vaak succesvol waren, opnieuw worden gemobiliseerd. Deze aanpak staat ook centraal in veel kortdurende behandelvormen (Rijnders e.a., 1999; De Vries e.a., submitted).
- *Stap 2: remediatie.* De probleemdefinitie is hier gefocust op de aanwezigheid van een stoornis. Klachten worden in deze stap geïnterpreteerd als symptoom van een stoornis, de behandeling is gericht op klachtenreductie. Howard spreekt in dit verband van remediatie. Het gaat hier om interventies voor bijvoorbeeld het elimineren van depressogene cognities, of de desensitisatie van fobische vermijding. De nieuwe multidisciplinaire richtlijnen zijn met name gericht op het beschrijven en wegen van interventies die remediatie tot doel stellen (Hutschemaekers & Smeets, 2005).
- *Stap 3: rehabilitatie.* In de rehabilitatiefase wordt de focus van de behandeling gericht op hinderlijke patronen, zoals persoonlijkheidseigenschappen. Het gaat hier om patronen of eigenschappen die het herstel in vorige fasen hebben verminderd of die langdurig herstel na eerdere behandelingen in de weg staan. In deze fase onderscheiden we twee vormen van rehabilitatie. In de ene vorm ligt de focus op inzicht en interne conflicten. Het gaat hier in de regel om langer durende vormen van psychotherapie. In de tweede vorm is de behandelfocus meer gericht op het herstel of de verbetering van het dagelijks functioneren. Het gaat dan bijvoorbeeld om het aanleren van vaardigheden waarmee de cliënt zich staande kan houden in een arbeidssituatie.
- *Stap 4: integrale aanpak.* In deze stap zijn complexere multifocale interpretaties nodig om het probleem, de klachten of de aandoe-

ning te begrijpen. Dit vraagt om een aanpak waarbij de verschillende invalshoeken geïntegreerd worden, bij voorkeur in een medisch-specialistische setting. Daarbij moeten de disciplines gezamenlijk antwoord geven op de vraag waarom de interventies in de voorgaande stappen niet tot het gewenste resultaat hebben geleid. In de vorige drie stappen konden we nog volstaan met een monodisciplinaire aanpak, maar hier hebben we een multidisciplinaire insteek nodig. Uiteindelijk wordt in deze stap de vraag beantwoord in hoeverre nog gestreefd moet worden naar 'oplossing' van het probleem of genezing van de stoornis. Bij een bevestigend antwoord kan mogelijk opnieuw voor een beperkte focus worden gekozen en worden terugverwezen naar een van de voorgaande stappen. Evenzeer is het mogelijk dat de interventie een gecombineerde multidisciplinaire aanpak vereist. In dat geval wordt de cliënt in stap 4 behandeld of volgt verwijzing naar stap 5.

- *Stap 5: gespecialiseerde categorale aanpak.* De laatste, vijfde stap, heeft een categoraal specialistisch karakter. Het betreft hier zorg vanuit zeer gespecialiseerde behandelsettings voor cliënten met problemen en stoornissen die complexe interpretaties en interventies vereisen. Het gaat hier bijvoorbeeld om specialistische en categorale klinieken voor cliënten met complexe angststoornissen, ernstige eetstoornissen, hardnekkige persoonlijkheidsstoornissen of klinieken voor vluchtelingen die veelal ernstig getraumatiseerd zijn.

Het hier voorgestelde stepped care model verschuift per stap niet alleen in focus maar vraagt per stap ook telkens andere deskundigheden. Daarnaast heeft elke stap een andere functie en plaats binnen het gezondheidszorgsysteem. Stap 1 is de meest generalistische benadering die vooral thuishoort in de eerste lijn, de stappen 2 en 3 vereisen al meer gespecialiseerde kennis, maar kunnen monodisciplinair worden aangeboden. Stap 4 vraagt een medisch-specialistische en multidisciplinaire aanpak en heeft alle kenmerken van een tweedelijnsvoorziening, bijvoorbeeld de regionale centra voor geestelijke gezondheidszorg (RCG) en de Paaz'en. Deze centra bieden in de regel ook de SEH-functie en zijn 7/24 uur toegankelijk in geval van crisis. De zorg verleend in stap 5 wordt geboden door gespecialiseerde, bovenregionale voorzieningen die streven naar topklinische zorg voor heel specifieke doelgroepen.

GETRAPTE DIAGNOSTIEK

Stepped care is niet alleen een model voor zorgtoewijzing, het verschaft ook richtlijnen voor de diagnostiek. We onderscheiden hier drie soorten diagnostiek: toegangsdiagnostiek, behandeldiagnostiek en evaluatiediagnostiek.

We beginnen bij de evaluatiediagnostiek, omdat deze zo cruciaal is in een stepped care manier van werken. De belangrijke diagnostische informatie wordt namelijk geleverd door het systematisch monitoren. De evaluatiediagnostiek geeft telkens antwoord op de vraag in welke mate de behandeldoelen zijn gerealiseerd. Bij uitblijven van resultaat moet de evaluatiediagnostiek aanknopingspunten bieden voor het formuleren van een verklaringshypothese. Omdat de behandeling het beloop van de klachten volgt – veranderingen in behandelbeleid volgen uit nieuwe informatie die beschikbaar komt – moet die informatie dus telkens beschikbaar zijn.

Ook over de toegangsdiagnostiek is stepped care helder: alle cliënten worden in beginsel toegelaten tot de eerste stap. Slechts bij een klein deel van de cliënten is direct meer nodig, bijvoorbeeld bij acuut suïcidegevaar of psychose. Toegangsdiagnostiek is met andere woorden vooral exclusiediagnostiek en steunt op wat in de huisartsgeneeskunde 'pluis/niet-pluis' wordt genoemd. Het karakter ervan is per definitie grofmazig. Uitgebreide diagnostiek is overbodig evenals een volledige DSM-classificatie. Dit is bijvoorbeeld in tegenstelling tot Eurelings-Bontekoe en Snellen (2003) die pleiten voor een standaardvorm van multidimensionale persoonlijkheidsdiagnostiek.

Naast de urgentie moet worden vastgesteld of de cliënt wel op het juiste adres is ('Is er sprake van psychische problematiek?'), welke zorg de cliënt voor de gepresenteerde problematiek al heeft ontvangen en wat daarvan het effect was, en of op grond van deze informatie een of meerdere stappen moeten of kunnen worden overgeslagen. In dat geval moet de toegangsdiagnostiek dezelfde informatie opleveren als de evaluatiediagnostiek, te weten gegevens die leiden tot het formuleren van een hypothese waarom eerdere behandelingen onvoldoende resultaat hebben opgeleverd.

Binnen stepped care wordt ten slotte een derde vorm van diagnostiek onderscheiden, de zogenaamde 'behandeldiagnostiek'. Behandeldiagnostiek is, zoals het woord al zegt, diagnostiek verricht bij de start van de behandeling, gericht op het op gang brengen van de behandeling. Behandeldiagnostiek leidt tot de informatie die cliënt en hulpverlener nodig hebben om tot een gezamenlijke probleemdefinitie te komen. Deze moet leiden tot een behandelovereenkomst waarbinnen focus en doel van de behandeling zijn gedefinieerd. De behandeldiagnostiek heeft daarmee een behandelende functie, waarbij slechts die informatie moet worden verzameld die gebruikt wordt binnen de behandeling die volgt. De behandeldiagnostiek in stap 1 betreft de diagnostiek gericht op het in kaart brengen van de psychosociale context, evenals de wijze waarop de cliënt eerder (succesvol) is omgegaan met dit soort van problemen. Doel van deze diagnostische fase is dus te komen tot een gezamenlijke definitie van het probleem, waarbij de cliënt weer probleemeigenaar wordt. Bovendien wordt door het bespreken en gezamenlijk definiëren van het probleem veel sneller helder welke problemen het meest belangrijk zijn en waarvoor de cliënt het meest klaarstaat om in actie te komen (VonKorff e.a., 1997).

Persoonlijkheidsstoornissen

De hiervoor beschreven benadering van stepped care gaat uit van een volgorde in focus bij behandeling én diagnostiek. Uitgangspunt daarbij vormt de stelling dat psychische problemen vanuit verschillende perspectieven te interpreteren zijn. Deze stelling sluit direct aan bij recente opvattingen over persoonlijkheidsstoornissen. In de oudere literatuur ligt de nadruk op het chronische en onveranderbare van de persoonlijkheidsstoornis (het stabiliteitsdenken). In de meer recente literatuur wordt echter uitgegaan van een dynamisch concept van persoonlijkheidsstoornissen. Persoonlijkheidsstoornissen kunnen, net als alle andere psychische stoornissen, gezien worden als een dynamisch evenwicht, waarbij het probleemgedrag interfereert met het functioneren en het welzijn van het individu. Soms volstaat een geringe verandering om het individu tot ander gedrag aan te zetten, soms is daar een veel ingrijpender verandering voor nodig.
Deze benadering, zoals die onder anderen door Verheul (2004) is uitgewerkt, sluit aan bij de visie dat probleemgedrag altijd binnen een specifieke situatie van stresserende omstandigheden kan worden geplaatst, altijd tot uiting komt via gedragingen (klachtenpatronen) en altijd samenhangt met specifieke trekken (Paris, 1998). Elk van die drie aspecten laat zich apart beïnvloeden. Een psychosociale interventie kan leiden tot afname van stress, een klachtgerichte behandeling kan leiden tot afname van klachten en een persoonsgerichte behandeling geeft de mogelijkheid tot aanpak van meer structurele copingmechanismen. Binnen dit model kunnen persoonlijkheidsstoornissen worden geïnterpreteerd als (tijdelijke) uitvergrotingen van normale eigenschappen en kwetsbaarheden die versterkt en zichtbaar worden bij actuele stress (Clark, 2005). Er is met andere woorden geen principieel verschil tussen stoornissen op As I en As II.

In hoeverre sluit nu deze theoretische exercitie ook aan bij de praktijk van alledag? De meeste cliënten met persoonlijkheidsproblematiek presenteren een amalgaam aan problemen. Het focusmodel, zo is onze indruk, is voor die groep direct bruikbaar. De persoonlijkheidsproblematiek zelf blijkt zelden de reden van eerste aanmelding te zijn, wel het ervaren van specifieke problemen in een bepaalde context. Starten met een psychosociale interventie ligt zeer voor de hand, zelfs zonder dat er nadere diagnostiek heeft plaatsgevonden ten aanzien van de persoonlijkheid of persoonlijkheidspathologie. Mocht die psychosociale interventie onvoldoende effect sorteren, dan kan als vervolgstap worden gekozen voor een interventie gericht op reductie van de klachten. Pas daarna, mits dat noodzakelijk is, wordt de focus verlegd naar de meer structurele kenmerken van de persoonlijkheid.
Maar wat te doen met cliënten bij wie de problemen al direct bij aanmelding naar hun hele persoonlijkheid verwijzen? Ook dan, zo is onze stellige overtuiging, is stepped care mogelijk en passend. Als bij een eerste aanmelding al direct de persoonlijkheidsproblematiek de andere problemen naar de achtergrond drukt, dan is het aan de diagnosticus en behandelaar om zorg te dragen voor een switch, waardoor de psychosociale context waarin de problemen zijn ontstaan en in stand blijven, op de voorgrond treedt. Mocht dat niet lukken, dan zijn er twee verklaringen: de hulpverlener is niet voldoende gericht op het focussen op de problematiek, ofwel de problematiek van de cliënt is zo ernstig dat op basis van een 'niet-pluis' gevoel direct moet worden verwezen naar een transmurale behandelsetting. Hier moet uitgebreidere diagnostiek een antwoord geven op de vraag waarom een focus op de psychosociale context niet mogelijk is.
Het omgekeerde scenario doet zich misschien wel vaker voor. Cliënt meldt zich aan, start met een behandeling in stap 1, terwijl werkende weg duidelijk wordt dat de klachten van de cliënt veel ernstiger zijn dan bij aanvang werd vermoed. Dat zou bijvoorbeeld het geval kunnen zijn bij borderlinecliënten met een sterke wisseling van emoties en houding, waardoor de destructieve kanten van de cliënt weinig zichtbaar zijn en er onderschatting dreigt. Stepped care zou wel eens ongewild kunnen aansluiten bij de neiging van deze cliënten er telkens voor te zorgen dat hun problemen gebagatelliseerd worden (het zogenaamde 'kick me' fenomeen). Leidt het werken met getrapte diagnostiek in zulke gevallen niet tot onnodige risico's?
Inderdaad is het werken met stepped care niet zonder risico. Dat is zeker het geval waar volstaan wordt met toegangs- en behandeldiagnostiek. Kenmerkend voor een correcte toepassing van stepped care is echter dat er ook gewerkt wordt met evaluatiediagnostiek. Bij de

start van de behandeling worden hypothesen geformuleerd over wat er aan de hand is. Op basis daarvan worden doelen bepaald en termijnen vastgesteld waarbinnen resultaat moet optreden. Systematische toepassing van evaluatiediagnostiek zal ertoe leiden dat stagnatie van de behandeling al in een vroegtijdige fase wordt ontdekt. Op dat moment dient de hulpverlener de vraag te beantwoorden: waarom is het voorspelde effect uitgebleven? Misschien omdat de doelen verkeerd zijn geformuleerd, omdat de interventie onvoldoende aansluit, maar het kan ook heel goed zijn dat de oorspronkelijke hypothese moet worden verworpen. In dat geval volgt verwijzing naar een volgende stap, en daar vindt nieuwe behandeldiagnostiek plaats. Afhankelijk van de stap en de focus zullen daar op basis van andere informatie nieuwe hypothesen moeten worden geformuleerd. Bij correcte toepassing van stepped care blijft het risico van onderbehandeling beperkt. Mocht er sprake zijn van persoonlijkheidsproblematiek die ongevoelig is voor een contextuele en klachtgerichte benadering, dan zullen signalen hiervan zich al snel tijdens de behandeling aan de behandelaar aandienen en leiden tot een volgende stap in het stepped care proces.

Bijkomend voordeel van stepped care is dat het risico van overdiagnostiek en -behandeling geminimaliseerd wordt. Een persoonlijkheidsstoornis wordt in dit model immers nooit bij de start van de zorg vastgesteld, daarvoor is de diagnostiek in stap 1 te beperkt. In plaats van uitgebreide diagnostiek (matched care) bij eventuele verdenking van de aanwezigheid van een persoonlijkheidsstoornis waarbij de cliënt op behandeling moet wachten, wordt direct gestart met een minimale interventie. De kans op afhaken van de cliënt wordt zo geminimaliseerd, evenals het risico dat de cliënt staat voorgesorteerd voor de verkeerde behandeling. Bovendien wordt binnen stepped care ook de kans op iatrogene schade als gevolg van de diagnose persoonlijkheidsstoornis vermeden. Hier wordt gedaan wat Arntz (zie eerder) ook aanbeveelt: (psychosociale en) klachtgerichte behandeling sorteert het beste effect als de hulpverlener geen weet heeft van of geen aandacht vestigt op de aanwezigheid van een persoonlijkheidsstoornis.

Ten slotte zal stepped care waarschijnlijk ook het risico van onderdiagnostiek verminderen. Door de systematische manier van werken zal een cliënt die niet opknapt snel van stap 1 naar stap 2 worden verwezen. Hetzelfde geldt voor de overstap van stap 2 naar stap 3. Bij gebrek aan effect van een interventie gericht op klachtenreductie, moet de vraag naar de houdbaarheid van de onderliggende hypothese worden gesteld. Dat kan leiden tot de keuze voor een andere interventie (bijvoorbeeld pillen in plaats van cognitieve gedragstherapie), maar kan ook al heel goed leiden tot verwijzing naar stap 3. Die beslissing vindt dan sneller plaats dan op basis van de aanbevelingen in de richtlijn angststoornissen (LSR, 2003) mogelijk is. Deze richtlijn borduurt alsmaar door op klachtreductie, ook bij gebrek aan effect, met alle risico's van dien. In onze stepped care benadering is die eindeloze weg niet mogelijk. Veel sneller zal de vraag op tafel komen in hoeverre de klachten in stand worden gehouden door onderliggende persoonlijkheidspathologie en veel sneller ook zal de behandeldiagnostiek in stap 3 op die vraag worden toegesneden. Bovendien leveren de verschillende vormen van diagnostiek in de voorgaande stappen veel informatie op die meer gefocust is dan op basis van welke brede diagnostiek bij aanmelding dan ook mogelijk is.

Enkele concluderende opmerkingen

Zorgtoewijzing op basis van matched care kan de toets der kritiek niet doorstaan. Uitvoerige en includerende diagnostiek is mooi, maar de relatie met de behandeling blijkt beperkt. Misschien zijn wel allerlei diagnostische elementen van belang voor de behandeling, maar in de veelheid van uitspraken blijft dat erg onduidelijk. De beperkte excluderende diagnostiekbenadering in de managed care is al even problematisch: te veel zaken die relevant zijn voor de behandeling blijven (te lang) buiten de analyse. Stepped care, zo hebben we hiervoor betoogd, biedt een alternatief waarbij de sterke kanten van beide benaderingen zijn overgenomen zonder de last van negatieve aspecten daarvan. De toegangsdiagnostiek bij stepped care komt het meest overeen met de diagnostiek in het managed care model, met dien verstande dat deze nog korter en beperkter wordt uitgevoerd. De behandeldiagnostiek sluit het meest aan bij het beginsel van matched care, want ook daar zien we dat de hulpverlener de behandeling al diagnosticerend start. Opvallend genoeg is de behandeldiagnostiek echter nauwelijks of niet gethematiseerd binnen de matched care benadering. De evaluatiediagnostiek is eigenlijk nog het meest nieuw, maar tegelijkertijd ook het best in te passen in de bestaande matched en managed care benadering.
Toch is stepped care allesbehalve een kleurloos compromis tussen matched en managed care. Het eerste onderscheid is de plaats binnen de zorg. Stepped care verlegt het zwaartepunt van de diagnostiek naar achteren in het therapeutisch proces. Bij aanmelding hoeft 'slechts' de diagnose 'pluis/niet pluis' te worden gesteld. Andere diagnostische momenten worden in een dialoog met de cliënt gerealiseerd of

vinden tussentijds en na de behandeling plaats. Het tweede onderscheid betreft de getraptheid van de diagnostiek. In plaats van in één keer alles goed uitzoeken (bij aanmelding) gaat stepped care uit van een gefaseerde diagnostiek: passend is alleen het uitvragen van díe informatie die aansluit bij de focus van behandeling. Het derde en meest principiële onderscheid betreft de onderliggende assumptie over de waarde van de diagnostiek. Terwijl matched en stepped care beide uitgaan van de voorspellende waarde van de diagnostiek ten opzichte van de behandeling, luidt de aanname bij stepped care dat de beste voorspeller voor het verloop van de behandeling de initiële respons van de cliënt op de behandeling is (Sobell & Sobell, 2000).
De in dit hoofdstuk voorgestelde benadering van getrapte diagnostiek heeft een sterk ideologisch en dus normatief karakter. De ervaringen met dit model in de praktijk zijn bescheiden. Weliswaar is een groep van diagnostici direct betrokken geweest bij de ontwikkeling van dit model (Hutschemaekers e.a., 2003), maar in hoeverre dit model in de praktijk van alledag zal werken blijft vooralsnog vooral een kwestie van gissen. Het speculatieve karakter ervan wordt versterkt door het ontbreken van empirische evidentie ten gunste of ten nadele van dit model. Overigens geldt dit argument tot op zekere hoogte net zo goed voor de matched en managed care opvattingen over zorgtoewijzing. De empirische kennis over de waarde van de diagnostiek is zeer bescheiden (Hayes e.a., 1987; Nelson-Gray, 2002).
De eerste ervaringen met het model van getrapte diagnostiek zijn veelbelovend. Een aantal praktische organisatieproblemen binnen de GGZ wordt ermee opgelost (onder andere de vraag naar de organisatie van de voordeur van de GGZ), en het onderscheid in diagnostische expertise van verschillende disciplines kan verder tot ontwikkeling worden gebracht (Hutschemaekers e.a., 2005). Ook biedt het model aanknopingspunten voor het aanbrengen van een scherper onderscheid tussen de generalistische (eerstelijns)zorg en de specialistische tweedelijnszorg (Hutschemaekers & Tiemens, 2006).
Maar zelfs in het meest gunstige geval waarbij onderzoek de meerwaarde van dit model aantoont en een aantal problemen in de zorgpraktijk met dit model wordt opgelost, zal de implementatie ervan allesbehalve eenvoudig zijn. Het model houdt namelijk geen rekening met professionele gevoeligheden rondom de diagnostiek en indicatiestelling. Diagnostiek en indicatiestelling raken namelijk het hart van iedere professionaliseringsstrijd. Kort gezegd komt deze er volgens Abbot op neer dat beroepen specifieke deskundigheid claimen ten aanzien van de diagnostiek van problemen die tot hun competentiedomein worden gerekend (Abbot, 1988). De macht en het aanzien van

een beroepsgroep hangt samen met zijn vermogen het domein van de diagnostiek te monopoliseren en autonoom te bepalen welke behandeling passend is. Dat leidt er bijna altijd toe dat disciplines verkondigen dat diagnostiek een buitengewoon complexe aangelegenheid is, die uitsluitend mogelijk is met hun professionele expertise en een uitgebreide diagnostische fase bij aanmelding vraagt. De introductie van stepped care impliceert daarom heel wat meer dan alleen het opgeven van oude gewoonten.

Literatuur

Abbot, A. (1988). *The system of professions. An essay on the division of expert labor.* Chicago: University of Chicago Press.

Arntz, A. (2006). Is depressie met comorbide persoonlijkheidsstoornissen moeilijker te behandelen? *Maandblad Geestelijke Gezondheidszorg 61*, 647-650.

Audenhove, C. van (1995). Indicatiestelling voor psychotherapie. *Tijdschrift voor Psychotherapie 10*, 28-43.

Beer, M. de & Hutschemaekers, G. (1996). *Vraag en aanbod in de Riagg-ouderenzorg.* Utrecht: Trimbos-reeks.

Beutler, L. & Clarkin, J. (1990). *Systematic treatment selection. Toward targeted therapeutic interventions.* New York: Bruner/Mazel.

Bruyn, E.E.J. de (1992). A normative-prescriptive view on clinical psychodiagnostic decision making. *European Journal of Psychological Assessment 8*, 163-171.

Clark, L.A. (2005). Stability and change in personality pathology: Revelations of three longitudinal studies. *Journal of Personality Disorders 19*, 524-532.

Curtis-Breslin, F., Sobell, M.B., Buchan, B., e.a. (1997). Toward a stepped care approach to treating problem drinkers: the predictive utility of within-treatment variables and therapist prognostic ratings. *Addiction 92*, 1479-1489.

Davison, G. (2000). Stepped care: Doing more with less? *Journal of Consulting and Clinical Psychology 68*, 580-585.

Donavan, D. & Marlatt, G. (1993). Recent developments in alcoholism: behavioral treatment. *Recent Developments in Alcoholism 11*, 379-411.

Dreessen, L. & Arntz, A. (1998). The impact of personality disorders on treatment outcom of anxiety disorders: Best-evidence synthesis. *Behaviour Research and Therapy 36*, 483-504.

Eurelings-Bontekoe, E.H.M. & Snellen, W. (2003). *Dynamische persoonlijkheidsdiagnostiek.* Lisse: Swets & Zeitlinger.

Hayes, S.C., Barlow, D.H. & Nelson-Grey, R. (1999). *The scientist practitioner. Research and accountability in the age of managed care.* Boston: Allyn and Bacon.

Hayes, S.C., Nelson, R.O. & Jarret, R.B. (1987). The treatment utility of assessment: a functional approach to evaluating assessment quality. *American Psychologist 42*, 963-974.

Hout, M. van den, Brouwers, C. & Oomen, J. (2006). Geen effecten van klinisch vastgestelde as-II comorbiditeit op resultaten van cognitieve gedragstherapie. *Dth 26*, 203-214.

Howard, K., Lueger, R., Maling, M., e.a. (1993). A phase model of psychother-

apy outcome: causal mediation of change. *Journal of Clinical Psychology* 61, 678-685.
Hutschemaekers, G. (1996). Hoe cliëntgericht is cliëntgerichte psychotherapie? Kanttekeningen bij een naamsverandering. *Tijdschrift cliëntgerichte psychotherapie* 34, 14-27.
Hutschemaekers, G., Groeneweg, J., Claessens, M., e.a. (2003). *Getrapte zorg en psychotherapeutische expertise binnen de Gelderse Roos.* Wolfheze: De Gelderse Roos.
Hutschemaekers, G. & Kalmthout, M. van (2006). The new integral multidisciplinary guidelines in the Netherlands. The perspective of person-centered psychotherapy. *Person-centered & Experiential Psychotherapies* 5, 101-113.
Hutschemaekers, G. & Smeets, R. (2005). Multidisciplinaire richtlijnen in de GGZ. Stand van zaken en uitdagingen voor de toekomst. In: A.H. Schene, F. Boer, T.J. Heeren, e.a. (Red.), *Jaarboek voor psychiatrie en psychotherapie* (pp. 273-288). Houten: Bohn Stafleu van Loghum.
Hutschemaekers, G. & Tiemens, B. (2006). Het einde van de categorale GGZ. Ontwikkelingen, trends en controverses. *Tijdschrift voor Psychiatrie* 48, 27-37.
Hutschemaekers, G., Tiemens, B. & Kaasenbrood, A. (2005). Roles of psychiatrists and other professionals in mental healthcare: results of a formal group judgement method among mental health professionals. *British Journal of Psychiatry* 187, 173-179.
Hutschemaekers, G., Tiemens, B. & Smit, A. (2006). *Weg van professionalisering. Paradoxale bewegingen in de geestelijke gezondheidszorg.* Wolfheze: GRIP, de Gelderse Roos.
IOG (2000). *Landelijke Richtlijn Voordeurprotocol Geestelijke Gezondheidszorg.* Utrecht: Indicatie Overleg Geestelijke gezondheidszorg.
Jabaaij, L. & Hutschemaekers, G. (1998). *Vraag en aanbod in de Paaz. Een praktijkstudie vanuit het perspectief van patiënten en behandelaars op de psychiatrische afdeling van algemene ziekenhuizen.* Utrecht: Trimbos-instituut.
Kazdin, A. (2003). *Research design in clinical psychology.* 4th ed. Boston: Allyn & Bacon.
Lambert, M. (2004). *Bergin and Garfield's Handbook of Psychotherapy and behavior change.* New York: John Wiley & Sons.
Lambert, M., Harmon, C., Slade, K., e.a. (2005). Providing feedback to psychotherapists on their patients' progress: clinical results and practice suggestions. *Journal of Clinical Psychology* 61, 165-174.
LSR (2003). *Richtlijn voor de diagnostiek en behandeling van angststoornissen.* Utrecht: Landelijke Stuurgroep Multidisciplinaire Richtlijnen in de GGZ.
LSR (2005). *Richtlijn voor de diagnostiek en de behandeling van eetstoornissen.* Utrecht: Landelijke Stuurgroep Multidisciplinaire Richtlijnontwikkeling in de GGZ.
Mulders, R. (2002). Personality pathology and treatment outcom in major depression: a review. *American Journal of Psychiatry* 159, 359-371.
Nelson-Gray, R.O. (2002). Treatment utility of psychological assessment. *Psychological Assessment* 15, 521-531.
Newton-Howes, G., Tyrer, P. & Johnson, T. (2006). Personality disorder and the outcome of depression: meta-analyses of published studies. *British Journal of Psychiatry* 188, 13-20.
Paris, J. (1998). Psychotherapy for the personality disorders: working with traits. *Bulletin of the Menninger Clinic* 62, 287-297.

Ridder, D. de (1991). *De klinische rationaliteit. Diagnostische redeneringen en therapiekeuzes in het Amsterdamse Instituut voor Medische Psychotherapie. 1968-1977.* Utrecht: NcGv.

Rijnders, P., Jong, T. de & Pieters-Korteweg, E. (1999). *Kortdurend behandelen in de GGZ. Een inleiding.* Houten: Bohn Stafleu Van Loghum.

Sande, R. van de, Hoof, F. van & Hutschemaekers, G. (1992). *Vraag en aanbod in de Riagg. Een praktijkstudie van de Riagg-zorg voor volwasssenen: cliënten, hulpvragen en behandelingen.* Utrecht: NcGv.

Saphita, J., Riemer, M. & Bickman, L. (2005). Feedback to clinicans: Theory, research and practice. *Journal of Clinical Psychology* 61, 145-153.

Schnabel, P. (1987). *Het eigene en het aardige van de geestelijke gezondheidszorg.* Utrecht: NcGv.

Sobell, M. & Sobell, L. (2000). Stepped care as a heuristic approach to the treatment of alcohol problems. *Journal of Consulting and Clinical Psychology* 68, 573-579.

Sprey, A. (2002). *Praktijkboek persoonlijkheidsstoornissen.* Houten/Diegem: Bohn Stafleu Van Loghum.

Straten, A. van, Tiemens, B., Hakkaart, L. e.a. (2006). Stepped care versus matched care for mood and anxiety disorders: a randomised controlled trial in routine practice. *Acta Psychiatrica Scandinavica* 113, 468-476.

Swaan, A. de (1979). Professionalisering en protoprofessionalisering. In: C. Brinkgreve, J.H. Onland & A. de Swaan (Eds.), *Sociologie van de psychotherapie I: de opkomst van het psychotherapeutisch bedrijf* (pp. 17-24). Utrecht: Het Spectrum.

Tiemens, B., Hutschemaekers, G.J.M. & Kaasenbrood, A.J.A. (2004). Getrapte zorg als beslismodel. *Maandblad Geestelijke volksgezondheid* 59, 916-930.

Timko, C. & Sempel, J. (2004). Intensity of acute services, self-help attendance and one-year outcomes among dual diagnosis patients. *Journal of Substance Abuse Treatment* 65, 274-282.

Verheul, R. (2004). *Niets veranderlijker dan de mens. Nieuwe inzichten in de veranderbaarheid van persoonlijkheid en persoonlijkheidsstoornissen.* Amsterdam: Vossiuspers UvA.

Vermande, M., Faber, E. & Hutschemaekers, G. (1997). *Vraag en aanbod in de Riagg Jeugdzorg. Een praktijkstudie vanuit het perspectief van cliënten, hulpverleners en verwijzers.* Utrecht: Trimbos-instituut.

Vervaeke, G., Bleyen, K. & Vertommen, H. (1997). De invloed van voorkeuren op de beginfase van psychotherapie. *Tijdschrift voor Psychotherapie* 23, 223-237.

VonKorff, M., Gruman, J., Schaefer, J., e.a. (1997). Collaborative management of chronic illness. *Annuals of Internal Medicine* 127, 1097-1102.

Vries, H. de, Hutschemaekers, G., Bannink, F., e.a. (submitted). *Remoralisatie als trait d'union van kortdurende behandelingen in de GGZ. Drie vormen van kortdurende behandeling vergeleken.*

Waal, W. de (1987). *De drempel van de instituutspychotherapie.* Alblasserdam: Kanters.

Willemse, G., Lemmens, F., Vries, W. de, e.a. (2000). *Indicatiestelling bij stemmingsstoornissen.* Utrecht: Trimbos-instituut.

Witteman, C. & Koele, P. (1999). Explaining treatment decisions. *Psychotherapy Research* 9, 100-114.

12 Vergoeding van langer durende ambulante psychotherapie bij persoonlijkheidsstoornissen

Goedkoop duurkoop?

Patrick Knapen

Niemand zal overwegen antibiotica stop te zetten zodra de koorts bij een patiënt met een longontsteking zakt. En welke chirurg zou het scalpel niet neerleggen, wanneer uit oogpunt van besparing de lichten in operatiekamers na een half uur automatisch uitgaan op basis van het argument dat de grote meerderheid van de appendixoperaties korter dan die tijd in beslag neemt? Dat een dergelijke maatregel in de Geestelijke Gezondheidszorg (GGZ) in 2004 wel werd genomen had met beeldvorming te maken: 'Ambulante psychotherapie wordt te breed aangeboden en te lang voortgezet!' Deze impliciete aanname, niet onderbouwd maar ook onvoldoende weerlegd, was aanleiding tot een bezuiniging door de invoering in 2004 van een pakketmaatregel psychotherapie. Bij het ingaan van de pakketmaatregel psychotherapie op 1 januari 2004 had iedereen recht op dertig zittingen. Met ingang van 15 oktober werd dit voor nieuw te starten therapieën teruggebracht tot 25 zittingen en werd voor patiënten met een persoonlijkheidsstoornis de mogelijkheid tot verlenging met 25 bijkomende sessies gecreëerd.

Dat de negatieve beeldvorming rondom (langer durende) psychotherapie in de loop der jaren hardnekkig is blijven bestaan, hangt samen met een aantal factoren. Het blijft opvallend hoe maatschappelijk beladen psychische klachten zijn. Stervoetballer Dennis Bergkamp riskeerde lange tijd zijn marktwaarde te zien dalen door (voorgewende) lichamelijke klachten, liever dan uit te komen voor zijn vliegangst (Arts & Auto, 2006). Van de zijde van professionals bestaat weerstand tegen het in kaart brengen van behandelmethodieken, vanuit de overigens terechte overtuiging dat 'het werkt' en vanuit de verzuchting dat de instrumenten die voor research worden gebruikt niet in staat zijn de essentie van psychotherapie vast te leggen en een inbreuk vormen op de vertrouwelijkheid tussen therapeut en patiënt. Beleidsma-

kers van hun kant hebben moeite zich een goed beeld te vormen van psychiatrie en GGZ en deze te zien als een volwaardig domein. Dit heeft tot gevolg dat vooral de spectaculaire 'gevallen', die vaak ook overlast veroorzaken, de belangstelling van beleidsmakers trekken, eerder op maatschappelijke dan op medisch-inhoudelijke gronden. Dat komt gemiddeld niet ten goede aan de groep patiënten die baat heeft bij psychotherapie.
Inmiddels is het gelukt de bezuinigingsmaatregel om te buigen in een regeling die past binnen de stepped care gedachte: 85 procent heeft recht op kortdurende zorg, bij 15 procent mag voortgezette psychotherapie geïndiceerd worden. Daartoe was het noodzakelijk zowel effectiviteit als kosteneffectiviteit van langer durende ambulante psychotherapie in kaart te brengen, en een indicatieprotocol voortgezette psychotherapie te ontwikkelen. Het daaruit voortgekomen dossier heeft meer duidelijkheid gegeven over aard en omvang van langer durende psychotherapie (LPT) in Nederland en vormt een stevige basis om de komende jaren op voort te bouwen. Dit hoofdstuk ademt de sfeer van voornoemd dossier, en illustreert daarmee het huidige primaat van de paradigmata van exacte wetenschap en economie ten koste van menswetenschap en ideologie.

Facts & F(r)ictions over psychotherapie bij As-II-problematiek

OMVANG EN KOSTEN

In 2004 werd in Nederland circa 45 miljard euro uitgegeven aan gezondheidszorg. Daarvan werd 3,7 miljard (8%) gespendeerd aan de GGZ, waarvan 800 miljoen aan de ambulante GGZ. Zowel in 2003 als in 2004 bedroegen de uitgaven aan ambulante psychotherapie 127 miljoen (66 miljoen binnen GGZ-instellingen, 61 miljoen door vrijgevestigden). Dat is 0,28 procent van het totale gezondheidszorgbudget (figuur 12.1).
In 2004 kregen naar schatting 188.750 patiënten in totaal 1.573.000 zittingen psychotherapie. Van dit volume ging ruim 42 procent naar patiënten met een (geregistreerde) persoonlijkheidsstoornis, die 13 procent van eerdergenoemde populatie uitmaakten (Boer & Croon, 2006). Deze 13 procent stemt overeen met de prevalentie van patiënten met een persoonlijkheidsstoornis binnen een doorsnee populatie zoals vermeld in het *Handboek psychiatrische epidemiologie* (Verheul & Van den Brink, 1999). Binnen een doorsnee psychiatrische populatie daarentegen ligt dit percentage boven de 60. Er lijkt dan ook sprake te zijn van onderregistratie, die te verklaren is doordat er in deze periode

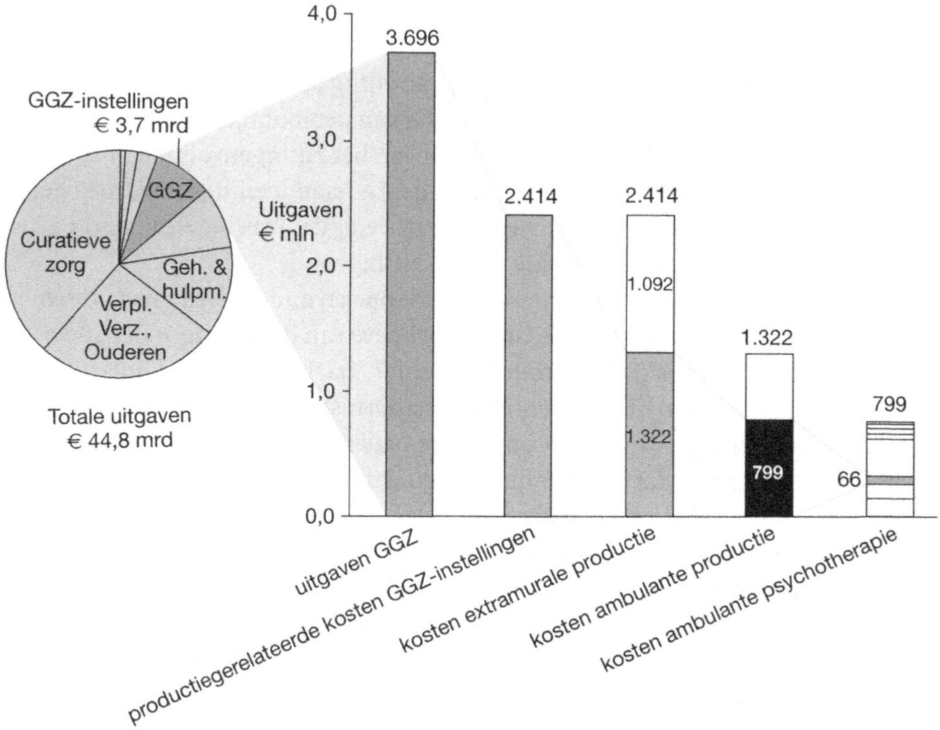

***Figuur* 12.1** *Uitgavenverdeling gezondheidszorg 2004.*
Bron: Boer & Croon, 2006

geen enkele incentive was om melding te maken van een As-II-classificatie, wanneer er tevens sprake was van As-I-problematiek. Patiënten met As-I-stoornis kregen gemiddeld vijftien zittingen in negen maanden. Bij patiënten met een persoonlijkheidsstoornis lag het gemiddelde rond de 26 zittingen in 11 maanden. Eerder werd in beleidskringen aangenomen dat deze gemiddelden lagen op 38 sessies in twee jaar voor As I en op 60 zittingen in twee jaar voor As II. Medio 2004 werd door de beroepsverenigingen het Meldpunt psychotherapie ingesteld naar aanleiding van het ingaan van de pakketmaatregel psychotherapie. Het aandeel patiënten met een persoonlijkheidsstoornis, zoals vastgesteld door hun behandelaars, bedroeg hier 58 procent van het totaal aantal meldingen. Ondanks dat deze patiënten binnen de nieuwe regeling aanspraak konden maken op vijftig zittingen, dus twee keer zoveel als bij As I, hadden zij dus bovengemiddeld te lijden onder de maatregel.
Volgens de zogeheten gebruiksparadox legt een betrekkelijk klein deel van de doelgroep beslag op een groot deel van de behandelcapaciteit. Als vuistregel wordt in de geneeskunde aangenomen dat 20

procent van de patiënten verantwoordelijk is voor 80 procent van de kosten. In de beginjaren van deze eeuw overschreed 17 tot 18 procent van de As-II-patiënten de grens van vijftig zittingen bij de ambulante psychotherapeutische behandeling van persoonlijkheidsstoornissen. Deze groep verbruikte 56 procent van het zittingenvolume, met een gemiddelde van 84 zittingen. Bij de As-I-aandoeningen bedroeg het verbruik door de overschrijders van de limiet (van 25 zittingen) 52 procent; hun gemiddelde was 46 zittingen.
Een vergelijkbare verhouding komt op een ander niveau naar voren uit de eerste registratiedata ten behoeve van de Diagnose Behandel Combinaties (DBC-)productstructuur. Daar belopen de klinische behandelingen bij persoonlijkheidsstoornissen 54 procent van de kosten ten bate van 14 procent van de patiënten. In beide genoemde situaties ziet het beeld er dus iets gunstiger uit dan de 20/80 die in de vuistregel wordt aangehouden.
Het follow-up onderzoek van onderzoeksbureau Boer en Croon liet zien dat de pakketmaatregel van 2004 aanleiding was om behandelingen doelmatiger in te richten. Het gevolg was dat nog ongeveer 15 procent van de patiënten tegen de in de maatregel gestelde maxima aanliepen. Het verschil met de eerder genoemde 17-18 procent mag dan klein lijken, maar als we een gelijkblijvende gemiddelde therapieduur veronderstellen zou hiermee toch bijna 10 procent van het totale volume worden uitgespaard.

Werkzaamheid

In de jaren tachtig kwam de discussie van de grond over ‘kort als het kort kan, lang als het lang moet’. Binnen de verschillende referentiekaders ontstond toenemende aandacht voor in eerdere decennia ontwikkelde focale benaderingen die op naam staan van pioniers als Alexander en French (1946), Malan (1976), Davanloo (1978) en Sifneos (1972). Dit hing samen met het streven om psychotherapie breed beschikbaar te stellen en toch de kosten binnen de perken te houden. Een markante parallel is dat ook in de somatische geneeskunde in deze periode focale behandelingen ontstonden in de vorm van minder invasieve chirurgische ingrepen (endoscopie). Niet meer ‘breed openleggen’ was dus het nieuwe motto.
Howard e.a. (1986) publiceerden een klassiek geworden dosis-effectstudie. Hieruit viel op te maken dat bij ruim 70 procent van de borderlinepatiënten na ongeveer vijftig zittingen een klinisch significante verbetering van de symptomen merkbaar was, en dat dit na nog eens evenveel zittingen opliep tot boven de 90 procent. Deze onderzoekers

zouden acht jaar later (Kopta e.a., 1994) de resultaten relativeren door te wijzen op het verschil tussen de gemeten verbetering van het toestandsbeeld en het herstel van de aandoening. Een discussie die ruim tien jaar later meer actueel is dan ooit.
In de jaren negentig werden diverse onderzoeken opgezet, zowel methodespecifiek als doelgroepspecifiek. Met name de resultaten van cognitieve gedragstherapie en interpersoonlijke therapie, goed bestudeerbare korte en protocollaire behandelingen, deden opgang. Daarbij dient vermeld dat de positieve resultaten voornamelijk betrekking hadden op As-I-aandoeningen.
Doeltreffendheid en doelmatigheid kregen de aandacht. Ze raakten in de discussie ook met elkaar verstrengeld, terwijl het toch om twee verschillende aspecten gaat. Immers, van toegepaste behandelingen dient aangetoond dat en in welke mate ze doeltreffend of werkzaam zijn, en daarnaast vereist het doelmatigheidsprincipe dat bij gelijke mate van werkzaamheid (en risico's en bijwerkingen) de goedkoopste behandeling de voorkeur geniet.
Omstreeks de eeuwwisseling druppelden de eerste resultaten van het geïnitieerde onderzoek binnen. In 2001 concludeerde de gezondheidsraad nog dat

> ***'slechts sporadisch onderzoek is verricht naar langdurige psychotherapie', en adviseerde, '[...] mede gezien de ernst van deze aandoeningen (waaronder persoonlijkheidsstoornissen), [...] verder onderzoek' (Gezondheidsraad, 2001).***

In de daaropvolgende jaren verschenen methodegebonden effectstudies, hoofdzakelijk bij de borderline persoonlijkheidsstoornis (BPS) en in mindere mate cluster C en de persoonlijkheidsstoornis niet-anderszins-omschreven. Giesen-Bloo e.a. (2006) publiceerden een multicenterstudie waarin de resultaten van Transference-Focused Psychotherapy (TFP) en Schema-Focused Therapy (SFT) bij borderlinepatiënten vergeleken werden. Zij concludeerden dat drie jaar TFP en SFT beide effectief bleken om specifieke symptomatologie te reduceren, en verbetering van algemeen welbevinden en functioneren lieten zien. Voor nagenoeg alle variabelen bleek SFT effectiever.
Resultaten van kortdurende behandelingen bij patiënten met persoonlijkheidsstoornissen werden gerelativeerd in follow-up studies, en de invloed van As-II-pathologie op het verloop van As-I-behandelingen werd duidelijker. Zo concludeerden Massion e.a. (2002) dat de aanwezigheid van As-II-comorbiditeit de kans op remissie bij behandeling van verschillende angststoornissen met 14 tot 41 procent ver-

minderde. Ook Roth en Fonagy (2005) concluderen dat de meeste studies in die richting wijzen. Zij ruimen in vrijwel alle hoofdstukken over As-I-stoornissen een centrale plek in voor cognitieve gedragstherapie en interpersoonlijke psychotherapie. In het hoofdstuk over persoonlijkheidsstoornissen komen deze therapievormen echter vrijwel niet voor.

Van Reekum e.a. (in voorbereiding) stellen dat de effectiviteit van de depressiebehandeling minder groot is in geval van een comorbide persoonlijkheidsstoornis, en dat duur en intensiteit van de behandeling aangepast moeten worden, zowel in de acute fase als bij het aanpakken van de restsymptomen.

Weertman e.a. (2005) komen bij angststoornissen daarentegen tot de conclusie dat As-II-comorbiditeit geen effect heeft op de effectiviteit van cognitief-gedragstherapeutische behandelingen. Mogelijk dient er een onderscheid te worden gemaakt tussen comorbiditeit met angststoornissen en met stemmingsstoornissen. In dit verband kan verwezen worden naar de bevindingen van Daenen e.a. (2005), die voor angststoornissen, als enige voor psychotherapie relevante hoofdgroep van de DSM-IV, geen gerandomiseerde clinical trials (RCT's) konden vinden die de werkzaamheid van LPT aantoonden.

In het streven naar 'bridging evidence-based practice and practice-based evidence' (Barkham & Mellor-Clark, 2003) ontstonden discussies over wat 'werkt' en wat 'helpt'. Men begon te zoeken naar patient-based evidence als geleide voor behandeling van individuen: 'what works for whom'?

In een stoornisgebonden literatuuroverzicht over de effectiviteit van langer durende psychotherapie namen Daenen e.a. (2005) in het onderdeel over persoonlijkheidsstoornissen elf RCT's en twee observationele studies op, alle van goede kwaliteit. Deze ondersteunen de werkzaamheid van voortgezette psychotherapie bij persoonlijkheidsstoornissen uit de clusters B en C. De Maat e.a. (in voorbereiding) vonden zes studies die bij een follow-up op langere termijn (1 tot 6 jaar) na psychodynamische psychotherapie een significante reductie lieten zien van medicatiegebruik, huisartsbezoeken en aantal ziektedagen. Zelfs een significante verhoging van het netto belastbare inkomen werd in één studie aangetoond: *Health care is wealth care?*

Shapiro e.a. (2003) maakten in een overzichtartikel de balans op van de kortdurende psychotherapie (KPT). Die valt positief uit voor As-I-stoornissen, maar niet voor persoonlijkheidsstoornissen. Het woord persoonlijkheidsstoornis zelf komt in het hele artikel maar negen keer voor.

In het overzichtswerk *What works for whom?* (Roth & Fonagy, 2005) krijgen in vrijwel alle hoofdstukken over As-I-stoornissen cognitieve gedragstherapie en interpersoonlijke psychotherapie een centrale plek, maar in het hoofdstuk over persoonlijkheidsstoornissen komen ze vrijwel niet voor. Langer durende vormen van therapie lijken vooral bij persoonlijkheidsstoornissen aan de orde te zijn.

Doelmatigheid: kosten en baten

Het is een complexe opgave om de kosteneffectiviteit van psychotherapie in kaart te brengen (zie Soeteman en Van Busschbach, hoofdstuk 13 in dit boek). In opdracht van de Nederlandse Vereniging voor Psychiatrie (NVvP) is in 2005 een berekening gemaakt van de te verwachten extra zorgkosten en maatschappelijke meerkosten bij strikte toepassing van de pakketmaatregel psychotherapie. Patiënten zouden in deze aanname geen andere GGZ-behandeling aangeboden krijgen. Berekend werd welke kosten zij elders zouden veroorzaken door verhoogde consumptie in de zorgsector (huisartsbezoek, medicijngebruik, zorgconsumptie in de somatische zorg, crisisopnames, et cetera) en wat de maatschappelijke meerkosten zouden zijn van vermijdbare arbeidsongeschiktheid. Bij deze berekening werd gebruikgemaakt van beschikbare onderzoeken uit andere westerse landen met een vergelijkbaar socialezekerheidsstelsel. De slotsom was dat over een periode van vijf jaar de meerkosten 341 miljoen euro aan zorg en 1,5 miljard euro aan arbeidsgerelateerde kosten zouden bedragen.

In de praktijk bleek al snel dat na de bezuinigingsmaatregel zogeheten 'absorptie' plaatsvond: de patiënten die noodgedwongen hun therapie voortijdig beëindigden zochten en kregen andere, gemiddeld duurdere, zorg elders in de GGZ. Hoewel dit niet werd berekend, kan dus worden aangenomen dat daardoor uiteindelijk de meerkosten als gevolg van arbeidsgerelateerde meerkosten en de extra zorgkosten in de somatische zorg wel meevielen. Wel becijferde Boer en Croon dat de extra zorgkosten binnen de GGZ de bezuiniging meer dan tenietdeden, en jaarlijks 23 miljoen euro extra kosten veroorzaakten.

De conclusie luidt dus dat zorgvuldig geïndiceerde langer durende psychotherapie zichzelf ruim terugverdient: voor een dubbeltje op de eerste rang dus.

Beperkingen van de evidence-based methodologie?

Voor wetenschappers gelden de RCT en de meta-analyse als de gouden standaard in evidence-based medicine. In een lang maar lezenswaardig artikel relativeren Westen e.a. (2004) deze 'gouden standaard' op genuanceerde wijze, zonder overigens af te doen aan de voordelen ervan. De groepen zoals die worden samengesteld voor een RCT zijn niet representatief voor de gemiddelde patiënt die in aanmerking komt voor psychotherapie, en de follow-up is ontoereikend om conclusies te trekken over de duurzaamheid van effecten. De discussie over de 'standaard' speelt zich overigens grotendeels af op het terrein van de As-I-aandoeningen. De premisse dat het behandelen van een As-I-aandoening zou volstaan wanneer er (tevens) sprake is van As-II-problematiek, versterkt echter de tendens om ook aan mensen met een persoonlijkheidsstoornis korte gestandaardiseerde behandelingen aan te bieden.
Bij beleidsmakers (overheid en verzekeraars) die de beschikbare informatie proberen te vertalen in modellen waarmee beleidskeuzen onderbouwd kunnen worden, is er voornamelijk behoefte aan naturalistisch materiaal. Zij zijn immers niet zozeer geïnteresseerd in de wetenschappelijkheid van behandelingen op zichzelf, maar in de effecten op groepsniveau van de middelen die zij moeten besteden op basis van maatschappelijk vastgelegde keuzen. Het risico ontstaat dat de beleidsmakers de wetenschappelijke data, die zijn afgeleid van een beperkte groep van 'modelpatiënten', extrapoleren naar de totale populatie, waardoor practici in een keurslijf gedwongen worden waarin hun 'patiënt van alledag' niet past.
Al met al is het zoeken naar wetenschappelijke onderbouwing dus een flinke klus waar onvermijdelijk veel energie in gaat zitten en waar even onvermijdelijk altijd wel op af te dingen valt.

SAMENVATTING

Samenvattend kan worden gesteld dat kortdurende behandelingen in de regel beduidend minder effectief zijn bij As-I-aandoeningen wanneer er tevens sprake is van een persoonlijkheidsstoornis. Verder lijken kortdurende behandelingen ontoereikend om een effectief antwoord te bieden ingeval men vooral de persoonlijkheidsstoornis wil behandelen. Verschillende langer durende behandelingen zijn daarentegen bewezen effectief bij persoonlijkheidsstoornissen uit de clusters B en C. Er is nog onvoldoende bekend om hier specifieker te kunnen indiceren op basis van patiëntgebonden variabelen. Daarbij is gedocumenteerd dat het interpersoonlijk functioneren, met andere woorden de As-II-component, beduidend later in de therapie verbetert dan de aanmeldingsklachten, vaak angst en depressie. Verder is er nog onvoldoende bekend over aspecten van specificiteit bij de indicatiestelling. Ten slotte wordt er onderzoek gedaan naar de voortgang van therapeutische processen, naar de mogelijkheden om deze in gunstige zin te beïnvloeden, en naar de risico's van langer durende behandelingen, bijvoorbeeld iatrogene schade (Bateman, 2006).

Vertaling naar de praktijk

Het voorgaande impliceert dat men (nog?) moeite heeft om de dagelijkse praktijk weerspiegeld te krijgen in kwalitatief goede studies. In hoeverre worden bijvoorbeeld de behandelduur en het aantal benodigde zittingen beïnvloed door de comorbiditeit die in de RCT's wordt uitgefilterd? Met andere woorden, in hoeverre kan het beschikbare wetenschappelijke bewijs geëxtrapoleerd worden naar de klinische praktijk?
Sensitiviteit en specificiteit bij de indicatiestelling worden zowel bij de aanvangsindicatie als bij de indicatiestelling voortgezette psychotherapie onderwerp van aandacht. In 2006 werd bij wijze van proef een protocol indicatiestelling voortgezette psychotherapie ingevoerd (Nederlandse Vereniging voor Psychiatrie, 2006); de komende tijd zal de bruikbaarheid moeten blijken.
Het bestuderen van dosis-effectrelaties is overigens geen vanzelfsprekendheid als het over psychotherapie gaat. Hoe kwantificeer je het effect? In termen van DSM-IV-criteria? Symptomen of algemeen welbevinden op scorelijsten? Functioneren op de belangrijkste gebieden? Scores op bepaalde tests? Algemeen welbevinden? En op welke termijn? Dit hangt samen met een visie op de achterliggende aandoening. En hoe definieer je de dosis? In termen van duur (kalendertijd)? Of in termen van bestede contacttijd? Je zou denken een combinatie van beide. Dit wordt echter nergens onderbouwd beschreven. Barkham merkt terecht op dat meer aandacht wordt besteed aan de vraag of een bepaalde dosis werkzaam is dan aan de (klinisch veel relevantere) vraag welke dosis volstaat:

> ***'While evidence exists pertaining to whether psychotherapy of a particular dose is efficacious, there is considerably less information about how much psychotherapy is sufficient, and it is this question which is central to service delivery'* (Barkham & Mellor-Clark, 2003).**

Patiëntgericht indiceren blijft dus een uitdaging: Wanneer is behandelen zinnig? Hoe 'filter' je daarin? Welke doelen stel je? In de regel melden patiënten met As-II-problematiek zich aan vanwege As-I-klachten. De hulpvraag betreft dan As I. In een trend van toenemende gerichtheid op de hulpvraag kan dit vergaande implicaties hebben. Mag aangenomen worden dat wanneer de As-I-aandoening wordt behandeld, de door de behandeling geïnduceerde dynamiek zich uitbreidt naar niet-behandelde gebieden, ook op As II? Of dient men ervan uit te gaan dat behandeling van de achterliggende problematiek noodzakelijk is als terugvalpreventie? Roth en Fonagy (2005) geven in *What works for whom?* aan dat bij cluster B de As-II-problematiek vaak aanleiding is voor het zoeken naar hulp en daarmee ook meer vanzelfsprekend onderdeel van het behandelplan. De indruk bestaat dat dit met name geldt voor borderline persoonlijkheidsstoornis, en wellicht ook uitgebreid kan worden naar patiënten met een ontwijkende of obsessieve-compulsieve persoonlijkheidsstoornis of met depressieve persoonlijkheidsstoornis.

Analyse van de toekomstperspectieven

In een maatschappij waar doelmatigheid en kostenbeheersing steeds meer aandacht krijgen is ook in de gezondheidszorg de afgelopen decennia de noodzaak tot verantwoording van de besteding van collectieve middelen op de voorgrond komen te staan. In de toekomst moet met toenemende accuratesse onderbouwd worden waarin en voor wie de meerwaarde van voortgezette psychotherapie is gelegen ten opzichte van kortdurende behandelingen (zie ook Soeteman en Van Busschbach, hoofdstuk 13 in dit boek). In Nederland laat het zich aanzien dat de 'gereguleerde marktwerking', waarbij verzekeraars risicodragend worden, dit nog zal versterken. Deze ontwikkeling houdt risico's en kansen in.

RISICO'S VAN GEREGULEERDE MARKTWERKING

Het risico is niet denkbeeldig dat psychotherapie zal verschralen. Men ondervindt moeilijkheden om psychotherapie, en zeker langer durende psychotherapie, in te passen in het medische denkmodel. Er leven op angst en misprijzen gebaseerde vooroordelen in de buitenwereld ten opzichte van alles wat met 'shrinks' te maken heeft, waardoor het moeilijk is duidelijk te maken waarom doorbehandeld zou moeten worden na de symptoomreductie.

Bij persoonlijkheidsstoornissen spelen nog extra problemen mee. Moet de persoonlijkheidsstoornis zelf worden bestreden? Of alleen de

erop geënte As-I-problematiek die de lijdensdruk ten tijde van de aanmelding bepaalt? Moet een 'alleenstaande' persoonlijkheidsstoornis behandeld worden? En wat dan als de patiënt er last van heeft of als ook de omgeving lijdt? In dat laatste geval: is de insteek dan het veranderen van gedrag, opdat iemand zich beter aan- of inpast, of gaat het om het welbevinden van de persoon in kwestie (in strikte zin dan geen 'patiënt')?
Het gegeven dat burgers met een borderline of antisociale persoonlijkheidsstoornis veel maatschappelijke overlast veroorzaken zal ongetwijfeld doorwerken in de ontwikkeling van zorgprogramma's. Een kostenbewuste maatschappij is zeker bereid middelen vrij te maken voor groepen die anders meerkosten veroorzaken. Maar hoe zal de weging evolueren van het aan psychische aandoeningen verbonden onwelbevinden? Zullen mensen met cluster-C-persoonlijkheidsstoornissen daardoor in de schaduw belanden, terwijl zij intussen net zo goed maatschappelijk steeds meer onder druk staan om zich te integreren in het arbeidsproces?
Riskant is ook een toenemende druk van de kant van externe partijen om gebruik te maken van richtlijnen als zouden het dwingende protocollen zijn die elke afwijking ervan tot een fout maken. Op die wijze kan het behandelaanbod gaan verschralen tot 'eenheidsworst'. Aangezien bij om het even welke gevalideerde behandeling een aanzienlijke fractie (gemiddeld 40%) van de populatie niet gebaat is, dreigen velen hierdoor in de kou blijven staan.

KANSEN VAN GEREGULEERDE MARKTWERKING

De kansen zijn vooral gelegen in de tendensen tot integratie, zoals die zich in de huidige samenleving voordoen. Binnen het veld van de psychotherapie luwt de sedert vele jaren bestaande scholenstrijd en lijkt deze over te gaan in een model waarin rationeel en op basis van de stepped care gedachte gekozen wordt voor de meest geschikte (monomethodische dan wel geïntegreerde) vorm van behandeling. Hierbij moet overigens de mate waarin een patiënt zich kan identificeren met het hem aangereikte model vooral een prominente rol behouden, aangezien ook dit een belangrijke voorspeller van het risico op dropout is en van de werkzaamheid van psychotherapie (Bleyen e.a., 1998).
Binnen de geestelijke gezondheidszorg lijkt de polarisatie tussen de menswetenschappelijke en de biologisch-deterministische oriëntatie plaats te maken voor kruisbestuiving, verdieping en integratie van het gedachtegoed, en kan transparantie bij de indicatiestelling voortgezette psychotherapie de geloofwaardigheid van alle psychotherapie

alleen maar ten goede komen. Het eerder vermelde veldonderzoek uitgevoerd door onderzoeksbureau Boer en Croon toonde het terugverdieneffect van zorgvuldig geïndiceerde psychotherapie aan.
Ook binnen de algehele gezondheidszorg ontstaan mogelijkheden om vanuit een integrale visie op de patiënt, zijn lijden en zijn omgeving kosten elders in de gezondheidszorg te besparen door een goed aanbod van psychotherapeutische behandelingen, die optimaal afgestemd zijn op de verschillende doelgroepen. De recente kosteneffectiviteitstudie in opdracht van de NVvP heeft aangetoond dat onvoldoende behandelde personen met een persoonlijkheidsstoornis voor aanzienlijke zorgkosten en maatschappelijke meerkosten verantwoordelijk zijn.

'LEVENSJAAR MAG 80 MILLE KOSTEN'

In bredere maatschappelijke zin is er een verschuiving gaande. De afgelopen decennia werd geloofd in de maakbaarheid of heelbaarheid van de mens, en was het vanzelfsprekend dat wat nodig was aan gezondheidszorg/welzijnszorg voorzien en betaald werd vanuit de collectieve sector en middelen. Deze beide uitgangspunten staan onder druk. De individuele verantwoordelijkheid wordt benadrukt, en er wordt beleid gemaakt op basis van 'gemeenschappelijke gezondheidswinst'. Dit heeft zoals gezegd ingrijpende gevolgen voor individuen die bovengemiddeld veel kosten veroorzaken. Dat dit samenvalt met een meer realistisch besef dat niet iedereen beter te maken is, versterkt wederzijds de uitgangspunten.
NRC Handelsblad kopte op 27 juni 2006 het advies van de Raad voor de Volksgezondheid en Zorg: 'Levensjaar mag 80 mille kosten'. Dit bedrag wordt verdisconteerd in de berekening van Disability Adjusted Life Years (DALY's) ten behoeve van de samenstelling van het medische basispakket. Daarbij worden in geval van een niet-dodelijke aandoening de objectieve kosten (zoals verlies aan arbeidsvermogen), en de lijdenslast (het antwoord op de vraag 'Hoeveel levensdagen/jaren zou u willen inleveren om af te zijn van uw...?') bij elkaar opgeteld.
Hoe zal de gemiddelde burger in de toekomst een leven 'zonder persoonlijkheidsstoornis of daaruit voortkomende angst- of stemmingsstoornis' waarderen? Soeteman e.a. (geaccepteerd) komen in een recent omvangrijk multicenteronderzoek naar kwaliteit van leven tot de conclusie dat het voldoen aan de DSM-IV-criteria voor één of meer persoonlijkheidsstoornissen vergelijkbare scores oplevert als chronische aandoeningen zoals reumatoïde artritis, ziekte van Parkinson of zelfs kanker, en slechtere dan diabetes mellitus type 2 en HIV-positiviteit. Zij vestigen er de aandacht op dat vrijwel alle beschikbare bud-

getten besteed worden aan onderzoek bij borderlinepatiënten, grootverbruikers van zorg, en antisociale persoonlijkheidsstoornis, veroorzakers van sociale overlast, terwijl de minder zichtbare lijdensdruk bij onder andere ontwijkende en obsessieve-compulsieve persoonlijkheidsstoornis even hoog en bij de theatrale en narcistische persoonlijkheidsstoornis zelfs hoger is.
In 2005 namen psychische aandoeningen met 14 procent een prominente plek in op het lijstje van kostbaarste ziekten in Nederland (Ministerie van Volksgezondheid, Welzijn en Sport, 2006). Angststoornissen vormden met een mortaliteit van 0 maar met 230.000 door ziekte verloren gewogen levensjaren (DALY's) een 'goede' tweede na coronaire hartziekten, die een mortaliteit hadden van 190.000 en een gehalte aan ziektejaar-equivalenten van 160.000. Comorbiditeit op As II wordt in de tabellen niet vermeld, maar zal ongetwijfeld aanwezig zijn bij een aanzienlijk percentage van deze mensen.
Op het eerste zicht lijkt het optimistisch om deze DALY-discussie onder de kansen en niet onder de risico's te rangschikken. Maar naarmate het stigma dat rust op psychische aandoeningen afneemt, en rationele, goed onderbouwde argumenten bij beleidsvorming de overhand krijgen, zullen voorgaande gegevens meer gewicht krijgen. Psychische aandoeningen drukken zwaar op arbeidsvermogen en algemeen welbevinden.

Tot besluit

De komende jaren zullen ingrijpende veranderingen meebrengen. Wordt het mogelijk patient-based indicaties te stellen? Daarbij kan worden gedacht aan verdere verfijning van diagnostische instrumenten en indicatiestellingcriteria, en is het wachten op de kansen die ontstaan door de in stroomversnelling verkerende kennis op neurobiologisch terrein. De aangetoonde werkzaamheid van psychotherapie bij persoonlijkheidsstoornissen kan met de resultaten van neurobiologisch onderzoek verder worden gedocumenteerd in een taal die beleidsmakers begrijpen. Differentiatie tussen subpopulaties die meer baat hebben bij een van de bestaande vormen van psychotherapie, ook in synergie met interventies vanuit andere invalshoeken, zal de waarde van zich intussen ook verder ontwikkelende psychotherapeutische interventies versterken.
En welk effect zullen de organisatorische vernieuwingen hebben? Gereguleerde marktwerking, vraaggerichte zorg, ketenzorg, vervaging tussen de intra- en extramurale segmenten, prestatiegerichte

bekostiging kunnen niet zonder gevolg blijven voor de behandelinhoud. Welk gevolg blijft vooralsnog een groot vraagteken.
De hiervoor opgesomde inhoudelijke ontwikkelingen komen op een moment waarop ze kunnen en ook moeten worden ingebed in deze nieuwe structuren. Zo kan psychotherapie verder uitgroeien tot een van de hoogwaardige behandelmethoden die op goed onderbouwde en deskundige wijze gehanteerd worden ten behoeve van mensen die lijden onder aandoeningen waarmee zij geconfronteerd worden in samenhang met hun biopsychosociale werkelijkheid.

Literatuur

Alexander, F. & French, T.M. (1946). *Psychoanalytic therapy: Principles and applications*. New York: Ronald Press.

Arts & Auto (2006). Het geheim van Dennis Bergkamp. *Arts & Auto* 72:18.

Barkham, M. & Mellor-Clark, J. (2003). Bridging evidence-based practice & practice-based evidence. *Clinical Psychology & Psychotherapy* 10, 319-327.

Bateman, A. (2006) . *Do psychiatrists need to mentalize?* Presentatie op symposium 'De psychiater en psychotherapie', Woerden, 17 januari, 2006. Retrieved 31 augustus 2006, from http://www.nvvp.net/upload/35477/bateman_17-1-06.pdf

Bleyen, K., Vertommen, H. & Audenhove, C. van (1998). A negotiation approach to systematic treatment selection: an evaluation of its impact on the initial phase of psychotherapy. *European Journal of Psychological Assessment* 14, 14-25.

Boer & Croon/VWS (2006). *De pakketmaatregel heeft niet het gewenste effect. Evaluatieonderzoek pakketmaatregel psychotherapie*. Amsterdam: Boer & Croon.

Bond, M. & Perry, J.C. (2004). Long-term changes in defence styles with psychodynamic psychotherapy for depressive, anxiety, and personality disorders. *American Journal of Psychiatry* 161, 1665-1671.

Daenen, E.W.P.M., Reekum, A.C. van, Knapen, P.M.F.J.J. & Verheul, R. (2005). Langerdurende ambulante psychotherapie is effectief. Een kritisch literatuuroverzicht per stoornis. *Tijdschrift voor Psychiatrie* 47, 603-611.

Daenen, E.W.P.M. & Reekum, A.C. van (2006). Ambulante langerdurende psychotherapie bij patiënten met een persoonlijkheidsstoornis. *Tijdschrift voor Psychotherapie* 32(1).

Davanloo, H.D. (1978). *Basic principles and techniques in short-term dynamic psychotherapy*. New York: Spectrum.

Fonagy, P. & Bateman, A. (2006). Progress in the treatment of borderline personality disorder [Editorial]. *British Journal of Psychiatry* 188, 1-3.

Gabbard, G.O., Beck, J.S. & Holmes, J. (2005). *Oxford textbook of psychotherapy*. New York: Oxford University Press.

Gezondheidsraad (2001). *Doelmatigheid van langdurige psychotherapie*. Den Haag: Gezondheidsraad, 2001 (publicatienr. 2001/08).

Giesen-Bloo, J., Dijck, R. van, Spinhoven, P., Tilburg, W. van, Dirksen, C., Asselt, T. van, Kremers, I., Nadort, M. & Arntz, A. (2006). Outpatient psychotherapy for borderline personality disorder: Randomized trial of schema-focused therapy vs transference-focused psychotherapy. *Archives of General*

Psychiatry 63, 649-658.
Hansen, N.B., Lambert, M.J. & Forman, E.M. (2002). The psychotherapy dose-response effect and its implications for treatment delivery services. *Clinical Psychology: Science and Practice 9*, 329-343.
Hansen, N.B. & Lambert, M.J. (2003). An evaluation of the dose-response relationship in naturalistic treatment settings using survival analysis. *Mental Health Services Research 5*, 1-12.
Howard, K.I., Kopta, S.M., Krause, M.S. & Orlinsky, D.E. (1986). The dose-effect relationship in psychotherapy. *American Psychologist 41*, 159-164.
Kopta, S.M., Howard, K.I., Lowry, J.L. & Beutler, L.E. (1994). Patterns of symptomatic recovery in psychotherapy. *Journal of Consulting and Clinical Psychology 62*, 1009-1016.
Lambert, M.J. (ed.) (2004). *Bergin and Garfield's handbook of psychotherapy and behaviour change* (5th ed.). New York: John Wiley and Sons.
Leichsenring, F. (2005). Are psychodynamic and psychoanalytic therapies effective? A review of empirical data. *International Journal of Psychoanalysis 86* , 841-868.
Livesley, W.J. (2005). Principles and strategies for treating personality disorder. *Canadian Journal of Psychiatry 50*, 442-450.
Maat, S. de, Dekker, J., Schoevers, R. & Jonghe, F. de (in voorbereiding). *The effectiveness of long term psychotherapy: Methodological research issues.*
Malan, D.H. (1976). *The frontier of brief psychotherapy*. New York: Plenum.
Massion, A.O., Dijck, I.R., Shea, M.T., Phillips, K.A., Warshaw, M.G. & Keller, M.B. (2002). Personality disorder and time to remission in generalised anxiety disorder, social phobia and panic disorder. *Archives of General Psychiatry 59*, 434-440.
Ministerie van Volksgezondheid, Welzijn en Sport (2006). *Beleidsvisie GGZ.* Retrieved 2 september 2006, from http://www.minvws.nl/kamerstukken/cz/2006/beleidsvisie-ggz-voortgangsrapportage-dbc-in-de-ggz-en-gemaakte-afspraken.asp.
Nederlandse Vereniging voor Psychiatrie. Knapen, P.M.F.J.J., Philipszoon, H.D., Reekum, A.C. van, Daenen, E.W.P.M., Glas, G., Kooiman, C., Sande, J.A.A.M. van de & Jonghe F.E.R.E.R. de (2005). *Visiedocument Langerdurende Psychotherapie.* Retrieved 31 augustus 2006, from http://www.nvvp.net/upload/34666/conclusies_visiedocument_lpt_150405.pdf
Nederlandse Vereniging voor Psychiatrie. Knapen, P.M.F.J.J., Daenen, E.W.P.M. & Reekum, A.C. van (2006). *Indicatiestellingsprotocol voortgezette psychotherapie (VPT).* Retrieved 31 augustus 2006, from http://www.nvvp.net/upload/35571/indicatieprotocol_vpt_met_toelichting.pdf
Nederlandse Vereniging voor Psychotherapie, Nederlandse Vereniging voor Vrijgevestigde Psychotherapeuten, Nederland Instituut van Psychologen en Nederlandse Vereniging voor Psychiatrie. Knapen, P.M.F.J.J., Sande, J.A.A.M. van de & Daenen, E.W.P.M. (2005). *Rapportage beroepsverenigingen aan VWS inzake monitor Langerdurende Psychotherapie.* Utrecht: Retrieved 31 augustus 2006, from http://www.nvvp.net/upload/35289/samenvatting_rapportage_beroepsverenigingen_aan_vws_inzake_monitor_ltp.pdf
Perry, J.C., Banon, E. & Ianni, F. (1999). Effectiveness of psychotherapy for personality disorders. *American Journal of Psychiatry 156*(9), 1312-1321.

Philipszoon, F.A. (2005). *Kosteneffectiviteitsstudie LPT*. Utrecht: Nederlandse Vereniging voor Psychiatrie. Retrieved 31 augustus 2006, from http://www.nvvp.net/upload/35289/samenvatting_kosteneffectiviteitstudie_lpt_def_.pdf.

Reekum, A.C. van, Daenen, E.W.P.M. & Verheul, R. (in voorbereiding). *Zorg op maat: de zin van een langerdurende behandeling bij depressies met co-morbide persoonlijkheidspathologie*.

Roth, A. & Fonagy, P. (eds.) (2005). *What works for whom? A critical review of psychotherapy research* (2nd ed.). New York: Guilford Press.

Ryle, A. & Golynkina, K. (2000). Effectiveness of time-limited cognitive analytic therapy of borderline personality disorder: Factors associated with outcome. *British Journal of Medical Psychology 73*, 197-210.

Shapiro, D.A., Barkham, M., Stiles, W.B., Hardy, G.E., Rees, A., Reynolds, S. & Startup, M. (2003). Time is of the essence: A selective review of the fall and rise of brief therapy research. *Psychology and Psychotherapy: Theory, Research and Practice 76*, 211-235.

Sifneos, P.E. (1972). *Short-term psychotherapy and emotional crisis*. Cambridge, MA: Harvard University Press.

Soeteman, D.I., Verheul, R. & Busschbach, J.J.V. (geaccepteerd, 2007). The burden of disease in personality disorders: Diagnosis-specific quality of life. *Journal of Personality Disorders*.

Svartberg, M., Stiles, T.C. & Seltzer, M.H. (2004). Randomized, controlled trial of the effectiveness of short-term dynamic psychotherapy and cognitive therapy for cluster C personality disorders. *American Journal of Psychiatry 161*, 810-817.

Verheul, R. & Brink, W. van den (1999). Persoonlijkheidsstoornissen. In: A. de Jong, W. van den Brink, J. Ormel & D. Wiersema (eds.), *Handboek Psychiatrische epidemiologie* (pp. 347-378). Maarssen: De Tijdstroom.

Weertman, A., Arntz, A., Schouten, E. & Dreessen, L. (2005). Influences of beliefs and personality disorders on treatment outcome in anxiety patients. *Journal of Consulting and Clinical Psychology 73*, 936-944.

Westen, D., Thompson-Brenner, H. & Novotny, C.M. (2004). The empirical status of empirically supported psychotherapies: Assumptions, findings, and reporting in controlled clinical trials. *Psychological Bulletin 130*, 631-663.

13

Beleidsvorming voor psychotherapie: van willekeur tot economische modellen

Djøra Soeteman en
Jan van Busschbach

Inleiding

Het is opmerkelijk dat de meeste behandelaren binnen de gezondheidszorg doorgaans geen idee hebben wat hun behandeling kost. Psychotherapeuten en psychiaters vormen hierop geen uitzondering. Deze onwetendheid wordt vaak vergoelijkt met de stelling dat bij de keuzen voor de optimale patiëntenzorg geld geen rol mag spelen. De structuur van ons zorgstelsel lijkt deze stelling te ondersteunen: in Nederland hebben we de toegang tot zorg collectief verzekerd, waardoor de vraag of de patiënt de behandeling kan betalen grotendeels vervalt. Een logisch effect van deze regeling is echter ook dat de relevantie van de vraag of de behandeling de kosten wel waard is, vervalt voor zowel de behandelaar als de patiënt. Daardoor kunnen beiden zich concentreren op de vraag welke behandeling optimaal is, zonder zich te verdiepen in de kosten. Deze comfortabele positie heeft ook een keerzijde. De kosten die door de behandelaar en de patiënt buiten beschouwing worden gelaten zijn namelijk zeker niet verdwenen, maar worden gedragen door de maatschappij. Van de maatschappij mag verwacht worden dat deze ruimhartig middelen beschikbaar stelt om de patiënt in nood en zijn behandelaar te ondersteunen. Het is echter naïef om te denken dat deze solidariteit ertoe leidt dat de maatschappij de andere kant op kijkt terwijl behandelaar en de patiënt het collectieve budget spenderen. Vroeger of later wordt de vraag gesteld: is de zorg die de behandelaar het meest geschikt acht voor zijn patiënt het geld wel waard?

Onzekere effecten maar duidelijke kosten

Als maatschappij hebben wij de toegang tot zorg overgedragen aan de clinici en vertrouwen erop dat zij verstandige keuzen maken. Benamingen als 'poortwachter' en 'professionele autonomie' verwijzen naar deze functie. Wanneer een behandelaar evenwel de vraag krijgt voorgeschoteld 'of de zorg het geld wel waard is', geraakt deze in een lastige positie. Dat komt doordat, zoals we hiervoor al aangaven, bij de afweging van die verstandige keuzen de factor 'kosten' buiten beschouwing wordt gelaten. De vraag 'is de zorg de kosten waard?' kan de clinicus eigenlijk niet goed beantwoorden, omdat deze nooit schattingen maakt van de kosten, laat staan dat hij weet of die kosten wel de moeite waard zijn. Deze onwetendheid dwingt de clinici al snel in de verdediging tegenover beleidsmakers die verantwoordelijk zijn voor de budgetten in de gezondheidszorg. Deze beleidsmakers worden wél geconfronteerd met de kosten van behandelingen en kunnen op geaggregeerd niveau dan ook een schatting van de kosten maken.

De clinici zouden in deze discussie snel het initiatief kunnen terugkrijgen, wanneer zij precies konden aangeven wat hun behandelingen aan gezondheidswinst opleveren. Dan zouden ze, althans in bepaalde gevallen, kunnen claimen dat de kosten de moeite waard zijn. Een andere optie is om te wijzen op mogelijke besparingen elders in de zorg en de maatschappij, die het gevolg zijn van de behandeling. Als bijvoorbeeld psychotherapie voorkómt dat iemand moet worden opgenomen in een psychiatrisch ziekenhuis, of ervoor zorgt dat diegene aan betaald werk komt, zijn de kosten voor psychotherapie snel terugverdiend.

Helaas voor de clinici is het bewijs rond de effecten van de behandeling minder 'hard' dan de kosten waarmee de beleidsmakers worden geconfronteerd. De beleidsmaker kan het bedrag noemen in harde euro's, maar de clinici moeten nog steeds terugvallen op medisch jargon wanneer het gaat om de baten van de behandeling. Bijvoorbeeld, 'de bloeddruk is met 2 milligram kwikdruk gedaald', 'de iksterkte is verbeterd' of 'de depressiescore is lager'. Dit 'jargonprobleem' is zeker niet beperkt tot de Geestelijke Gezondheidszorg (GGZ). Als artsen ons vertellen dat cholesterolverlagers goed voor ons zijn, moeten wij gewone stervelingen maar aannemen dat een laag cholesterolgehalte ergens goed voor is. We willen nog wel aannemen dat het cholesterolniveau verbonden is met ziekten en kwalen, maar hoe dat verband ligt is meestal niet direct duidelijk. Kortom,

tegenover de harde euro's van de beleidsmakers staan onduidelijk geformuleerde baten, zoals aangedragen door de clinici.
Een dergelijk probleem doet zich ook voor bij het beschrijven van de baten van een behandeling in termen van besparingen elders in de zorg en de maatschappij. Clinici kunnen vaak losjes claimen dat hun zorg andere zorg doet afnemen, maar daarvoor is zelden sterk bewijs voorhanden. Dat geldt nog sterker voor de effecten die een interventie zou hebben op de terugkeer naar betaald werk. Voor dat laatste geldt bovendien dat deze baten niet terugvloeien naar de kas van de gezondheidszorg. Dat alles betekent dat de clinici in het kostendebat gedwongen worden een verdedigende positie aan te nemen: de beleidsmaker wordt geconfronteerd met kosten waarvan de omvang goed hard te maken is, terwijl de baten van de interventie omkleed zijn met onzekerheid.
De defensieve positie van het klinische veld kwam duidelijk tot uitdrukking tijdens het recente debat over het maximale aantal te vergoeden zittingen psychotherapie. Als onderdeel van een kostenbesparingsinitiatief heeft het ministerie van Volksgezondheid, Welzijn en Sport (VWS) in 2004 de pakketmaatregel psychotherapie ingevoerd. Deze hield onder andere in dat het maximale aantal te vergoeden therapiezittingen voor persoonlijkheidsstoornissen, zowel in de vrijgevestigde setting als binnen de GGZ-instellingen, werd vastgesteld op vijftig. Omdat het aantal zittingen één op één gekoppeld is aan de kosten, kon het benodigde budget met stelligheid worden beschreven. De effecten wat betreft de kosten van het stellen van een maximum aantal therapiezittingen zijn dan ook eenduidig te beschrijven. Deze zijn terug te vinden op pagina 103 van de nota *Financiële bouwstenen zorg* die gebruikt werd bij de kabinetsformatie van 2003. In deze nota wordt de inschatting van de hardheid van het budgettaire effect 'redelijk hard' genoemd. Wat betreft de effecten van behandeluitkomsten was er echter veel meer onduidelijkheid. In het rapport wordt er gesproken over: 'Het maximum aantal behandelingen is vastgesteld per ziektebeeld op basis van bewezen resultaat', waarbij wordt verwezen naar een tabel die in het rapport van de Gezondheidsraad (2001, p. 34) heeft gestaan. Die tabel is gebaseerd op een onderzoek van Howard e.a. (1986). Zoals uit tabel 13.1 blijkt, is uit niets op te maken waarom de patiënten tussen de 52 en 104 zittingen minder 'bewezen resultaat' hebben dan bijvoorbeeld de patiënten tussen de 26 en 52 zittingen.

Tabel 13.1 De relatie tussen het aantal zittingen en de verbetering in de toestand van de patiënt (Howard e.a., 1986).

aantal zittingen	0	1	2	4	8	13	26	52	104
	percentage patiënten met significante klinische verbetering								
depressie	6	13	20	31	46	57	73	86	94
angststoornis	0	0	0	5	25	53	87	99	99
borderline	0	0	0	0	3	11	38	74	95

In dit geval is het verleidelijk de beleidsmakers van het departement te verdenken van willekeur, maar dan plaatsen we ons buiten het debat. Voor de beleidsmakers geldt namelijk dat zij de opdracht hebben om de collectieve budgetten te beheren, terwijl degenen die de uitgaven bepalen, de clinici, geen informatie verstrekken over de kosten en geen inzichtelijke informatie geven over de effecten. In dat licht gezien was de oplossing van de beleidsmakers als redelijk en creatief te interpreteren: met vijftig behandelingen haalt driekwart van de patiënten met persoonlijkheidsstoornissen een mooi behandelresultaat. Door hetzelfde criterium te hanteren voor stemmings- en angststoornissen wordt daar gekozen voor een maximum van 25 zittingen. Dan kun je inderdaad volhouden dat: 'Het maximum aantal behandelingen is vastgesteld per ziektebeeld op basis van bewezen resultaat'. Bij afwezigheid van formele afwegingen tussen kosten en effecten, heeft het dus kunnen gebeuren dat beleidsmakers tamelijk willekeurige argumenten hebben gebruikt om bezuinigingsdoeleinden te motiveren. Dit zou in het vervolg voorkomen kunnen worden, wanneer clinici proberen de kosten en effecten van therapieën uit te drukken in argumenten en variabelen die ook voor de beleidsmaker relevant zijn. Een type analyse dat daar goed bij aansluit is de kosteneffectiviteitsanalyse.

De noodzaak van kosteneffectiviteitsanalyses

Kosteneffectiviteitsanalyses sluiten nauw aan bij argumenten die relevant zijn voor beleidsvraagstukken. Binnen de medische gezondheidszorg zijn kosteneffectiviteitsanalyses dan ook niet meer weg te denken. Wanneer een leverancier een nieuw medicijn op de markt wil brengen en het in aanmerking wil laten komen voor vergoeding door de zorgverzekering, moet het medicijn vergezeld zijn van een uitgebreide kosteneffectiviteitsanalyse. De farmaceut moet dus niet alleen het bewijs leveren dat het medicijn effectief is vergeleken met niets doen of het nemen van een placebo, maar ook dat het medicijn een kosteneffectief alternatief is voor de behandelingen die al vergoed worden. Ook bestaande behandelingen die al langere tijd vergoed worden, zoals psychotherapie, zullen zich moeten gaan verantwoorden met betrekking tot hun kosteneffectiviteit. Deze druk om onderzoek te doen ontstaat, omdat er budget vrijgemaakt moet worden voor nieuwe therapieën waarvan de kosteneffectiviteit wel reeds is aangetoond.

Hoewel de druk dus toeneemt om de kosteneffectiviteit van langdurige psychotherapie aan te tonen, werd in 2001 in het rapport van de Gezondheidsraad nog de conclusie getrokken dat er nauwelijks formele kosteneffectiviteitsstudies zijn gedaan naar deze vorm van behandeling. Anno 2007 is deze situatie eigenlijk nog nauwelijks veranderd. Er is wel een aantal extra kostenstudies verschenen, maar daar worden de kosten niet op een systematische wijze afgezet tegen de effecten. Een uitzondering hierop vormt een lovenswaardige studie van de Universiteit van Maastricht die Schema-Focused Therapy vergeleek met Transference-Focused Therapy (Asselt e.a., ingediend voor publicatie). Deze studie is niet alleen gerandomiseerd, maar gebruikt als een van de eerste in het veld het gehele formele kosteneffectiviteitsinstrumentarium. De resultaten van dit onderzoek worden binnenkort gepubliceerd. Een tweede toonaangevende studie waarin de kosteneffectiviteit van verschillende behandelvormen en -settingen (ambulant, dagklinisch, klinisch) met elkaar zullen worden vergeleken is de *Study on cost-effectiveness of personality disorder treatment* (SCEPTRE). Naast de initiator, Psychotherapeutisch Centrum De Viersprong, werken vijf andere gespecialiseerde instellingen verspreid door heel Nederland mee aan het onderzoek. De eerste resultaten van deze quasi-experimentele studie worden in 2008 verwacht.

Om een kosteneffectiviteitsanalyse uit te voeren zijn de volgende onderdelen onontbeerlijk:

- berekening van de kosten; dit betreffen kosten van de eigenlijke behandeling, maar ook kosten die daarbuiten worden gemaakt, zoals productiviteitskosten of kosten in andere delen van de zorg;
- schatting van het effect van de behandeling;
- waardering van de effecten;
- economisch model om deze drie zaken met elkaar te integreren tot een kosteneffectiviteitsanalyse.

Berekening van de kosten

KOSTEN VAN DE BEHANDELING

In een kosteneffectiviteitsanalyse worden de kosten van de behandeling en van het alternatief berekend. Dit gebeurt door een volume-eenheid van de behandeling te kiezen waarvan vervolgens de kostprijs wordt bepaald. Een volume-eenheid zou bijvoorbeeld kunnen zijn 'een behandeldag' of 'een therapiezitting'. De kostprijs van de volume-eenheid wordt berekend op basis van bijvoorbeeld de jaarrekening van een zorginstelling. De volumina van die behandeling zijn dan het totale aantal behandeldagen of het aantal therapiezittingen. Wanneer de volumina worden vermenigvuldigd met de kostprijs van een volume-eenheid levert dat de kosten van de behandeling op.

KOSTEN BUITEN DE BEHANDELING

In kosteneffectiviteitsanalyses wordt vaak het 'maatschappelijk perspectief' gehanteerd om tot een berekening van de kosten te komen. Dit betekent dat niet alleen de kosten van de eigenlijke behandeling en het alternatief worden berekend maar ook de kosten en besparingen elders in de maatschappij. De gedachte hierachter is dat de gezondheidszorg niet alleen geld kost aan de maatschappij, maar ook geld kan opleveren. Wanneer een behandeling (bijv. psychotherapie) besparingen zou opleveren binnen andere regionen van de (G)GZ (bijv. een reductie van medicijngebruik of opnamen binnen de psychiatrie) dan kunnen deze van de kosten worden afgetrokken. Onderzoek van Dolan en collega's (1996) heeft bijvoorbeeld aangetoond dat voor 24 patiënten met persoonlijkheidsstoornissen de kosten van ambulante en klinische psychiatrische zorg en gevangeniskosten een jaar na de behandeling significant waren afgenomen (van £13.966 per persoon in het jaar voor de behandeling tot £1.308 per persoon in het jaar na de behandeling). De kosten van de eigenlijke behandeling waren £25.641. Hun conclusie luidt dan ook dat de kosten van de behandeling binnen twee jaar na de behandeling kunnen zijn terugverdiend. Wanneer deze kostenbesparingen doorzetten, zou de behandeling uiteindelijk dus zelfs kunnen leiden tot besparingen voor de maatschappij. Gabbard en collega's (1997) bestudeerden al het aanwezige wetenschappelijke bewijs voor de invloed van psychotherapie op de kosten van de zorg en kwamen tot eenzelfde conclusie, namelijk dat een psychotherapeutische behandeling bij patiënten met persoonlijkheidsstoornissen de maatschappij uiteindelijk geld oplevert in plaats van dat het geld kost.
Naast een reductie van de directe medische kosten (kosten binnen de gezondheidszorg) kan een psychotherapeutische behandeling leiden tot een reductie in de indirecte kosten (productiviteitsverliezen door werkverzuim). Stevenson en Meares (1992) laten bijvoorbeeld zien dat bij dertig patiënten met een borderline persoonlijkheidsstoornis twaalf maanden ambulante psychotherapie het werkverzuim deed

verminderden van 4,5 maanden per jaar voor het jaar voorafgaand aan de behandeling tot 1,4 maanden per jaar voor het jaar na de behandeling.

Effecten

GERANDOMISEERD ONDERZOEK GEEN GOUDEN STANDAARD

Het bestuderen van de kosteneffectiviteit wordt vaak verward met het uitsluitend berekenen van de kosten. Dat is doorgaans een zinloos streven, omdat elke behandeling kan worden vervangen door een goedkopere, waardoor er uiteindelijk niets overblijft: de goedkoopste behandeling is uiteraard geen behandeling; ofwel de goedkoopste patiënt is een zieke, ongelukkige of zelfs dode patiënt. Het moge duidelijk zijn dat dit het doel van de geneeskunde, en dat is patiënten beter maken, voorbijschiet. Voor een betekenisvolle kosteneffectiviteitsanalyse moeten dan ook, naast de kosten, de effecten van de therapie worden gemeten. De effectiviteit van bijvoorbeeld klinische langdurige psychotherapie kan op twee manieren worden onderzocht: via gerandomiseerd of via naturalistisch onderzoek.
Gerandomiseerd onderzoek heeft binnen het effectiviteitsonderzoek meestal de voorkeur. Dit komt omdat de causaliteit van een effect nauwkeurig kan worden vastgesteld wanneer de patiënten willekeurig aan de onderzoeksgroepen zijn toegewezen. Een nadeel is echter dat er een situatie wordt gecreëerd die niet gelijk is aan de praktijk. Bij een naturalistische onderzoeksmethode wordt er niet in de normale gang van zaken ingegrepen. Het nadeel hiervan is dat er grote verschillen kunnen bestaan tussen de te vergelijken patiëntengroepen. Met behulp van statistische methoden kan echter worden gecontroleerd voor deze verschillen.
De afweging tussen een gerandomiseerde onderzoeksopzet en een naturalistische wordt beïnvloed door het perspectief van de onderzoeker. Zo zal een klinisch onderzoeker die voornamelijk geïnteresseerd is in de werkingsmechanismen van de therapie een voorkeur hebben voor gerandomiseerd onderzoek. Beleidsmakers en financiers van de gezondheidszorg zullen vooral geïnteresseerd zijn in de consequenties in de praktijk. Zij moeten immers in die praktijk een afweging maken tussen de kosten en de baten. Zij zijn dan ook eerder geneigd te kijken naar de uitslagen van naturalistisch onderzoek. Omdat kosteneffectiviteitsanalyses vooral bedoeld zijn voor beleidsmakers en financiers, zijn 'randomized controlled trials' binnen deze wereld een minder groot dogma dan binnen de klinische wetenschappen. Ster-

ker nog, er wordt binnen de wereld van het kosteneffectiviteitsdenken vaak gewezen op het gebrek aan validiteit van gerandomiseerd onderzoek voor de praktijk, omdat de gecontroleerde settings waarin deze onderzoeken plaatsvinden weinig te maken hebben met de uiteindelijke toepassing van de therapie.

DE WAARDERING VAN DE EFFECTEN

Een bijzondere derde stap bij kosteneffectiviteitsanalyses is het bepalen van de maatschappelijke waarden van de effecten. Deze stap wordt vaak maar moeilijk begrepen door clinici: je bent toch immers bezig voor het heil van de patiënt? Dat klopt en binnen een klinische setting moet dat ook zo zijn. Het perspectief van een kosteneffectiviteitsanalyse is echter niet primair dat van de patiënt. Dat komt omdat bij een kosteneffectiviteitsanalyse uit de aard van de zaak ook kosten worden betrokken, en daarvan is het hoogst onwaarschijnlijk dat de patiënt het leeuwendeel draagt. Deze kosten worden vooral gedragen door de maatschappij. De vraag over de kosteneffectiviteit van een behandeling zal dan ook niet snel gesteld worden door de patiënt die mogelijk kan profiteren van de behandeling, maar eerder door de maatschappij die de behandeling moet betalen. Gelukkig is het niet aan de patiënt om een afweging te maken hoe de schaarse middelen in de gezondheidszorg het beste besteed kunnen worden. De patiënt zou dan zijn eigen belang moeten afwegen tegen dat van andere patiënten. Dat is een oordeel dat niet van de patiënt verlangd mag worden. In plaats daarvan moet de maatschappij zelf aangeven wat zij belangrijk vindt. Een aardig aspect van deze redenering is dat de leden van de maatschappij tevens de potentiële patiënten zijn die in de toekomst wellicht kunnen profiteren van de behandeling. Zij hebben er dus zeker zelf belang bij een zo goed mogelijk pallet van behandelingen samen te stellen, waarbij ze vooraf een afweging moeten maken tussen de kosten en de effecten van verschillende behandelingen.

Een moeilijkheid voor de maatschappij is dat ze heel verschillende behandelingen voor verschillende ziektebeelden met elkaar dient te vergelijken bij het samenstellen van een optimaal pakket aan behandelingen. Daarom is het van belang dat de uitkomsten of effecten van behandelingen niet worden uitgedrukt in ziekte- of stoornisspecifieke termen, zoals bloeddrukverlaging, diagnostische criteria voor depressie of scores op de Symptom Checklist-90 (SCL-90). In plaats daarvan moeten de effecten van een behandeling worden uitgedrukt in generieke termen, zoals levensduurverlenging en verhoging van de kwaliteit van leven. Veranderingen in ziekte- of stoornisspecifieke termen hebben weliswaar betekenis binnen het klinische veld, maar zijn vrijwel ongeschikt om de resultaten buiten dat veld te kunnen duiden. Bijvoorbeeld, wat moet de maatschappij belangrijker vinden: een bloeddrukverlaging van een paar millimeter kwikdruk of een verlaging van 10 punten op de SCL-90? Dergelijke uitkomsten bieden daarom geen soelaas bij het opstellen van een inzichtelijke kosteneffectiviteitsanalyse.

Het maatschappelijk waarderen van de effecten van bijvoorbeeld langdurige klinische psychotherapie zou dus moeten plaatsvinden door uitkomstvariabelen te kiezen die een maatschappelijk invoelbare waarde hebben. Een voorbeeld hiervan zou kunnen zijn een 'ziektevrij jaar'. Het afwegen van de kosten tegen dergelijke invoelbare effecten, bijvoorbeeld € 20.000 per ziektevrij jaar, verschaft doorgaans al een verhelderend inzicht in de verhouding tussen maatschappelijke kosten en de maatschappelijke baten. Hoewel uitkomstmaten zoals ziektevrije jaren maatschappelijk vaak redelijk invoelbaar zijn, blijven het toch ziektespecifieke uitkomstmaten die tussen verschillende stoornissen of ziektebeelden slecht vergelijkbaar zijn. Het is namelijk gemakkelijk voorstelbaar dat cardiovasculaire ziektevrije jaren een andere maatschappelijke waarde hebben dan jaren zonder psychopathologie. Als dat het geval is, dan zal de maatschappij de bijbehorende kosten waarschijnlijk ook anders waarderen. Bij kosteneffectiviteitsanalyses is het daarom zaak te streven naar uitkomstmaten die voor een breed scala van interventies toepasbaar zijn. Zo zijn 'gewonnen levensjaren' een veelgebruikte uitkomstmaat bij levensverlengende therapieën. Alle levensverlengende therapieën kunnen hiermee onderling vergeleken worden. Wanneer kwaliteit van leven een belangrijke uitkomstmaat is, zoals bij langdurige psychotherapie, dan wordt gebruikgemaakt van generieke kwaliteit-van-leven-instrumenten.

Een voorbeeld van een generieke kwaliteit-van-leven-instrument is de EuroQol EQ-5D (Brooks e.a., 2003). Dit instrument bestaat uit vijf vragen of dimensies: mobiliteit, zelfzorg, dagelijkse activiteiten, pijn/klachten en stemming. Elke vraag heeft drie antwoordmogelijkheden: geen problemen, enige problemen en ernstige problemen of niet in staat zijn tot. De 243 verschillende gezondheidstoestanden die door een combinatie hiervan kunnen ontstaan zijn door een grote steekproef uit het algemene publiek gewaardeerd. Deze waardering bestaat uit een score tussen de –0,33 (de ergst voor te stellen gezondheidstoestand oftewel een toestand waarin je liever dood bent dan dat je met die gezondheid verder moet leven) en de 1,00 (de beste voor te stellen gezondheidstoestand oftewel volledige gezondheid). Zo geeft de maatschappij bijvoorbeeld een waardering van 0,96 aan de kwaliteit van leven van iemand met een kalknagel en een waardering van 0,39 aan een persoon lijdend aan COPD (Toenders, 2002, rapport CvZ: *Vervolgonderzoek breedte geneesmiddelenpakket*). De winst van kwaliteit van leven is gebonden aan de tijd dat deze genoten wordt en daarom in kosteneffectiviteitsanalyses doorgaans gekoppeld aan levensjaren. De uitkomstmaat waarin dit wordt uitgedrukt is *Quality Adjusted Life Years* (QALY's).

Economische modellen

Het sluitstuk van een formele kosteneffectiviteitsanalyse is het samenbrengen van kosten, effecten en waarderingen van deze effecten in een economisch model. Binnen het klinische veld heerst een bepaalde gereserveerdheid als het gaat om economische modellen. De voornaamste reden hiervan is dat de positie van economische modellen ten opzichte van klinische trials vaak niet duidelijk is. Economische modellen en klinische trials zijn namelijk geen concurrenten van elkaar, zoals vaak wordt gedacht, maar dienen twee verschillende doelen. Bij gerandomiseerde trials ligt de focus op het meten van verschillende uitkomsten, terwijl beslismodellen alleen gericht zijn op het nemen van geïnformeerde specifieke beslissingen (Drummond e.a., 2005). De beslissing over het vergoeden van de ene behandeling boven een andere kan niet genomen worden op basis van de resultaten van een enkele klinische trial. In een klinische trial worden nooit alle opties met elkaar vergeleken en soms wordt een behandeling niet vergeleken met een andere behandeling maar met een placebo. Zou je alle relevante behandelopties wat betreft hun effectiviteit met elkaar willen vergelijken, dan moeten gegevens uit meerdere klinische trials worden samengebracht in een meta-analyse. Een meta-analyse combineert de resultaten over de effectiviteit uit meerdere studies tot een gewogen 'overall' resultaat. In een economische evaluatie is echter niet alleen bewijs betreffende de effectiviteit vereist maar ook gegevens over de kosten en de waarderingen van de effecten. In dat geval is een beslismodel nodig om al deze bronnen van informatie te combineren, zodat er op basis van al die informatie een vergoedingenbesluit kan worden genomen.
Een economisch model is eigenlijk niets anders dan een formele representatie van de werkelijkheid. Het is goed ons daarbij te realiseren dat in principe elk onderzoek een model is van de werkelijkheid. Bijvoorbeeld, in een gerandomiseerd onderzoek worden twee uitkomstmaten met elkaar vergeleken die 'model staan' voor twee behandelwijzen. Een gerandomiseerd onderzoek duurt echter meestal maar

een beperkt aantal jaren. Onderzoeken met follow-up perioden van langer dan vijf jaar zijn schaars. Een belangrijke reden hiervoor is dat een langdurig onderzoek ook een zeer kostbare aangelegenheid is.
Bij sommige ziektebeelden, zoals chronische aandoeningen maar ook bijvoorbeeld persoonlijkheidsstoornissen, is het echter van belang de effecten en kosten van de twee alternatieve behandelingen over een langere periode te volgen. Beslismodellen hebben dan de functie om wat er in de trials is geobserveerd te extrapoleren naar bijvoorbeeld tien jaar na dato of in het geval van chronische patiënten zelfs levenslang. Nog een belangrijk voordeel is dat het effect op de kosten en kosteneffectiviteit snel duidelijk wordt, wanneer bepaalde sleutelvariabelen in het beslismodel worden veranderd. Dit stelt de beleidsmaker in staat op basis van veranderingen in het huidige beleid toekomstige economische ontwikkelingen te voorspellen.
Zo is er zeker nog een aantal voordelen van beslismodellen te noemen als aanvulling op klinische trials. Belangrijk is echter te vermelden dat de kwaliteit van een economisch model altijd afhankelijk is van de kwaliteit van de klinische studies die de data leveren. Een veelgehoorde uitspraak in de modellenwereld is dan ook 'garbage in, garbage out'. Wanneer een economisch model gebaseerd is op slecht onderzoek, doet dat af aan de betrouwbaarheid van het model. Wanneer een model gebaseerd is op gedegen onderzoek, is het evenwel een sterk middel om resultaten van het onderzoek te generaliseren naar beleidsmatige uitkomsten.

Conclusie

Het is begrijpelijk dat clinici zich niet in eerste instantie geroepen voelen zich bezig te houden met de kostenaspecten van de zorg die zij leveren: hun primaire interesse moet een optimaal behandelresultaat zijn. Deze positie is echter onhoudbaar wanneer prioriteiten moeten worden gesteld en de behandelingen van verschillende patiëntengroepen tegen elkaar afgewogen dienen te worden. Het geeft geen pas wanneer de clinicus zich van dat maatschappelijke debat distantieert door de legitieme kosteneffectiviteitsvraag af te doen als onethisch of zich te verschuilen achter zijn professionele autonomie. Een dergelijke houding plaatst de clinicus buiten de discussie en deze moet dan vervolgens ook niet raar opkijken wanneer anderen het initiatief overnemen, met bijvoorbeeld de pakketmaatregel psychotherapie als gevolg.
De pakketmaatregel psychotherapie is per 1 januari 2007 alsnog aangepast. Voor een beperkte groep patiënten (15%), die niet uitbehandeld zijn binnen het maximaal toegestane aantal zittingen, kan aan-

vullende psychotherapeutische zorg geleverd worden. Dit besluit is genomen naar aanleiding van een rapport van het onderzoeksbureau Boer en Croon in opdracht van het ministerie van VWS (2006) waaruit blijkt dat de kostenbesparingen die men dacht te bereiken door de maatregel uitblijven. De besparingen van het terugbrengen van het aantal psychotherapiezittingen worden namelijk overstegen door de extra kosten van andere (en soms duurdere) vormen van zorg die na het afbreken van de psychotherapie door de patiënten worden gemaakt.

Het is dus zaak ons als beroepsgroep niet opnieuw de kaas van het brood te laten eten en wel degelijk zelf te anticiperen op mogelijke maatschappelijke discussies rond de betaalbaarheid van langdurige psychotherapie. Dit kan om te beginnen gebeuren door op grote schaal het effectiviteitsonderzoek te laten vergezellen van kostenonderzoek, zodat de kosteneffectiviteit van langdurige psychotherapie ook daadwerkelijk wordt ondersteund door empirische data.

Literatuur

Asselt, Th. van, Dirksen, C., Severens, J., Arntz, A., Dyck, R. van, Spinhoven, Ph., Giesen-Bloo, J., Kremers, I. & Nadort, M. (submitted). *Cost-effectiveness of schema-focused therapy and transference-focused therapy for borderline personality disorder.*

Brooks, R., Rabin, R. & Charro, F. de (2003). *The measurement and valuation of health status using EQ-5D: A European perspective.* Londen: Kluwer Academic Publishers.

Dolan, B.M., Warren, F.M., Menzies, D. & Norton, K. (1996). Cost-offset following specialist treatment of severe personality disorders. *Psychiatric Bulletin* 20, 413-417.

Drummond, M.F., Sculpher, M.J., Torrance, G.W., O'Brien, B.J. & Stoddart, G.L. (2005). *Methods for the Economic Evaluation of Health Care Programmes.* Oxford: Oxford University Press.

Gabbard, G.O., Lazar, S.G., Hornberger, J. & Spiegel, D. (1997). The economic impact of psychotherapy: a review. *American Journal of Psychiatry* 154, 147-155.

Gezondheidsraad (2001). *Doelmatigheid van langdurige psychotherapie.* Den Haag: Gezondheidsraad.

Howard, K.I., Kopta, S.M., Krause, M.S., e.a. (1986). The dose-response relationship in psychotherapy. *American Psychologist* 41, 159-164.

Stevenson, J. & Meares, R. (1992). An outcome study of psychotherapy for patients with borderline personality disorder. *American Journal of Psychiatry* 149, 358-362.

Toenders, W.G.M. (2002). *Vervolgonderzoek breedte geneesmiddelenpakket.* Amstelveen: College voor Zorgverzekeringen (CvZ).

VWS/ Boer & Croon (2006). De pakketmaatregel psychotherapie heeft niet het gewenste effect: evaluatie-onderzoek pakketmaatregel psychotherapie. Amsterdam (projectnummer 26-037).

14 Lusten, lasten en lessen van academisering in een gespecialiseerde behandelinstelling

Sissy Hamers, Hilde De Saeger en Sjouk Hartman-Faber

Inleiding

Voor patiënten met persoonlijkheidsstoornissen zijn veel behandelingen beschreven, maar slechts weinige daarvan zijn wetenschappelijk getoetst op hun merites. Voor professionals is het dan ook nog onvoldoende mogelijk om *evidence-based* te werken. Veeleer werkt men op basis van klinische kennis of intuïtie, ook wel *opinion-based* genoemd. Er is behoefte aan wetenschappelijk onderzoek in de praktijk. Dat kan natuurlijk het best plaatsvinden in een samenwerkingsverband tussen wetenschappers en werkers in de gezondheidszorg. Het is echter niet vanzelfsprekend dat reguliere praktijkinstellingen voor gezondheidszorg aan wetenschappelijk onderzoek doen. Daartoe dient een praktijkinstelling eerst 'geacademiseerd' te worden. Dit hoofdstuk beschrijft het proces van academisering in Psychotherapeutisch Centrum De Viersprong. Vanuit de brede definitie van academisering gaan we, via het landelijk beleid voor kennisontwikkeling, naar de specifieke implementatie van academisering in De Viersprong. We beschouwen academisering als een verandering in de organisatie die diep ingrijpt in de cultuur ofwel de gevestigde orde van het primaire proces van die organisatie.

Academisering

DEFINITIE EN DOELSTELLINGEN

Het lijkt vanzelfsprekend dat de instituten der wetenschap, de universiteiten, in nauw contact staan met de beroepsbeoefenaren, de praktijkinstellingen. Wetenschappelijk onderzoek is een belangrijke basis voor de praktijk van de beroepsuitoefening in de gezondheidszorg. Door wetenschappelijk onderzoek kunnen er nieuwe behandelingen

ontwikkeld worden. Innovaties die ontstaan tijdens de beroepsuitoefening in de praktijk kunnen getoetst worden op hun wetenschappelijke waarde. Zo kan er een wisselwerking groeien tussen theorie en praktijk die wederzijds bevruchtend werkt. In de gezondheidszorg kunnen goede behandelingen op deze manier tot ontwikkeling komen en in ontwikkeling blijven. Deze ideale situatie wordt gecompliceerd door maatschappelijke, economische en politieke thema's en we zien dan ook een verschil in organisatie van deze samenwerking door de eeuwen heen. In de gezondheidszorg is het academisch ziekenhuis, verbonden aan de universiteit van de regio, bij uitstek de plaats waar behandeling en wetenschappelijk onderzoek hand in hand gaan.
Een meer formele definitie van academisering wordt gegeven door Kocken e.a. (1995):

> ***'de gestructureerde/geïnstitutionaliseerde samenwerking tussen universiteit en perifere praktijken van beroepsbeoefenaren, waarbinnen onderling samenhangende en vooraf overeengekomen activiteiten plaatsvinden ten behoeve van integratie van wetenschappelijk onderwijs en onderzoek en patiëntenzorg'.***

Uiteraard is ook de overheid geïnteresseerd in de kwaliteit en doelmatigheid van de zorg, omdat zij daarvoor de verantwoordelijkheid heeft en houdt. In augustus 2000 bracht de Raad voor Gezondheidsonderzoek een advies uit aan de minister van Onderwijs, Cultuur en Wetenschappen over de zogeheten werkplaatsfunctie buiten het academisch ziekenhuis. Het advies was langdurige samenwerkingsverbanden tussen faculteiten en werkplaatsen.
Academisering stelt aan beide partijen nogal wat eisen. Van zorginstellingen vraagt het om een nieuwsgierige, lerende attitude, om belangstelling dus voor onderzoek, en om het durven aanpassen van beroepsuitoefening. Van de academische centra vraagt het om invoegend vermogen en aansluiting zoeken bij het veld.

Landelijke ontwikkelingen

Vanaf de jaren negentig van de twintigste eeuw neemt het kwaliteitsdenken een hoge vlucht in Nederland, niet alleen in de gezondheidszorg. De twee essentiële vragen zijn: Doen wij de goede dingen; en Doen wij die dingen goed. Kwaliteitssystemen worden in de gezondheidsinstellingen geïntroduceerd: voortdurende toetsing en verbete-

ring van de kwaliteit passen ook in het maakbaarheidsideaal van de samenleving. Dit kwaliteitsdenken leidt tot de eerste richtlijn- en protocolontwikkeling en tot zogeheten doorbraakprojecten, waarin de *best clinical practice* geïmplementeerd wordt in de deelnemende ziekenhuizen.
Eind jaren negentig wordt geconstateerd, mede op basis van de kwaliteitstoetsingen, dat bestaande kennis onvoldoende wordt geïmplementeerd. Vooral in de geestelijke gezondheidszorg is er sprake van achterstand. De toenmalige minister van Volksgezondheid, Welzijn en Sport (VWS), Borst, besluit tot het stimuleren van kennisoverdracht en kennisimplementatie door een aantal kenniscentra gedurende vijf jaar financieel te steunen. De keuze van de kenniscentra wordt in hoge mate door de politieke agenda bepaald. Ondanks het beperkte aantal kenniscentra dat subsidie ontvangt, is de spin-off dat veel GGZ-instellingen zich op de markt van kenniscentrumontwikkeling begeven. In het Landelijk Platform Kenniscentra, zoals dat nu wordt georganiseerd door het Trimbos-instituut, treffen vijftien kenniscentra in de GGZ elkaar regelmatig om ervaringen uit te wisselen. De aard, omvang en ontwikkelingsfase van deze centra zijn zeer verschillend; de vraag hoe kennisontwikkeling, kennisimplementatie en kennisoverdracht te financieren leeft bij eenieder.
Inmiddels zijn in het eerste decennium van de 21ste eeuw kostenbeheersing van en marktwerking in de gezondheidszorg de centrale overheidsthema's. De oprichting van kenniscentra met steun van de overheid is gestopt en wordt aan het veld overgelaten, terwijl tegelijkertijd in de gezondheidszorg steeds meer op (lagere) prijs en realisatie wordt gestuurd. Nieuwe ontwikkelingen worden nauwelijks ondersteund. De geluiden dat Nederland als kennisland achter gaat lopen, worden de laatste jaren luider. Kennisimplementatie alleen is onvoldoende, want is er nog een wereld te doen aan kennisontwikkeling. Dit geldt zeker ook voor de GGZ (Andrews e.a., 2004).

Academisering van De Viersprong

AANLEIDING EN VOORBEREIDING

Enkele jaren geleden heeft De Viersprong de ambitie opgepakt om zich te ontwikkelen tot een derdelijns-, topklinische zorginstelling voor de diagnostiek en behandeling van persoonlijkheidsproblemen en persoonlijkheidsstoornissen, en een opleidingscentrum voor psychiaters en psychologen. In 2007 bestaat De Viersprong vijftig jaar.
Bij een topklinisch kader horen excellente behandeling, onderzoek en

opleiding en dus kan academisering als een *conditio sine qua non* worden gezien.
Ontwikkelingen op De Viersprong in de maatschappelijke context creëerden in de loop van de jaren negentig de behoefte aan versterking van de wetenschappelijke onderbouwing van de specialistische behandeling. Zeggen dat je specialist bent moet aantoonbaar bewezen worden, zowel in de relatie met de ons omringende GGZ-instellingen (profilering) als in de context van eerdergenoemde kennisontwikkelingen.
Aan prof. dr. R.W. Trijsburg werd gevraagd een haalbaarheidsstudie te doen naar en advies te geven over de wijze van academisering op De Viersprong. Deze nota (Trijsburg, 1999) is tot stand gekomen met inbreng van in- en externe sleutelfiguren, onder wie de (wetenschappelijk opgeleide) behandelaars. Het positieve advies om deze academisering tot stand te brengen kon dan ook rekenen op de steun van deze groep professionals. Een belangrijke randvoorwaarde, het aantrekken van een projectleider academisering, is in 2001 gerealiseerd met de benoeming van de huidige manager van de afdeling Onderzoek VISPD (Viersprong Institute for Studies on Personality Disorders), prof. dr. R. Verheul. Het eerste jaar na zijn aantreden is besteed om aansluiting te zoeken bij een universiteit, de bijzondere leerstoel persoonlijkheidsstoornissen aan de Universiteit van Amsterdam in te richten, en het meerjarenplan project academisering 2001-2005 op te stellen.

DOELSTELLINGEN

De doelstellingen van academisering op De Viersprong, zoals geformuleerd in het *Meerjarenplan academisering* 2001-2005 (Verheul, 2001), omvatten:

- wetenschappelijk onderzoek;
- netwerkontwikkeling;
- richtlijnontwikkeling;
- kennisoverdracht en advisering.

Wetenschappelijk onderzoek

Onder wetenschappelijk onderzoek wordt in het *Meerjarenplan* verstaan: vormgeven aan, faciliteren en (laten) uitvoeren van een wetenschappelijk onderzoeksprogramma op het gebied van de evidence-based behandeling van persoonlijkheidsstoornissen. Meer in het bijzonder werden de volgende onderzoekslijnen genoemd:

- Effectiviteit en doelmatigheid van specialistische psychotherapie voor persoonlijkheidsstoornissen (thema's: indicatie en differen-

tiatie, behandeldoelen en behandelprocessen, effectiviteit en doelmatigheid, non-specifieke werkzame factoren in psychotherapie).
- Persoonlijkheidsstoornissen bij jeugdigen (thema's: classificatie en diagnostiek, natuurlijk beloop van persoonlijkheidsstoornissen bij jeugdigen, interventies voor jeugdigen).
- Zorginnovatie (thema's: maatschappelijke herintreding, innovatief dagklinisch en/of ambulant aanbod, farmacotherapie, persoonlijkheid en somatische aandoeningen, forensische psychiatrie).
- Pathogenetische mechanismen van persoonlijkheidspathologie (thema: innovatieve experimenten).

Netwerkontwikkeling

Over netwerkontwikkeling staat in het *Meerjarenplan*: initiëren en onderhouden van een netwerk ten behoeve van de academische inbedding (universiteit, kenniscentrum, (inter)nationale samenwerking) en de uitvoering van multicenterstudies met collega-instellingen; verwerven van bijzondere leerstoel persoonlijkheidsstoornissen.

Richtlijnontwikkeling

Richtlijnontwikkeling heeft als doelstelling de integratie van wetenschappelijke kennis met praktijk- en ervaringskennis c.q. het vertalen van onderzoeksbevindingen in adviezen en richtlijnen ten behoeve van de klinische praktijk.

Kennisoverdracht en advisering

Door kennisoverdracht en advisering worden evidence-based hulpverlening en zorginnovatie gestimuleerd en worden ze mede vormgegeven.

Realisatie

In 2006 werd intern een evaluatie verricht om vast te stellen in hoeverre de doelstellingen waren behaald (Verheul, 2006a). De conclusie van de evaluatie was dat de oorspronkelijke doelstellingen ruimschoots gehaald waren. Meer specifiek werden de volgende zaken geconcludeerd.

Wetenschappelijk onderzoek

Het huidige onderzoeksprogramma van De Viersprong stemt redelijk overeen met wat vijf jaar geleden werd gepland. Er zijn inmiddels twaalf projecten gerealiseerd, tien projecten lopen nog en er zijn er twee in voorbereiding. De afgelopen jaren hebben circa twintig publicaties per jaar opgeleverd. Op de vier genoemde deelterreinen werd het volgende bereikt:

- Op het deelgebied Effectiviteit en doelmatigheid van specialistische psychotherapie voor persoonlijkheidsstoornissen is redelijk tot veel vooruitgang geboekt. Aan de voordeur werd standaarddiagnostiek ingevoerd en het project Indicatiestelling werd gestart. Een grootschalige multicenter-effectstudie onder meer dan 800 patiënten met persoonlijkheidsstoornissen werd gestart onder de naam *Study of Cost-Effectiveness of Personality Disorder Treatment* (SCEPTRE). Bij verschillende afzonderlijke behandelprogramma's lopen inmiddels effectstudies, zoals de *Intensieve Klinische Dynamische Psychotherapie* (IKDP) en de *Mentalization Based Treatment* (MBT). Speciale vermelding verdient het project *Psychotherapy: Short Inpatient versus Long Outpatient* (PSILO), dat inmiddels is stopgezet vanwege onvoldoende instroom. De standaarddiagnostiek, SCEPTRE en PSILO zullen als cases centraal staan bij de beschrijving van de lusten, lasten en lessen van de academisering van De Viersprong.
- Voor het thema Persoonlijkheidsstoornissen bij jeugdigen geldt dat er recent is gestart met onderzoek naar de langetermijnbehandeluitkomst en behandelprocessen bij residentiële behandeling van *Treatment Refractory Adolescents with Personality disorders* (TRAP).
- Op het gebied van zorginnovatie zijn diverse projecten uitgevoerd. Aan de voordeur is standaarddiagnostiek ingevoerd, dat wil zeggen dat aan alle patiënten die een intake krijgen eerst een forse batterij psychologische tests en diagnostische interviews wordt voorgelegd. In diverse programma's zijn nieuwe modules voor arbeidsreintegratie ontwikkeld en ingevoerd. Voor patiënten met een ernstige borderline persoonlijkheidsstoornis is het behandelprogramma Mentalization Based Treatment (MBT) geïmplementeerd. MBT is ontwikkeld in Engeland en bleek in een Britse studie zeer effectief. Op de afdeling Forensische Jeugdpsychiatrie werden, op basis van positieve bevindingen in de wetenschappelijke literatuur, multisysteemtherapie (MST) en functionele gezinstherapie geïmplementeerd. Ten slotte bestaan er, op basis van een uitgebreide literatuurstudie, plannen om nieuw aanbod te ontwikkelen voor mensen met chronisch-somatische klachten.
- Het thema Pathogenetische mechanismen van persoonlijkheidspathologie is, behoudens deelname aan twee studies van de Maastrichtse onderzoeksgroep rond Arntz, relatief onderbelicht gebleven, maar had in het *Meerjarenplan* van 2001 ook geen prioriteit.

Netwerkontwikkeling

In de afgelopen vijf jaar is het Viersprong Institute for Studies on Personality Disorders (VISPD) gelukt om een zeer uitgebreid (inter)nationaal netwerk te initiëren en onderhouden. Het zou te ver voeren om dit gehele netwerk op deze plek in kaart te brengen. Een en ander wordt geïllustreerd aan de hand van enkele voorbeelden:

- In het project SCEPTRE werken zes instellingen en twee universiteiten nauw samen; in totaal zijn hierbij circa tien onderzoekers en tien onderzoeksmedewerkers, zestig interviewers, en honderden behandelaars betrokken.
- Severity Indices of Personality Problems – 118 item version (SIPP-118), die door VISPD in samenwerking met Anthony Bateman en Peter Fonagy is ontwikkeld, heeft zowel nationaal als internationaal heel wat enthousiasme losgemaakt. Het instrument is inmiddels beschikbaar in zeven talen en in verschillende landen wordt het onderzocht op psychometrische eigenschappen of gebruikt in effectonderzoeken. Dit enthousiasme genereert vele contacten over de e-mail en tijdens congressen.
- De betrokkenheid van VISPD bij de voorbereidingen van de American Psychiatric Association voor de ontwikkeling van de DSM-V heeft inmiddels diverse lezingen en publicaties opgeleverd, en heeft recent geleid tot een samenwerking tussen de Verenigde Staten (Thomas Widiger en John Oldham) en Nederland (Roel Verheul) inzake een onderzoek naar de klinische relevantie van persoonlijkheidsdimensies voor de diagnostiek en behandeling van persoonlijkheidsstoornissen.
- Onder meer door het initiatief om *Multi System Therapy* (MST) en *Functional Family Therapy* (FFT) te onderzoeken in twee RCT's is De Viersprong erin geslaagd een uitgebreid netwerk te initiëren en een in dit kader vooraanstaande positie te verwerven. De Viersprong is momenteel een van de instellingen die bij het ministerie van VWS worden genoemd om eventueel een centrale rol te gaan vervullen bij kennisdisseminatie en landelijke implementatie van MST.
- De bijzondere leerstoel persoonlijkheidsstoornissen verdient in dit kader ook aandacht. Afgezien van de contacten op de universiteit en de bekendheid bij collega-onderzoekers van andere universiteiten, hebben zich tot nog toe drie externe promovendi gemeld. De leerstoel oefent ook aantrekkingskracht uit met het oog op plenaire lezingen op congressen en symposia.
- Verder verdienen vermelding het actieve lidmaatschap van de International Society for Studies on Personality Disorder (ISSPD) en de

editorial board van het *Journal of Personality Disorders*, en de nauwe betrokkenheid bij de organisatie van het tiende lustrumcongres van de ISSPD in Den Haag. Deze posities dragen bij aan een sterke (inter)nationale positie en uitstraling.

Richtlijnontwikkeling

Aan de integratie van wetenschappelijke kennis en praktijk- en ervaringskennis wordt momenteel op twee manieren vormgegeven. In de eerste plaats is VISPD nauw betrokken bij de ontwikkeling van de *Multidisciplinaire Richtlijn Persoonlijkheidsstoornissen*. Deze richtlijn wordt in 2007 gepubliceerd en zal een belangrijke stimulans betekenen om het behandelaanbod van De Viersprong meer in evenwicht te brengen met wat tegenwoordig als 'evidence-based' wordt beschouwd. In de tweede plaats is het project Indicatiestelling bedoeld als een traject waarbij de praktijk van indicatiestelling in De Viersprong geleidelijk aan meer wordt gebaseerd op rationele argumenten en minder op *opinion-based* overtuigingen van de hulpverlener of op de voorkeuren van de patiënt.

Kennisoverdracht en advisering

Het door kennisoverdracht en advisering stimuleren van en mede vormgeven aan evidence-based hulpverlening en zorginnovatie is goed op gang gekomen. Het lijkt erop dat de academisering inmiddels is doorgedrongen tot in de poriën van De Viersprong (beleidsplan, jaarplannen, personeel), waardoor het innovatiebeleid mede wordt bepaald door wetenschappelijke kennis.

Evaluatie

De evaluatie van onderzoeksbureau Prismant (Vorselman & Kool, 2006) levert conclusies op over het proces van academisering, gezien door de ogen van derden, zoals patiënten van De Viersprong, medewerkers van De Viersprong, verzekeraars, het Trimbos-instituut, andere GGZ-instellingen en ZonMw. Volgens dit rapport staat het VISPD bij de meeste interne en externe belanghebbenden bekend als professioneel en hardwerkend. De medewerkers zijn dynamisch en positief kritisch. Ze hebben een belangrijke bijdrage geleverd aan het evidence-based werken van De Viersprong. Er is sprake van een vruchtbare samenwerking met de universiteit. Daar ligt echter ook de grootste valkuil voor het VISPD. Het onderzoek kan te veel een eigen leven gaan leiden binnen De Viersprong. De uitdaging ligt juist in een betere aansluiting bij de werkvloer. Een voorbeeld van verbetering van

de organisatiebrede communicatie is het minisymposium van de afdeling VISPD. Deze gaf een presentatie met een overzicht van alle onderzoek en de planning van toekomstig onderzoek. Academisering is echter meer dan onderzoek. Academisering betreft ook de wetenschappelijke attitude, nieuwsgierigheid en betrokkenheid van behandelaars, en het dichten van de kloof tussen onderzoek en behandeling. Uit de evaluatie blijkt dat op dit gebied nog verdere ontwikkeling en aandacht, met name voor het communicatieve aspect, nodig zijn. Het initiatief tot onderzoek zou meer bij de werkvloer moeten liggen, maar tot op heden komen deze intitiatieven nog onvoldoende van de grond. Meer betrokkenheid, communicatie en overleg zijn vereist om duidelijk te maken waarom sommige onderzoeken wel en andere niet uitgevoerd gaan worden. Bij het opzetten van onderzoeken is het van belang aandacht te hebben voor de vraag welke afdelingen willen meewerken en welke afdelingen geschikt zijn om mee te werken. Ook moet men bepaalde randvoorwaarden in de gaten houden; als behandelaars bijvoorbeeld hun eigen brieven moeten gaan schrijven omdat het secretariaat overbelast is door werk voor onderzoek, zal dat de populariteit van het onderzoek niet ten goede komen. Bij het aannamebeleid moet men bij de sollicitant meer letten op de aanwezigheid van onderzoeksgerichtheid in combinatie met communicatieve vaardigheden.
Samenvattend kan worden gesteld dat De Viersprong met de VISPD een goede onderzoeksafdeling heeft neergezet, die kan uitgroeien tot perifeer kenniscentrum voor persoonlijkheidsstoornissen.
Naar aanleiding van de evaluatie over de academisering zal een plan voor de tweede fase worden opgesteld, met bijzondere aandacht voor betrokkenheid van behandelaars en het dichten van de kloof. Ook is duidelijk dat er werk aan de winkel is met betrekking tot de betaalbaarheid van een dergelijke onderneming: er is niet voldoende subsidie ontvangen om dergelijke grootschalige onderzoeken in de nabije toekomst onverkort te blijven doen. Het aanboren van andere subsidiekanalen en het vinden van schaalvergroting in samenwerking met vergelijkbare instellingen zal eveneens in het plan voor de tweede fase worden opgenomen.

Lusten, lasten en lessen

In de praktijk is gebleken dat academisering een grote verandering teweegbrengt in de organisatie van het primaire proces. Zoals we bij de genoemde projecten ervaren hebben, heeft academisering invloed

op aspecten als de autonomie, opleiding en attitude van professionals in hun dagelijks werk, op personeelsformatie, op budgetten, en op de samenwerking tussen afdelingen.
Zoals eerder al aangekondigd worden in deze paragraaf de lusten, lasten en lessen van de academisering van De Viersprong met betrekking tot deze aspecten beschreven aan de hand van de invoering van de standaarddiagnostiek, *Psychotherapy Short-Term Inpatient versus Long-term Outpatient* (PSILO) en *Study of Cost-Effectiveness of Personality Disorder Treatment* (SCEPTRE).

LUSTEN
Men kwam in de organisatie vrij gemakkelijk tot overeenstemming welke projecten er prioriteit zouden hebben, en dus kon men snel overgaan tot uitvoering van gemaakte plannen.

Standaarddiagnostiek
Het project over standaarddiagnostiek had prioriteit, omdat het voor onderzoek van belang is om te weten welke populatie zich aan de voordeur aandient. De implementatie van de standaarddiagnostiek was bovendien van belang voor de start van SCEPTRE (zie verderop) en een project over indicatiestelling. Aan de intakers werd gevraagd welke concepten zij van belang achten en gebruiken bij de indicatiestelling. De manager VISPD kwam vervolgens met een advies hoe deze concepten het best gemeten konden worden. Men had veel vertrouwen in hem en was gemotiveerd om aan de slag te gaan. Dit project heeft ertoe geleid dat de standaarddiagnostiek, bestaande uit enkele zelfrapportagelijsten en interviewschema's, in den brede in onze instelling op de kaart is gezet. Patiënten lieten weten dat ze zich door het gebruik van de vragenlijsten zeer serieus genomen voelden. Er werd separaat een psychodiagnostiekteam geformeerd aan de voordeur. Door de toename van psychodiagnostiek maakte dit team in de afgelopen jaren een sterke groei door. Op dit moment is er veel vraag vanuit de eerste en de tweede lijn en is het aantal aanvragen voor diagnostiek sterk toegenomen. Dit project heeft geleid tot professionalisering van specialistische psychodiagnostiek.

PSILO
Het tweede project (PSILO) betreft een vergelijkend onderzoek naar de doelmatigheid van kortdurende klinische psychotherapie en langer durende ambulante psychotherapie. Patiënten werd gevraagd zich te laten randomiseren over drie maanden klinische psychotherapie of 75 zittingen ambulante psychotherapie van eenmaal per week. Dit pro-

ject is van de drie voorbeelden het meest ingrijpend geweest in het dagelijks werk van de professionals. Voor dit onderzoek diende een patiëntengroep via inclusie- en exclusiecriteria uit de aanmeldingen te worden gedestilleerd. Dit had impact op het professioneel handelen van de intakers. Het onderzoek was ook zo ingrijpend, omdat van meet af aan was afgesproken tussen managementteam en medewerkers dat de resultaten ervan consequenties zouden kunnen hebben voor het behandelbeleid. In een vroege fase van dit project is er door de manager VISPD al een subsidieaanvraag bij ZonMw gedaan en deze is toegekend. In een samenwerkingsverband van onderzoekers en intakers is een patiëntengroep gedefinieerd die bij beide behandelingen gebaat is. Het design van de trial heeft de toets der kritiek van ZonMw en een medisch-ethische toetsingscommissie doorstaan. Ondanks het feit dat dit project voortijdig moest worden beëindigd, zijn er ook lusten aan verbonden. Er werd bijvoorbeeld duidelijk dat RCT niet voor alle behandelvormen het beste design is. In de richtlijnen nemen de RCT's een vooraanstaande plaats in, maar er dient gezocht te worden naar andere vormen van onderzoek die meer kans van slagen hebben bij bepaalde vraagstellingen over langer durende psychotherapie voor persoonlijkheidsstoornissen.

SCEPTRE

Het onderzoeksproject SCEPTRE richt zich op een opeenvolgende reeks van patiënten die een psychotherapeutische behandeling krijgen voor persoonlijkheidsproblematiek bij zes verschillende instellingen voor ambulante, dagklinische en/of klinische psychotherapie. Doelstelling is uitspraken te kunnen doen over de (kosten)effectiviteit van de verschillende behandelingen, dosis-effectrelaties en matching patiënt-behandeling. Het onderzoek is gestart in 2003 en zal circa duizend patiënten volgen tot en met drie jaar na de start van hun behandeling. Het design is quasi-experimenteel; er wordt dus niet gerandomiseerd, met als gevolg dat er nauwelijks sprake is van weigering of uitval. Dit komt de generaliseerbaarheid ofwel externe validiteit van de studieresultaten ten goede. Voor initiële patiëntverschillen tussen groepen zal worden gecontroleerd, zodat vergelijkingen tussen bijvoorbeeld ambulant en dagklinisch en tussen dagklinisch en klinisch mogelijk worden. Het project SCEPTRE is een goed geïmplementeerd en voortvarend lopend project dat veel gegevens zal opleveren. Alle patiënten zijn inmiddels ingestroomd en ongeveer anderhalf jaar gevolgd. Er worden de komende jaren meerdere publicaties en promoties op de onderzoeksdata verwacht.

LASTEN

In het begin van de implementatiefase is door de grote motivatie om met projecten te beginnen weinig aandacht besteed aan de onderliggende angsten met betrekking tot het invoeren van wetenschappelijk onderzoek. Deze angsten leefden wel degelijk bij de medewerkers; ze hebben te maken met autonomie, beoordeling en het ter discussie stellen van de eigen overtuigingen. Omdat er wel overeenstemming was welke projecten prioriteit zouden hebben, kon men snel overgaan tot uitvoering. In zijn enthousiasme vergat men wel eens de communicatie met medewerkers een voldoende prominente plaats te geven in deze fase.

Standaarddiagnostiek

Het project over standaarddiagnostiek kende naast de al eerder genoemde lusten zeker ook lasten met betrekking tot de implementatie. De onzekerheden, waarvoor in de vorige fase te weinig tijd was om er iets aan te doen, kwamen nu naar boven. Het feit dat de plannen al ver uitgewerkt waren en dat er personele gevolgen verbonden waren aan onderzoek en academisering, maakte het voor medewerkers moeilijk om direct in de samenwerking te stappen. Aanvulling en verbetering werden ervaren als boodschap dat het voorafgaande niet goed genoeg was geweest. Dat leverde reacties op als 'we kunnen het patiënten niet aan doen om zoveel vragenlijsten in te vullen', 'geen instrument kan de klinische diagnostiek vervangen' of 'clinici zijn niet wetenschappelijk'. Hier kwam bij beide partijen de ervaren aantasting van de professionele autonomie aan de orde. Daarnaast waren er nog knelpunten met betrekking tot de organisatie van de standaarddiagnostiek. Beide partijen zijn bijvoorbeeld vergeten de administratie een plaats in het project te geven. Factoren die hebben geleid tot vertraging in dit project waren de ontijdige communicatie tussen de toenmalige afdeling Academisering en de intakers, en een te snelle actie met een kant-en-klaar projectplan zonder dat de professionals gevraagd waren om mee te denken. Dat leidde al meteen in het begin tot een versterking van de door academisering opgeroepen basale onzekerheid van de professionals over hun autonomie en tot splitsing van ervaren belangen bij het project in plaats van gedeelde belangen. Toen de communicatie extra aandacht kreeg van beide partijen, kon via het nieuwe projectplan een inhaalslag gemaakt worden. Dat leidde uiteindelijk tot een zeer succesvol afgesloten project, dat geleid heeft tot een professionele standaarddiagnostiek in de indicatiestelling en behandeling.

PSILO

Met het PSILO-project liep het minder goed af. In een vroege fase van dit project is door de enthousiaste manager VISPD een subsidieaanvraag bij ZonMw gedaan en is deze toegekend. Daardoor kwam er tijdsdruk op de uitvoering van het project te staan en werd een aantal voorbereidingen in een stroomversnelling gebracht. Ondanks de voorbereiding is de onderlinge gelijkwaardigheid van de beide randomisatiecondities altijd een discussiepunt gebleven voor de medewerkers. Door de tijdsdruk is de communicatie tussen onderzoekers en professionals niet goed verlopen. De professionals hadden de indruk dat dit project er moest en zou komen en er door VISPD werd doorgedrukt. Men heeft zich nooit volledig achter het project geschaard. Hierdoor liepen de voorbereidingen van het project veel vertraging op. Een ander knelpunt bleek te zijn dat de meeste patiënten een (sterke) voorkeur voor de ambulante dan wel de klinische setting hadden, waardoor zij allen – op een enkele uitzondering na – weigerden zich te laten randomiseren. Het is onduidelijk of dit weigeringspercentage lager zou hebben gelegen bij een klinische staf die meer gemotiveerd is om aan een dergelijke RCT mee te werken; we zullen het nooit weten. Inmiddels is het PSILO-project beëindigd vanwege onvoldoende instroom. De evaluatie van het project zal nog plaatsvinden, maar vooruitlopend kunnen we de volgende uitspraken al doen: als de subsidie voor het project in een later stadium zou zijn aangevraagd, had er waarschijnlijk met minder tijdsdruk beter overleg plaatsgehad tussen onderzoekers en professionals. Ook de gekozen vorm van RCT is waarschijnlijk niet de meest wenselijke, gezien de grote verschillen in conditie. Dit project is een voorbeeld hoe moeilijk implementatie van academisering kan zijn.

SCEPTRE

Het SCEPTRE-project heeft door het naturalistische karakter nauwelijks lasten voor de organisatie meegebracht. De dataverzameling volgt de patiënten drie jaar lang. Er zijn geen veranderingen in het primaire proces.

LESSEN

Over het algemeen is het van belang om het proces van academisering te beschouwen als een forse verandering in de organisatie. De werkwijze en de overtuigingen van de professionals, die meestal *opinion-based* zijn, komen ter discussie te staan en dat kan voor veel onzekerheid zorgen. Het verdient aanbeveling om voldoende rekening te houden met de onderliggende angsten en onzekerheden die academisering kan oproepen in de organisatie. Bijvoorbeeld, door met relatief eenvoudige onderzoeksprojecten te beginnen en pas later projecten te introduceren die een grote aanpassing van de gebruikelijke werkwijze vereisen. Verder kunnen we op basis van de beschreven projecten lessen trekken op de volgende gebieden:

- Onderzoeksprogrammering: voor de academisering van een praktijkinstelling is het van essentieel belang dat het onderzoek nauw aansluit bij vragen vanuit de praktijk. Bij SCEPTRE was aan deze voorwaarde wel voldaan, terwijl er in het geval van PSILO bij de intakers serieuze twijfels waren over de relevantie van het onderzoek. Aan deze twijfels had voor de start van het project meer aandacht kunnen worden besteed. Dit had de slagingskans in ieder geval iets vergroot, maar had met name de negatieve beeldvorming, die buitengewoon veel aandacht heeft gekregen, voor een deel kunnen voorkomen.
- Werkprocessen: ten behoeve van een voorspoedige implementatie van complexe onderzoeksprojecten is het van belang om te beschikken over een gedetailleerde procesbeschrijving van welke partijen op welke manier betrokken zijn bij de ideevorming, planfase, besluitvorming, aanvraag subsidies en implementatie. Sinds kort beschikt De Viersprong over een besluitvormingsprotocol, waarin bijvoorbeeld de rol van het management en de interne haalbaarheidscommissie wordt beschreven.
- Betrokkenheid en communicatie: communicatie is een van de belangrijkste voorwaardelijke factoren in het hele proces. Academisering is niet van bovenaf op te leggen. De medewerkers moeten niet alleen geïnformeerd worden, maar hebben ook specifieke aandacht nodig voor wijziging van de beroepshouding in de richting van wetenschappelijk onderzoek. Hun betrokkenheid kan bijvoorbeeld geregeld worden via het lidmaatschap van een stuurgroep. Het succes van SCEPTRE is deels te danken aan het bestaan van de landelijke stuurgroep, waarin sleutelfiguren van de zes deelnemende instellingen vertegenwoordigd zijn. In het geval van PSILO geldt dat de communicatie een stuk verbeterde vanaf het moment dat alle betrokken stakeholders (intakers, hoofdbehandelaars, onderzoekers, managers) vertegenwoordigd waren in de stuurgroep van het project.
- Logistiek: de logistiek van onderzoek is een van kritische succesfactoren waarvoor geldt 'hoe simpeler hoe meer kans van slagen'. SCEPTRE is onder meer succesvol verlopen omdat de baselinemeting was geïntegreerd in de standaarddiagnostiek, die zonder tussenkomst van onderzoekers bij alle patiënten werd uitgevoerd.

De logistiek van PSILO had daarentegen nogal wat voeten in de aarde, omdat het informeren van patiënten en vragen voor deelname aan de trial deels wel en deels niet geïntegreerd was in de intakeprocedure. Een van de alternatieve oplossingen voor gerandomiseerde studies zou zijn om naast de reguliere intakeprocedure een onderzoeksintake in te richten. Het beste zou zijn als patiënten snel na aanmelding zouden kunnen worden geselecteerd en doorverwezen naar de onderzoeksintake, waarna de inclusie- en exclusiecriteria voor het project worden gecheckt door researchpsychologen.

We hebben in de voorafgaande vier jaar een aantal projecten zonder noemenswaardige problemen succesvol afgerond. Enkele projecten hebben veel stof doen opwaaien in de organisatie als geheel, tussen de afdelingen en binnen de teams. We hebben geleerd van de moeilijkheden die we tegenkwamen. Afdelingen die nog moeten beginnen met academisering, zoals het jeugdcircuit van De Viersprong, kunnen profiteren van de lering die getrokken is.

Van academisering naar integraal kennisbeleid

Samenvattend kunnen we stellen dat het in 2001 ingezette academiseringsbeleid heeft geleid tot een ambitieus onderzoeksprogramma en een sterk (inter)nationaal netwerk. De andere kant van het verhaal is dat de verbindingen en synergie tussen praktijk, onderzoek en opleiding onvoldoende aan bod zijn gekomen. Er is over en weer negatieve beeldvorming, professionals voelen zich onvoldoende betrokken en er zijn vragen over de financierbaarheid in de toekomst. Dat moet veranderen. Een oplossing voor deze problemen wordt beschreven in een recente interne notitie van De Viersprong, met als prikkelende titel *Hoe kan De Viersprong zijn voorsprong behouden? Van academisering naar integraal kennisbeleid* (Verheul, 2006b). Hierna worden enkele elementen uit deze visie uitgelicht.
De Viersprong is een centrum voor psychotherapie dat zich sinds enige jaren in het bijzonder toelegt op persoonlijkheidsstoornissen. In zijn nieuwe beleidsplan spreekt De Viersprong de ambitie uit zich te willen ontwikkelen richting een topreferent centrum met een topklinisch zorgaanbod. Om die status te bereiken heeft de instelling nog wel een weg te gaan. Het bereiken van een topreferente status vereist een integraal kennisbeleid waarbij een sterke verbinding wordt gelegd tussen praktijk, onderzoek en opleiding. Een topklinisch zorgaanbod dient conform de bestaande richtlijnen te zijn ingericht

en vereist voldoende innovatiekracht en een focus op moeilijke patiënten en specialistische behandelingen.

Ten slotte hoort bij een topklinische status kennisoverdracht aan de tweede en eerste lijn op het gebied van het specialisme. Nu vindt veel kennisoverdracht plaats via de leerstoel, publicaties van met name VISPD en incidentele betrokkenheid van behandelaars bij cursussen voor collega-professionals. De kennisoverdracht vanuit De Viersprong ten behoeve van een verbetering van de kwaliteit van behandelen in de eerste en tweede lijn, en dan met name door behandelaars, zal worden geïntensiveerd.

De Viersprong is in Nederland een van de koplopers in kennisontwikkeling op het terrein van persoonlijkheidsstoornissen. Deze voorsprong is in de huidige tijd van grote veranderingen in de GGZ echter niet gemakkelijk te behouden. Voor De Viersprong is het van groot belang betrokken te zijn bij deze ontwikkelingen en daar bij voorkeur de initiatiefrol in te behouden.

Er is een overkoepelende visie nodig om een integraal kennisbeleid op te zetten. In deze visie dient voldoende aandacht te bestaan voor innovatie. In figuur 14.1 wordt deze visie voorgesteld als een driehoeksrelatie waarin sprake is van een synergetische wisselwerking tussen de componenten: praktijk, onderzoek en opleiding. De zes pijlen in deze figuur staan voor de volgende verbindingslijnen:

- van praktijk naar onderzoek: de praktijk richting laten geven aan het onderzoek;
- van onderzoek naar praktijk: kennisontwikkeling en evidence-based innovatie van de praktijk;
- van opleiding naar praktijk: kennisdisseminatie in de praktijk;
- van praktijk naar opleiding: overdracht van praktijkkennis door professionals aan opleidelingen;
- van onderzoek naar opleiding: overdracht van wetenschappelijke kennis door onderzoekers aan opleidelingen;
- van opleiding naar onderzoek: het aandragen van frisse ideeën door opleidelingen.

Het creëren van een optimale wisselwerking tussen praktijk, onderzoek en opleiding vereist zowel een structurele basis hiervoor binnen een organisatie als samenwerking met andere organisaties. Voor een structurele basis binnen een organisatie is het nodig de drie componenten (praktijk, onderzoek en opleiding) te vertalen in de sturingsstructuur en om de wisselwerking ertussen in te bedden in de verschillende lagen van de organisatie.

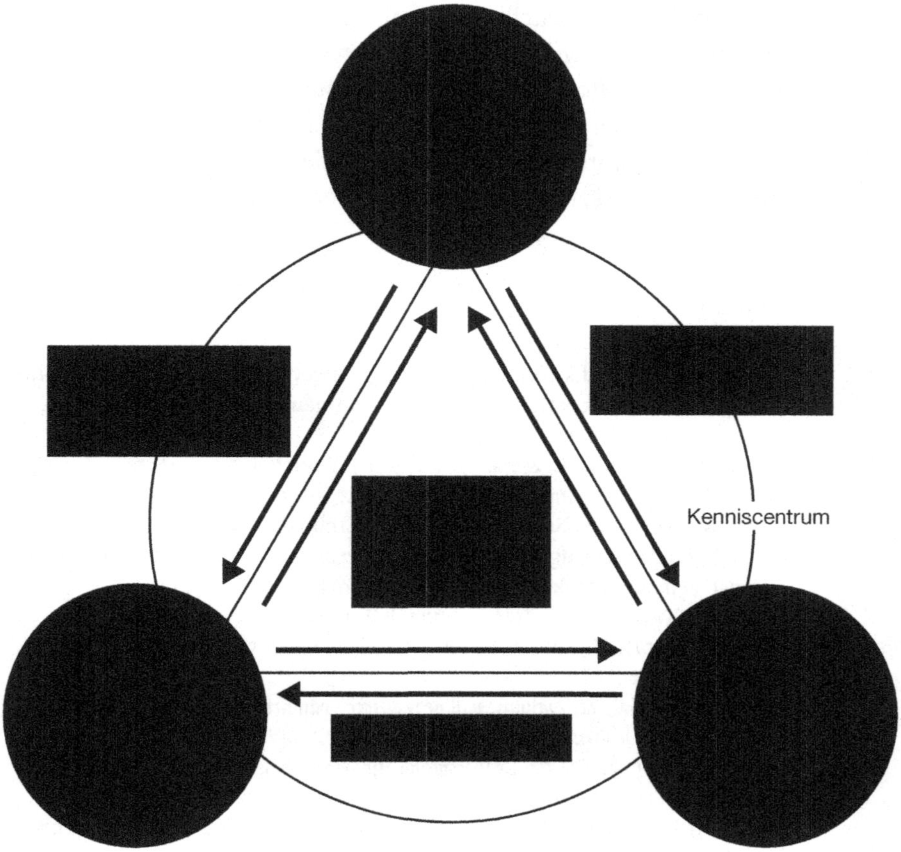

Figuur 14.1 *De driehoeksrelatie tussen praktijk, onderzoek en opleiding.*

Topklinische instellingen kunnen een integraal kennisbeleid niet alleen voeren. In de eerste plaats dienen zorginstellingen hiertoe samen te werken met onderzoeks- en opleidingsinstellingen, zoals universiteiten en beroepsopleidingen. In de tweede plaats vereist een succesvol integraal kennisbeleid voldoende expertise (personele slagkracht) en middelen (financiële slagkracht). Een samenwerkingsverband kan dan ook bijdragen aan de innovatiekracht van de lidinstellingen, de kwaliteit van topklinische patiëntenzorg en de toegankelijkheid van subsidies. Een bijdrage aan de innovatiekracht ontstaat wanneer lidinstellingen profiteren van elkaars expertise (coöperatie-element) en bovendien worden geprikkeld door elkaars ontwikkelingen te volgen (competitie-element). De kwaliteit van patiëntenzorg wordt verhoogd als de lidinstellingen samenwerken op het gebied van rationele indicatiestelling en gebruikmaken van elkaars specialistische behandelaanbod. Een bijdrage aan de toegankelijkheid van subsidies, ten slotte, ontstaat wanneer instellingen gemakkelijk samenwerken op het gebied van onderzoek en naarmate meer universiteiten en hoogleraren met een bepaald onderwerp bezig zijn en agendering van het onderwerp bij beleidsmakers en subsidieverstrekkers bepleiten.

Literatuur

Andrews, G. & Issakidis, C. (2004). Utilising survey data to inform public policy: camparison of the cost-effectiveness of treatment of ten mental disorders. *British Journal of Psychiatry*, 184, 526-533.

Andrews, G., Issakidis, C. & Carter, G. (2001). Shortfall in mental health service utilisation. *British Journal of Psychiatry* 179, 417-425.

Kocken, M., Muris, M., Smeets-Rinkens, P., Crebolder, H. & Knottnerus, J. (1995). Academisering van de huisartsgeneeskunde, inhoud, proces en uitkomst: een onderzoek in Maastricht. *Medisch Contact* 50, 899-902.

Trijsburg, R. (1999). *Advies Academisering De Viersprong*. Intern rapport.

Verheul, R. (2001). *Meerjarenplan Project Academisering De Viersprong 2001-2005*. Intern rapport.

Verheul, R. (2006a). *Zelfevaluatie van de resultaten van het academiseringsbeleid 2001-2005 van PTC De Viersprong*. Intern rapport.

Verheul, R. (2006b). *Hoe kan De Viersprong zijn voorsprong behouden? Van academisering naar een integraal kennisbeleid*. Interne notitie.

Vorselman, A. & Kool, R. (2006). *Evaluatie academiseringsbeleid De Viersprong, het VISPD naar een volgende fase*. Intern rapport.

Personalia

Mevrouw drs. A. Bartak, psycholoog, is als onderzoeker werkzaam bij het Viersprong Institute for Studies on Personality Disorders (VISPD) van Psychotherapeutisch Centrum De Viersprong te Halsteren.

Drs. J.G. Berghuis is klinisch psycholoog en psychotherapeut. Hij werkt bij de Symfora groep te Amersfoort als hoofd van de afdelingen Psychodiagnostiek (volwassenen en ouderen), regio's Gooi & Vecht en Oostelijk Utrecht.

Dr. J.J. van Busschbach, psycholoog, is universitair docent aan de afdeling Medische Psychologie en Psychotherapie van het Erasmus MC Rotterdam en onderzoeker bij het Viersprong Institute for Studies on Personality Disorders (VISPD) van Psychotherapeutisch Centrum De Viersprong te Halsteren.

Prof. dr. P.M.G. Emmelkamp, is GZ-psycholoog, psychotherapeut en klinisch psycholoog. Hij is Akademiehoogleraar (KNAW) en hoogleraar Klinische Psychologie aan de Universiteit van Amsterdam.

Mevrouw drs. E.F.M. Hamers, psychiater, is werkzaam op de afdeling voor Kortdurende Klinische Psychotherapie van Psychotherapeutisch centrum De Viersprong te Halsteren.

Mevrouw drs. S.H. Hartman-Faber, kinder- en jeugdpsychiater, is directeur/bestuurder van Psychotherapeutisch Centrum De Viersprong te Halsteren.

Prof. J. De Houwer is als hoogleraar psychologie verbonden aan de vakgroep Experimenteel-klinische en gezondheidspsychologie van de Universiteit Gent.

Prof. dr. G.J.M. Hutschemaekers, psycholoog, is directeur van het Gelderse Roos Instituut voor Professionalisering (GRIP). Hij is tevens bijzonder hoogleraar professionalisering van geestelijke gezondheidszorg aan het Academisch Centrum Sociale Wetenschappen en bij de sectie klinische psychologie van de Radboud Universiteit te Nijmegen.

Drs. T.J.M. Ingenhoven, psychiater, hoofdbehandelaar De Zwaluw en De Enk, Bovenregionaal Centrum Specialistische Psychotherapie voor Persoonlijkheidsstoornissen, Symforagroep Amersfoort.

Dr. Jan H. Kamphuis is psycholoog/psychotherapeut, en als universitair hoofddocent verbonden aan de Programmagroep Klinische Psychologie van de Universiteit van Amsterdam.

Drs. P.M.F.J.J. Knapen, psychiater, is als medeoprichter verbonden aan de Psychotherapiepraktijk Eindhoven Centrum (PEC) te Eindhoven. Hij is tevens vicevoorzitter van de Nederlandse Vereniging voor Psychiatrie.

Prof. dr. A. Lange is klinisch psycholoog/psychotherapeut en als bijzonder hoogleraar verbonden aan de Programmagroep Klinische Psychologie van de Universiteit van Amsterdam. Hij is daarnaast onder andere wetenschappelijk adviseur van Interapy, gestructureerde behandelingen via het internet.

Drs. J.G.A.M. Muskens, GZ-psycholoog, is docent klinische interventies en coördinator ambulatorium bij de Programmagroep Klinische Psychologie van de Universiteit van Amsterdam.

Prof. dr. P.J.M. Prins, psycholoog, is hoogleraar klinische kinder- en jeugdpsychologie aan de Programmagroep Klinische Psychologie van de Universiteit van Amsterdam.

Mevrouw drs. A.C. van Reekum, psychiater, is directeur van de Divisie curatief specialistische zorg en plaatsvervangend A-opleider Altrecht GGZ te Utrecht. Zij is tevens zelfstandig gevestigd.

Dr. Th. Rinne is psychiater en werkzaam bij het Nederlands Instituut voor Forensische Psychiatrie en Psychologie (NIFPP) als medisch directeur locatie Pieter Baan Centrum.

Mevrouw drs. H. De Saeger, klinisch psycholoog/psychotherapeut, is werkzaam als teamvoorzitter psychodiagnostiek bij Psychotherapeutisch Centrum De Viersprong te Halsteren.

Drs. R. Scheijde is psycholoog en behandelcoördinator bij Interapy, gestructureerde behandelingen via het internet.

Drs. M.G.J. Schmeets, (kinder)psychiater/psychoanalyticus, is hoofd afdeling Kinderen en Jeugdigen van het Nederlands Psychoanalytisch Instituut, Amsterdam/Utrecht. Hij is tevens zelfstandig gevestigd.

Drs. W.R. Scholte, klinisch psycholoog en psychotherapeut, is teamleider deeltijdbehandeling bij de Gelderse Roos, locatie Veluwe Vallei. Daarnaast is hij onder andere voorzitter van de Vereniging Klinische Psychotherapie.

Mevrouw drs. D.I. Soeteman is psycholoog en werkt als onderzoeker in opleiding bij het Viersprong Institute for Studies on Personality Disorders (VISPD) van Psychotherapeutisch Centrum De Viersprong te Halsteren. Zij is tevens verbonden aan de afdeling Medische Psychologie en Psychotherapie van het Erasmus MC te Rotterdam.

Mevrouw dr. B.G. Tiemens, andragoog/epidemioloog, is werkzaam als senior wetenschappelijk medewerker bij het Gelderse Roos Instituut voor Professionalisering (GRIP).

Prof. dr. R. Verheul, psycholoog, is als bijzonder hoogleraar persoonlijkheidsstoornissen verbonden aan de Programmagroep Klinische Psychologie van de Universiteit van Amsterdam en werkzaam als manager van het Viersprong Institute for Studies on Personality Disorders (VISPD) van Psychotherapeutisch Centrum De Viersprong te Halsteren.

Made in the USA
Coppell, TX
06 April 2026

75417307R00125